헌법

한국개념사총서 3

헌법

| 김효전 |

小花

헌법

초판 1쇄 발행 / 2009년 4월 24일
2판 2쇄 발행 / 2010년 9월 30일

지은이 / 김효전

펴낸이 / 고화숙
펴낸곳 / 도서출판 소화
등록 / 제13-412호
주소 / (150-037) 서울시 영등포구 영등포동 7가 94-97
전화 / 2677-5890
팩스 / 2636-6393
홈페이지 / www.sowha.com

값 10,000원

ISBN 978-89-8410-352-8 94300
ISBN 978-89-8410-337-5(세트)

|『한국개념사총서』 발간사 |

19세기 중엽부터 우리 사회에 격랑을 몰고 온 인문 · 사회과학의 개념들에 관하여 혼돈 상태가 아직도 계속되고 있습니다. 몇 가지 예를 들어 봅니다. 민족과 민족주의, 근대국가와 주권, 자주와 독립과 같은 핵심개념들조차 비학문적으로 사용하고 있습니다. '지리적인 표현'에 불과하다고 멸시받던 이탈리아의 민족과, 부활을 지향하는 정치운동인 민족주의 주체의 민족은 서로 구별됩니다. 근대국가는 서유럽에서 등장한 독특한 정치 사회의 한 형식이며 이 형식을 지탱하는 것이 주권 개념입니다. 주권은 서양의 중세 사회나 동양의 사대 질서에서 보는 통치권과는 다른 차원의 개념입니다. 자주와 정교금령은 사대 질서의 개념이며, 독립과 내치외교는 서양 공법 질서의 개념입니다. 이런 역사적 개념을 서로 구별하지 않는 것은 반反역사적은 아닐지라도 비非역사적입니다.

인문 · 사회과학의 개념은 정태적인 것이 아니라 정치 · 사회운동을 함축하고 있는 역동적인 성격을 지니고 있어서 개념사 연구는 정치 · 사회제도의 분석을 전제로 합니다. 그리고 개념들은 장소*topos*와 시간*tempo*에 따라 그 성격이 다르게 마련입니다. 그런데 이 지적 작업을 수행하는 데 세계 정치의 중심지역 학자들보다 우리는 훨씬 어려운 위치에 놓여 있다는 것이 한국 학계의 고민입니다.

우리는 외국 학자들처럼 개념의 공시적이고 통시적인 분석, 의미론이나 명의론에 안주할 수 없습니다. 우리는 여러 장소들의 개념들의 충돌을 연구해야만 합니다. 더욱이 우리의 한반도는 독특한 역사적 성격을 지닌 장소입니다. 유럽 열강의 세계 팽창 대상지역 중에서도 오지奧地에 속하는 곳입니다. 오지의 특징은 외래 개념에 대한 저항과 오해가 그 어느 지역보다 강렬하다는 데에 있습니다. 저항이 강하다는 것은 이미 지켜 온 개념들에 대한 집착이 강하다는 것을 의미합니다. 이른바 가정假晶 pseudomorphosis의 현상이 두드러진 곳입니다. 가정은 광물이 그 내부구조에 따른 본래의 결정형과는 다른 결정형을 나타내는 현상을 지칭하는 광물학의 용어입니다. 다른 장소의 개념이 전파되는 경우 본래의 의미가 왜곡되는 사회 현상을 은유적으로 표현하기 위해 슈펭글러 O. Spengler가 광물학에서 차용한 낱말입니다. 이런 점에서 한반도는 중국이나 일본과도 판이한 역사적 경험을 지니게 되었습니다. 오지라는 장소의 특징은 시간의 역사적 성격에도 반영됩니다. 세계정치 중심지역의 개념들이 뒤늦게 전파되는 특징을 지니고 있습니다. 오지와 세계사의 접목은 세계사 흐름의 최후 단계에 이루어져서 오지의 세계화는 난항을 겪게 됩니다.

그런데 한반도의 장소적인 특징은 여기에 머물지 않습니다. 같은 동북아 질서에 속하였던 중국과 일본의 변모로 동북아 3국 사이에도 개념의 갈등이 야기됩니다. 교린 질서 안에 살고 있던 한국과 일본은 1868년부터 개념의 충돌이 시작되어 1876년까지 8년의 위기를 맞습니다. 이 위기를 거치면서 일본은 개념의 세계화 노력에 박차를 가하고 이런 개념에 의한 담론을 세계에 전파합니다.

같은 사대 질서에 살고 있던 중국이 1880년을 전후하여 사대 질서의 변형을 주장해 한국은 중국과 충돌하고 그리고 고민합니다. 유길준의 '양절체제兩截體制'라는 천재적인 직관은 사대 질서의 개념들을 서양 공법 질서의 개념으로 전환시키려는 중국에 대한 우리의 처절한 저항입니다.

이런 역사적 특징을 지닌 한반도라는 장소에서 인문 · 사회과학의 근대적인 기본 개념 형성에 중요한 시기*tempo*는 1850년에서 1950년에 이르는 100년이라고 생각합니다. 이질 문명권과 만나 충돌하면서 동시에 동북아 3국 사이에 개념의 마찰이 병행하는 시기입니다. 이 시기의 개념들은 크게 세 가지 부류로 나눌 수 있습니다.

첫째, 19세기 중엽 이전 우리 사회에 알려지지 않았던 새로운 사회 현상들이 전파된 현상을 가리켜 우리에게는 생소한 개념들이 있습니다. 유럽 학문체계의 이런 개념들에 대한 오해는 아직도 존재하고 있습니다.

둘째, 19세기 이전에 사용되었던 개념들이 그 본래의 내용이 굴절되어 새로운 현상을 지칭하게 된 개념들이 있습니다. 본래의 의미와 굴절된 내용이 혼재하게 됩니다.

셋째, 19세기 중엽을 전후하여 사라진 개념들이 있습니다. 통용의 중단이 일시적인 것도 있고 다시 부활하는 경우도 있습니다. 어떤 경우이건 스스로 일어난 것이 아니라 그 배경에는 사회적인 격동이 있습니다.

이런 개념사 연구를 우리는 어떤 시각에서 어떻게 서술해야 합니까?

시간의 문제에 대해서는 공시적이고 통시적인 분석을, 그리고 장소의 문제에 관해서는 비교문명권의 입장에 입각해야 한다고 생각합니다. 우리들은 이런 방법론에 따라 다음과 같은 순서로 주요 개념들을 서술할 것입니다.

먼저 동서양의 어원을 고찰합니다. 어원은 통시적 분석의 출발점입니다. 개념이 19세기 이전에도 동양 세계에서 통용된 경우에는 그 동양적인 의미와 19세기 이후의 변천 과정을 추적합니다. 그리고 19세기 중엽 새로 동양에 전파된 서양의 개념인 경우에는 서양 세계에서 통용된 의미와 동양에 전파되는 과정을 추적합니다.

그러나 서술의 중심은 한반도라는 장소에서 일어난 개념들의 해석, 번역, 굴절, 선택, 그리고 오해를 포함한 모든 충돌 현상에 관한 분석입니다. 그리고 1950년 이후 이들 개념들이 한국 학계에 정착되는 데에 따르는 오늘날의 문제점들을 제시합니다. 정착 문제는 우리 학계의 수준을 폭로하는 일입니다.

이렇게 볼 때 개념사 연구는 인문 · 사회과학의 모든 분야에 걸친 연구입니다. 이른바 '전체의 역사 l'histoire totale'를 시도하는 지적 작업입니다. 이런 학술 사업을 진행하기에는 우리 학계의 수준이 아직 일천하다고 걱정하는 소리도 있습니다. 그리고 개념사 연구 자체에 관해서도 회의와 냉소도 있습니다. 그러나 한국이라는 장소*topos*의 인문 · 사회과학 기본 개념에 관한 연구는 단지 학문상의 문제만이 아닙니다. 이 연구는 우리의 생존에 관한 현실적인 문제이기도 합니다. 개념의 정확한 인식에 의한 학술적인 담론의 세계화는 21세기에 우리가 한반도에서 한국적인 삶을 영위하기 위한 전제조건입니다. 담론의 세계화를 이룩하지 못한 것이 1910년의 불행을 자초한 한 원인이기 때문입니다.

2008년 8월

한림대학교 한림과학원

『한국개념사총서』 편집위원회위원장 김용구

| 저자의 말 |

한국개념사총서의 하나로서 「헌법」 항목의 집필을 의뢰받은 것은 2005년 늦은 가을, 저자가 와세다대학의 교환연구원으로서 일본 도쿄에 체류하고 있을 때였다. 개인적으로는 환갑을 맞이한 해여서 무엇인가 보람되게 인생이나 학문을 정리하고 싶은 연구자로서의 당연한 소망에서 오래전에 번역했던 G. 옐리네크의 『일반 국가학』을 새로이 개역하고 교정을 보는 한편, 대학도서관에 매일 나가서 한국과 관련된 자료들을 수집하고 복사하는 일에 열중하고 있었다.

'헌법개념사!'—우선 G. 옐리네크, 칼 슈미트, 그리고 C. H. 머킬웨인의 저서를 통해서 고대로부터 현대에 이르는 서양의 지적인 전통과 아울러 최근에는 R. 코젤렉을 대표로 하는 독일의 역사적 기본개념사전이 머리에 떠올랐다. 전문학술어사전이든, 번역어든, 용어집이든 우리도 이 정도의 국력이면 여기에 걸맞은 학문적 업적이나 성과가 있어야 하지 않겠는가 하는 소박한 희망과 바람이 한데 어울려 자신의 능력도 헤아려 보지 않고 쾌히 수락하였다.

그러나 「헌법」이란 학술용어가 지난 1850년부터 1950년까지의 100년 동안에 한국에서 어떤 의미를 지녔으며, 어떤 역할을 수행했는가를 개념사적으로 정리하는 작업은 쉬운 일이 아니다. 헌법 개념 역시 시간 속에서 변화하면서 역사적인 의미를 가진다. 특히 서구중심의 사고가 여전히 우리 학계를 지배하고 있는 오늘날, 동아시아와 한국에서의 개념들은 어떻게 상대적으로 파악 가능한 것인가? 이러한 개념사적 연구에 대한 문제의식과 중요성이 점차 확대되고 학문의 정통성과 자주성이 뜻있는 학자들에 의해서 강조되는 현상은 학문의 선진국으로 가는 길목에서 당연히 요구되는 것이다.

이 책을 펴내면서 저자는 먼저 한림과학원 김용구 원장님께 깊은 감사와 존경의 뜻을 표하고 싶다. 한국 인문 · 사회과학의 과거와 현재, 그리고 미래를 바라보는 그의 야심찬 기획과 학문적 열의, 모든 난관을 극복하고 정력적으로 추진하시는 모습에서 우리 학문의 토대는 더욱 튼튼해지며 세계 수준에 이를 수 있다고 확신한다. 이제 동아시아에서는 최초로 자국어로 된 체계적인 학술사전을 가지게 된 것은 우리 모두의 기쁨과 자랑이며 커다란 수확이라고 하겠다.

또한 같은 문제의식과 관심 방향에서 「국가 · 주권」 항목을 집필하신 서울대학교 외교학과 박상섭 교수의 지적인 자극과 격려에 대해서 고마운 마음을 전한다. 이 총서의 집필진뿐 아니라 여러 차례의 세미나와 발표회에서 함께 토론하고 활발하게 참여한 젊은 연구자들에게도 감사를 드린다. 이들을 통해서 한국의 인문 · 사회과학의 수준은 한 단계 더 업그레이드 될 것으로 믿는다.

끝으로 실무의 여러 가지 복잡한 일들을 맡아 주신 한림과학원의 남기학 교수와 이경구 박사의 노고에 대해서도 깊은 감사를 드린다.

2009년 4월 용인에서

김효전

차례

『한국개념사총서』 발간사 … 5

저자의 말 … 10

서론 … 15

1. 헌법개념사의 경계 넘기 … 25

국가 | 사회 | 정치 | 주권 | 국민 | 국기 | 민주주의 | 자연법

2. 헌법 개념의 역사적 전개 … 81

동아시아에서의 헌법 개념 | 신문에 나타난 헌법 개념 |
각종 저술 속의 헌법 개념 | 각종 계몽잡지의 논설 | 헌법 개념의 다양성

3. 권리사상의 발전 … 151

동아시아에서의 권리 개념 | 권리 개념의 체계화와 정착 |
이론과 현실의 불일치

4. 권력분립제의 원리 … 179

권력분립론의 전파 | 입법권과 국회(의회) | 한국에서의 권력분립론 | 행정권의 개념 | 사법권의 개념

5. 헌법 개념의 법전화 … 201

경국대전의 의미 | 홍범 14조 | 대한국 국제 | 대한민국임시헌장

결론 … 226

문헌목록 … 230

찾아보기 … 249

| **일러두기** |

1. 외래어 인명 및 지명은 한글맞춤법 통일안의 외래어 표기법을 따랐으며, 관행적으로 쓰인 경우는 이전 용례를 따랐다.

   [예] 뵈켄푀르데→뵈켄회르데, 게오르크→게오르그

2. 중국 인명 중 량치차오의 표기는 경우에 따라서는 양계초로도 표기하였다.
3. 각주에서 출전을 밝힐 경우 처음에만 모두 밝혔으며, 이후부터는 생략하여 밝혀 두었다.

   [예] C. Schmitt(1940 · 3.Aufl., 1994), *Positionen und Begriffe im Kampf mit Weimar-Genf-Versailles 1923~1939*, S.191. Schmitt(1940 · 3.Aufl. 1994), *aaO.*, S.192; 슈미트(2001), 앞의 책, p.275.

4. 초판 및 그 이후의 출판연도를 밝혀 줄 때는 출판연도를 괄호 안에 모두 표기하였다.

   [예] 1900년도 초판 및 1914년 3판의 경우; G. Jellinek(1900 · 3.Aufl. 1914), *Allgemeine Staatslehre*, S.133.

5. 독일어 약자 의미는 다음과 같다.

   [예] *aaO.*: 앞의 책, ff.: 참조, S. 및 SS.: 페이지, Bd.: 권, Aufl.: 판차, Hrsg.: 편집.

6. 본문에서는 '저자'와 '필자'를 구분하여 사용하였다. '저자'는 이 책의 지은이를, '필자'는 본문 내용에서 언급하는 지은이를 지칭한다.
7. 2판 2쇄에서 새로 추가한 주석은 번호를 따로 붙여(①~⑨) 본문의 끝에 미주로 처리하였다.

서론

연구의 목적

이 연구의 목적은 근대 한국에서 서구식 '헌법' 개념이 어떻게 오늘날의 의미로 정착되었는가를 역사적 및 실증적으로 추적하는 데에 있다.

서구식 용어법으로서의 헌법 개념은 국가 개념보다 훨씬 일찍 성립하였다. 아리스토텔레스Aristoteles(B.C.384~B.C.322)는 국가의 기초를 형성하는 폴리테이아πολιτεία와 이 헌법에 근거하여 공포되는 노모이νόμοι, 그리고 단순한 법률을 엄격히 구별하였다.[1] 또 로마 시

1. Aristoteles, *Politik IV*, 1289a, 16 ff.; 아리스토텔레스(1975), 『정치학』, 이병길 · 최옥수 공역, 박영문고, p.154 참조.

대에도 헌법을 확정하기 위해서 국가를 조직하는 'rem publicam constituere'라는 전문적인 표현을 가지고 있었다. 중세 시대에는 영국의 마그나 카르타Magna Charta Libertatum를 비롯하여 독일의 란트와 도시공동체에도 자신의 헌법Verfassung이나 근본법을 가지고 있었다.[2] 그러나 여기서 사용하는 헌법이란 용어는 모두 통치구조와 같은 의미 정도이며 오늘날의 성문헌법을 가리키는 것은 아니었다.[3] 18세기 이후 자연법론의 전파와는 별개로 성문의 근본법은 영국의 아메리카 식민지에서 최초의 성립을 보게 되며, 거기에서는 권리장전과 통치의 구조라는 두 부분으로 구성되어 있다.[4] 그중 권리선언은 1789년 프랑스의 「인간과 시민의 권리선언」에서 그 절정에 달하게 되며, 제16조는 "권리의 보장이 확보되지 아니하고 권력의 분립이 규정되지 아니한 모든 사회는 헌법을 가지고 있지 않다"[5]라고 하여 근대 입헌주의 헌법의 필수적 요소를 정식화하고 있다.

이러한 간단한 역사적 소묘에서 보듯이, 헌법이란 말은 그 동의어나 유사 개념과의 관련은 물론 시대와 장소에 따라서 의미 변천

2. P.-J. Heinig(1997), "Verfassung," *Lexikon des Mittelalters*, Nobert Angermann (Hrsg.), München, Bd.Ⅷ. SS.1513~1515. 중세의 국가 헌법과 교회 헌법에 대해서는 Brian Tierney(1982), *Religion, Law and the Growth of Constitutional Thought 1150~1650*, Cambridge Univ. Press; 鷲見誠一(1986) 역, 『立憲思想 始源と展開 1150~1650』, 慶應通信 참조.
3. B. Bailyn(1967), *The Ideological Origins of the American Revolution*, Cambridge, Mass., p.67; 버나드 베일린(1999), 『미국 혁명의 이데올로기적 기원』, 배영수 옮김, 새물결, p.99.
4. G. Jellinek(1900 · 3.Aufl. 1914), *Allgemeine Staatslehre*, SS.515~518; 게오르그 옐리네크(2005), 『일반 국가학』, 김효전 옮김, 법문사, pp.422~423 참조.
5. Art. 16: Toute société dans laquelle la garantie des droits n'est pas assurée, ni la séparation des pouvoirs déterminée, n'a point de constitution.

을 거듭하여 오늘날 우리들이 이해하는 좁은 의미의 성문 헌법전으로 정착된 것이다. 서구의 헌법 개념을 다시 역사적인 전체상에서 개관하면 (1) 그리스 라틴어와의 관련, (2) 18~19세기의 자연법 이론, (3) 19세기를 지배한 법실증주의, (4) 자연법론에서 기원하지만 독자적인 생을 찾은 사회주의, (5) 헌법 개념의 보편화 또는 통일화. 이것은 제2차 세계대전 이후의 UN헌장으로부터 EU헌법의 성립에 이른다. 이러한 관련들은 각각 다양한 형태의 용어법과 특수한 이론 구성을 취해 왔기 때문에 거기에는 공통점과 이질성이 혼재하고 있다.

이 연구에서는 19세기 중엽 이른바 서세동진西勢東進의 시기에 만국공법과 함께 전래된 '헌법'의 개념이 근대 한국에서 종래의 개념과 어떻게 만나게 되었고, 충돌, 침투, 갈등, 저항으로부터 어떻게 선망, 수용, 모방, 편입의 단계를 거치게 되었는가를 역사적 · 문헌학적으로 검토하기로 한다. 법학은 원래 그 성격상 개념의 정리에서 출발한다. 따라서 '개념법학'이 공허한 형식과 추상화로 일관하여 법학의 이미지를 나쁘게 만들고 매도의 대상이 된 것도 사실이지만, 개념 속에는 생명력이 가득 차고 실재적인 것도 존재한다. 따라서 "진정한 개념들을 인식하고 형성해 나가는 것 역시 공법학이란 학문의 임무에 속하는 것이다."[6] 더구나 '헌법'의 개념은 역사적인 성격을 가진 동시에 현대적인 것이기도 하다. 따라서 이 헌법의 개념사를 통해서 한국에서 인문 · 사회과학 개념이 형성된 과정을 밝히고, 전통의 단절로부터 연속을 복원하며, 나아가

6. C. Schmitt(1940 · 3.Aufl. 1994), *Positionen und Begriffe im Kampf mit Weimar-Genf-Versailles 1923~1939*, S.191; 칼 슈미트(2001), 『입장과 개념들』, 김효전 · 박배근 옮김, 세종출판사, p.274.

동아시아에서 발전한 헌법 개념의 또 다른 양상을 세계 학계에 보고함으로써 한국법의 독자성과 특수성을 분명히 밝히려는 것이다.

연구의 대상

연구의 대상은 물론 '헌법'이다. '헌법'이란 영어와 프랑스어의 constitution, 독일어의 Verfassung을 우리말로 번역한 것이며, 라틴어로는 constitutio에서 유래한다. 오늘날 헌법 교과서에서는 일반적으로 헌법이란 국가의 통치와 작용에 관한 근본법, 최고의 법규범 정도로 설명하고 있지만, 헌법 개념의 성립과 이해는 시대와 장소에 따라서 다양한 모습을 보여 주고 있다.[7]

이와 같은 헌법의 연구에는 전통적으로 고유 의미의 헌법과 근대적 · 입헌적 의미의 헌법, 형식적 의미의 헌법과 실질적 의미의 헌법, 또는 법학적 헌법 개념과 비법학적 헌법 개념[8]으로 나누기도 한다. 여하튼 헌법이란 국가적 · 정치적 생활에서의 기본 질서와 기본 조직으로서의 국가헌법Staatsverfassung으로 이해하기로 한다.[9]

7. 상세한 것은 김철수(2008), 『학설판례 헌법학(상)』, 박영사, p.11 참조.
8. H. Mohnhaupt(1990), Artikel "Verfassung(I)", in: *Geschichtliche Grundbegriffe*, Bd.6. S.832.
   한국에서도 constitution 또는 Verfassung을 '법이 아닌 헌법'으로, constitutional law 또는 Verfassungsrecht를 '법으로서의 헌법'으로 이해하는 견해(최대권, 1998 · 2001, 『헌법학강의』, 박영사, pp.15~17)도 있다. 따라서 '반드시 법일 필요가 없는 헌법'은 고유의 의미의 헌법을 말하는 것이다. 그러나 '법이 아닌 헌법'은 '넓은 의미에서의 헌법'으로, '법으로서의 헌법'은 '좁은 의미에서의 헌법'으로 표현하는 것이 헌법 개념에 대한 일반의 오해도 피하는 동시에 정확한 개념 정립에 기여할 것으로 생각한다.
9. Ernst-Wolfgang Böckenförde(1983), "Geschichtliche Entwicklung und Bedeutungswandel der Verfassung," in: *Festschrift für Rudolf Gmür zum 70. Geburtstag*, SS.7~19; 뵈켄회르데(1992), 「헌법의 역사적 발전과 의미변천」, 김효전 역, 『헌법 · 국가 · 자유』, 법문사, pp.41~63 참조.

또 옐리네크식으로 표현하면 고유 의미의 헌법이라고 할 수 있을 것이다.[10] 따라서 연구의 영역은, 국가공동체에 대해서 문서로써 확정되고 법적 구속력이 있는 최고의 규범체계를 의미하는 좁은 의미의 헌법이나 헌법전이 아니라 국가와 관련을 가지는 근본법 전체라고 넓게 범위를 획정劃定하는 것이다. 이러한 헌법은 정치 상황이나 사회 상황의 변천과 함께 발전하고 변화해 왔기 때문에 그 의미와 내용을 파악한다는 것은 그리 쉬운 일이 아니다. 또 시대 상황에 따른 헌법이론과 헌법이데올로기는 헌법에 대한 여러 가지의 관념과 이해를 만들어 냈기 때문에 헌법 개념의 발상지인 서구에서도 그 역사적인 고찰이나 서술에는 한두 사람의 연구자로서는 문헌정리도 어려울 정도로 수많은 연구성과들이 축적되어 있다.

서구의 헌법 개념과는 달리 동아시아 3국에서는 국가의 최고법이라든가 권력 제한이라는 관념을 오랫동안 알지 못했다. 물론 '경국대전經國大典'과 같은 표현에서 보듯이, 국가의 기본법이며 큰 법전이란 정도의 소박한 이해에 머무르고 있었으며, 더구나 자유와 권리, 국정 참여로 대표되는 근대적인 헌법 개념의 존재를 아는 데에는 상당한 시일이 소요되었다. 절대군주의 지배 아래서 '법률과 장정章程', 그리고 올바른 법의 집행만이 우리의 국가생활과 정치생활의 성패를 좌우하며, 나아가 국방과 외교까지도 담보할 수 있다고 생각하는 식자층마저 있었다. 여기서의 '법률과 장정'은 오늘날의 용어법으로 말한다면 헌법'률'Verfassungsgesetz에 불과한 것이다.

10. Jellinek(1900 · 3.Aufl. 1914), *aaO.*, S.505; 옐리네크(2005), 앞의 책, p.412.

연구의 시기는 1850년부터 1950년까지의 100년 동안이다. 이 기간은 한국의 인문 · 사회과학이 자신의 개념을 형성해 나가는 중요한 시기이다. 이 시기는 학문적 개념의 형성뿐만 아니라 한민족의 과거, 현재 그리고 미래라는 패러다임 속에서 고뇌하고 투쟁한 생존의 시간이기도 하다. 우리가 다루려는 개념사에 한정해 보더라도 19세기 이전 유럽의 생소한 개념은 당연히 우리의 전통적인 선비의 개념과 다를 수밖에 없고, 또 기존의 개념이나 용어를 사용하여 새로운 개념을 설명하여도 여전히 오해와 굴절이 뒤따르기 마련이다. 거기에 더하여 '만국공법'과 같이 사라진 개념도 있고, 또 생성 중인 개념도 있는 것이다.

이 100년의 기간 속에는 조선의 절대군주제로부터 일본의 식민지시대를 거쳐 조국의 해방과 한국전쟁의 발발까지를 아우르는 긴 세월이 포함된다. 충군애국의 이데올로기로부터 일본 제국주의에의 예속, 좌우 이데올로기의 대립, 미군과 소련군의 점령, 대한민국의 성립, 그리고 전쟁과 상실…. 한 인간의 생명조차 부지하기 어려울 정도로 험악했던 질풍노도의 시대에 '헌법'이란 개념 역시 홀로 서재 속에서 사변적으로 존재할 수는 없었기 때문에 그동안 함몰되고 산일된 개념을 다시 한 조각 한 조각 주워서 정리하고 체계를 세우는 일은 생각만큼 쉽지 않은 작업이다. 그러나 지나간 100년 동안에 서구에서 2,000년에 걸쳐 전개되어 온 개념과 경험들이 동시대적으로, 또는 순서의 차이는 있지만 모두 한국에서 전개되었기 때문에 우리의 헌법사는 연구의 보고라고 할 수 있으며, 또 그만큼 연구에 매력을 느끼게 하는 것이다.[11]

11. 헌법재판소는 "헌법은 국민적 합의에 의해 제정된 국민생활의 최고도덕규범이며 정치생활

연구의 방법

서구에서 발전된 '헌법'이란 새로운 개념이 한국에 전파되고 수용 또는 저항하는 과정을 추적하는 것은 쉬운 일이 아니다. 그 접근방법으로는 이 총서 시리즈와 같이 개념의 역사적인 연구방법 외에 실증적·문헌학적인 연구방법, 비교사적인 연구방법, 일상사와 같은 이른바 미시사적인 연구방법 등을 동원할 수 있을 것이다.

먼저 역사적인 연구방법 일반은 한국 근대사를 전공하는 학자들에 의해서 상당한 연구 업적이 축적되고 있다. 그러나 일부의 연구자들은 아직도 서세동진, 문명개화, 실사구시, 동도서기, 개화파와 위정척사파 등의 표어로 대표되는 일반 이론의 수준에 머무르고 있는가 하면, 인접 학문 분야에서의 연구성과도 제대로 파악하지 못한 채 여전히 계몽적인 언설을 반복하고 있다. 특히 법제사의 영역에 이르면, 저변 연구 인력의 절대적인 부족과 연구대상의 특성화로 인한 시기와 테마의 편중 등으로 근대 한국법제사에 관한 체계적인 교과서조차 없는 실정이다. 아직 일반론 내지 총론도 확립되지 못한 현시점에서 헌법사나 헌법개념사라는 특수사 또는 각론의 분야를 정립하려는 것이 이 연구의 과제이다.

이 연구는 이러한 역사적인 연구방법 일반을 토대로 하여 실증적·문헌학적인 연구방법을 도입하여 헌법 개념의 구체화 과정을 세밀하게 묘사하고, 언어의 의미체계를 시간적으로 추적하는 것

의 가치규범으로서 정치와 사회질서의 지침을 제공하고 있기 때문에 민주사회에서는 헌법의 규범을 준수하고 그 권위를 보존하는 것을 기본으로 한다"고 정의하고 있다. 헌재 1989. 9. 8. 선고 88헌가6, 『헌법재판소판례집』 제1권, p.199 이하(p.205). 헌법재판소는 1988년 창설된 이래 한국인의 규범생활에 커다란 영향을 미치고 있다.

이다. 이를 위해서 먼저 당시의 각종 신문과 잡지, 그리고 법학 관련 문헌을 수집하고, 이를 정밀하게 분석하여 헌법이란 개념의 정착 과정을 체계화하는 것이다. 여기서의 헌법이나 헌정, 그리고 국가구조에 대한 인식은 자료수집의 어려움과 제약으로 지식인 계층의 것에 한정하기로 한다. 아울러 헌법의 개념은 실정법상 어떻게 구현되었으며, 어떻게 변천을 거듭했는가 하는 입법론적인 고찰뿐만 아니라 입법정책적인 고찰 역시 함께 검토되지 않으면 안 된다.

다음으로는 유럽적 사고에서 생성한 헌법 개념은 아시아적 사고와의 만남으로부터 충돌, 침투, 갈등, 저항, 선망, 수용에 이르는 과정 전체를 어떠한 모습으로 보여 주고 있는가, 중국에서의 경험과 일본에서의 경험은 어떤 차이점과 유사점이 있는가, 또한 중국과 한국과의 공통점과 차별성은 무엇인가 하는 등의 질문이 제기된다. 이들 국가 간의 상호 인식과 영향 같은 지식의 이동, 문화의 변동이란 점에서도 비교 연구는 필수적이다. 정신사적으로 볼 때는 그리스 기독교적인 전통에서 개발된 것이 동아시아의 유교적인 사고에서는 무엇이 발생되고 무엇이 일어났는가, 서구의 헌법 개념은 그대로 동아시아에도 타당한 보편적인 원리인가 하는 등의 근본적인 질문이 제기된다. 특히 한국을 중심으로 한 중국과 일본의 비교 연구는 헌법 개념뿐만 아니라 다른 개념사에도 그대로 적용되는 중요한 문제제기이다.

역사적으로 한국인은 조선 왕조의 절대군주 치하에서 서구의 법제와 법학을 알게 되었고, 그 후 외관적인 입헌주의의 좌절로 인하여 국민국가가 성립되기 이전에 신분과 권위는 붕괴되고 사회 해체라는 미증유의 혼란을 경험하였다. 더구나 같은 동양 민족이며 이웃 국가인 일본의 침략에 의한 식민지 경험은 문화민족인 한국인의 자존심에 커다란 상처를 입혔으며, 국민들에게 깊은 자기 각성을 요구하게 되었다. 그 결과 국내외에서 독립투쟁을 전개하고 임시정부를 수립하면서 헌법의 중요성을 인식하게 되었다. 일본의 패망으로 비록 남한에서나마 새로운 헌법을 제정하게 되고 새로운 정부를 수립하게 된 것이다. 이 짧지 않은 고난의 여정 속에서 한국인은 유례없는 정신적 공허와 방황, 국가적 통일의 상실, 이데올로기의 대립으로 인한 적과 동지라는 이분법적인 사고 속에서 생존을 위한 투쟁을 전개해 왔다. 이 과정에서 오직 헌법만이 대한민국을 표상하는 최고의 상징이며 가치 토대가 된 것이다.

이제 헌법 개념을 체계적으로 파악하기 위한 예비 작업 또는 전제 작업으로서 몇 가지의 기본적인 개념에 집중적인 조명을 가하기로 한다.

1. 헌법개념사의 경계 넘기

헌법 개념의 올바른 이해는 무엇보다 서구에서 전래된 '헌법' 이란 단어가 어떻게 근대 한국에 소개되었는가를 개념사적으로 검토하는 데에서 출발해야 할 것이다. 최근 개념사적인 연구를 통해서 지식체계의 변화와 문화변동의 양상을 탐구하려는 시도들이 국내외 각 분야에서 활발하게 진행되고 있다.

한국에서는 아직까지 헌법 개념의 수용과 정착에 관한 연구가 본격적으로 수행된 것이 없다. 여기에는 역사와 문화, 그리고 사상사적인 시각과 인식, 특히 근대 한국사에 대한 깊은 성찰이 요구되기 때문이다. 더구나 헌법의 개념은 매우 포괄적인 것이기 때문에 먼저 기본적인 관념들에 대한 연구가 선행되거나 적어도 동시에 검토되어야 할 것이다. 여기에는 국가, 사회, 정치, 주권, 국민,

국기國旗, 권리, 민주주의, 국회(의회), 자연법 등과 같은 관련 개념이 포함될 수 있을 것이다.[12] 다음에 몇 가지의 관련 개념을 간단히 서술하기로 한다.

국가

한국어로 '나라', 한자어로 '國家'로 표현되는 개념은 그 사용법이나 의미 내용은 한결같지 않다.[13] 한국어의 '나라'는 일본에서는 奈良(나라)로 표기하게 됨으로써 어떤 일본인은 '國'(구니)은 『일본서기日本書紀』에서부터, 국가는 『17조 헌법十七條憲法』[14]에서부터 용어가 발견된다고 적기도 한다.[15] 이 『17조 헌법』은 일본 최초의 성문법으로, 스이코推古 12년(604) 쇼토쿠 태자聖德太子가 유교를 중심으로 불교나 법가의 사상을 첨가하여 천황을 중심으로 하는 관리의 정치적 심득心得을 17개조로 설명했다는 것이다.[16] 일찍이 백제의 왕인王仁이 일본에 문물을 전래한 결실의 하나인 것임을 『서북학회월보』는 "백제왕이 오경박사를 명송命送하여 일본 왕실과 국민에게 보급 교수함으로 전전轉轉히 문장에 발달되야 종終히 쇼토쿠 태자가

12. 상세한 것은 김효전(2008), 「헌법개념사의 경계넘기」, 『공법연구』 제36집 제3호, pp.1~57 참조.
13. 문헌은 박상섭(2008), 『국가 · 주권』(한국개념사총서2), 도서출판 소화 참조.
14. 中村元 · 瀧藤尊敎(1970) 역, 『日本の名著 2, 聖德太子』, 中央公論社, pp.409~415 참조.
15. 齋藤俊明(2003), 「國 · 國家」 항목, 石塚正英 · 柴田隆行 감수, 『哲學 · 思想飜譯語事典』, 論創社, p.80.
16. 講談社(1989), 『日本語大辭典』, p.629. 뢰벤슈타인은 M. Anasaka, The Text of a Constitution in Seventeen Articles by Prince Sotoku in 604 A.D., in: *Case and Comment XLVIII* (1953), p.20 ff. 하나에 의거하여 "아마도 성문헌법을 최초로 만든 공적은 일본인에게 인정해야 할 것이다"라고 서술하는데 신빙성이 없다. K. Loewenstein(1957 · 1965), *Political Power and the Governmental Process*, p.420; ders., *Verfassungslehre*, S.236 Fußnote 11 (김기범 역, 『현대헌법론』, 교문사, 149면).

헌법 17조를 봉奉함에 지至하였으며…"[17]라고 기록하고 있다. 이처럼 일본의 문학은 我國(한국)에서 시작하였지만 이를 국체國體에 응용하여 자국의 특색으로 삼은 점은 놀랍고 감복할 만하다고 찬탄하고 있다.

그러나 영어의 state에 대응하는 '국가'란 말이 존재하기 위한 기본 요소로서는 영토, 국민, 그리고 통치권이 필요하다.[18] 원래 state는 라틴어의 status에서 유래한다. 이 status는 바로 '사물의 상태'를 의미하는 것이다. 영어의 state, 프랑스어의 état, 이탈리아어의 stato 모두 상태를 의미하며, 특히 이 말이 정치적인 의미로 사용된 결정적인 전환점은 니콜로 마키아벨리의 『로마사 논고』(1531)[19]와 『군주론』(1532)이라고 한다.[20] 그러나 stato가 오늘날의 의미로 사용된 것은 근소하며, 귀차르디니Francesco Guicciardini (1483~1540)를 비롯한 다른 곳에서도 그 사용법은 일정하지 않았다. 이 state가

17. 秋醒子(1909), 「我國古代文明의 流出」, 『西北學會月報』 第1卷 第17號, p.6.
18. G. Jellinek, *Allgemeine Staatslehre*, S.183; 게오르그 옐리네크(2005), 『일반 국가학』, 김효전 옮김, 법문사, p.146; Hans Boldt(1990), Artikel "Staat und Souveränität," O. Brunner, W. Conze und R. Koselleck (Hrsg.), *Geschichtliche Grundbegriffe. Historisches Lexikon zur politisch-sozialen Sprache in Deutschland*, Stuttgart: Klett-Cotta, Bd.6, SS.1~154 참조.
19. N. Machiavelli(1531), *The Discourses*; 니콜로 마키아벨리(2003), 『로마사 논고』, 강정인 · 안선재 옮김, 한길사. 이 번역서에서는 영역판의 'constitution'을 '기본적인 정치제도'라는 '좀 더 넓은 의미'로 옮겼으며, "오늘날 '헌법'이라는 우리말은 너무 제한적이고 경직된 의미를 갖는 것으로 느껴지기 때문이다"라고 역주에서 부연하여 설명하고 있다(p.69). 이러한 설명식 번역 방법은 '헌법'이나 '헌정' 외에 '기본적인 정치제도'라는 또 다른 제도가 있는 것 같은 오해를 주기 쉽다.
20. C. Schmitt(1941), "Staat als ein konkreter, an eine geschichtliche Epoche gebundener Begriff," in: ders.(1958 · 3.Aufl. 1985), *Verfassungrechtliche Aufsätze aus den Jahren 1924~1954,* Berlin, SS.375~385 ff.; 칼 슈미트(1988), 「국가 개념의 구체성과 역사성」, 김효전 역, 『정치신학 외』, 법문사, p.381; 박상섭(2002), 『국가와 폭력: 마키아벨리의 정치사상 연구』, 서울대학교출판부, p.237 참조.

오늘과 같은 실질적 의미를 가지게 된 것은 알프스 이북에서 중간 규모의 정치사회의 통일적 지배를 가리키게 되면서부터이다. 즉, 절대주의라는 지배양식이 나타난 때이다.

그러나 장 보댕J. Bodin의 『국가론』(1576)[21]에서 국가는 état가 아니라 République가 사용되고 있다. 여기서 말하는 국가는 권력자와 권력기구만이 아니라 피치자를 포함하는 하나의 사회로서의 국가를 말하는 것이다. 이처럼 République가 사용되고 있지만, 그 내용은 stato, état와 같은 것이다. 같은 용어법은 홉스Thomas Hobbes의 『리바이어던Leviathan』(1651)에서도 발견된다. 그는 state, commonwealth, 그리고 republic 모두 거의 동일한 말로서 사용하며, '헌법'에 관하여는 아무런 언급이 없다.[22] 이와 같이 국가를 나타내는 말에는 근대 이후 현대에 이르기까지 stato-state와 res publica-republic의 두 계열이 사용되고 있으나, 오늘날에는 보댕이나 홉스의 용어법에서처럼 동의어로 사용되고 있다.[23] 또한 스피노자Benedict de Spinoza의 저서인 *Tractatus Politicus*(1677)를 『국가론』 또는 『정치론』으로 번역하기도 한다.[24] 스피노자는 당시 새로운 정치형태로서의 '국가'를 염원하였으나, 근대적 국가론이 쇠퇴하고 정치가 우리의 삶

21. J. Bodin(1576), *Six livres de la République*; 장 보댕(2005), 『국가론』, 임승휘 옮김, 책세상 참조.

22. 그러나 홉스는 'constitution'이란 말을 "For before constitution of Soveraign Power (as hath already been shewn) all men had right to all things ; which necessarily causeth Warre"(*Leviathan*, II. xviii 91)[주권자 권력의 *설정* 이전에는 (이미 보았듯이) 모든 사람은 모든 것에 대한 권리를 가지며 그것은 필연적으로 전쟁을 불러온다]와 같이 사용한다(강조는 저자).

23. 石塚正英 외 감수(2003), 『哲學 · 思想飜譯語事典』, p.80.

24. 예컨대 『국가론』은 김성근(1978)역, 『국가론』, 서문문고; 『정치론』은 추영현(1994 · 2008) 옮김, 『에티카/정치론』, 동서문화사; 김호경(2008) 옮김 · 해설, 『정치론』, 갈무리.

을 지배하는 오늘날에는 정적인 '국가' 개념보다는 동적 개념으로서의 '정치'를 더 선호하는 경향이 보인다.

독일에서는 status의 의미가 오랫동안 확정되지 않았으며, 'Staat'라는 말에는 이중의 의미가 내포되기도 하였다. 즉, 특정한 조직을 가지는 지방Provinz이나 영지Landschaft도 의미하였다. 그리하여 독일어의 'Staat'는 영어의 'state'처럼 국가로 번역하기도 하고, '주' 또는 '지방支邦'이라고 번역하기도 한다.[25]

또한 국가의 개념과 관련하여 'Reich'가 실제로 많이 사용되고 있다. 예컨대 1849년의 바울교회 헌법이나 1871년의 비스마르크 헌법도 모두 정식 명칭은 'Die Verfassung des Deutschen Reichs'이며, 이를 독일 '제국' 헌법이라고 번역한다. 그러나 제정이 무너지고 성립한 바이마르 공화국 헌법의 정식 명칭도 'Die Verfassung des Deutschen Reichs'이기 때문에 '제국'이란 번역은 적절하지 않다고 본다. 또한 1933년의 수권법의 정식 명칭인 '민족과 국가의 곤란을 제거하기 위한 법률'에서도 Reich가 사용되고 있어서 '라이히'는 국가와 동일한 개념을 의미하기도 한다. 그러나 슈미트C. Schmitt는 국가의 개념과 라이히의 개념을 대립적으로 파악한다.[26] 따라서 Reich는 영방領邦이나 지방을 아우르는 국가를 의미하기 때문에 번역하지 않고, 라이히Reich 그대로 사용하는 편이 낫다고 생각한다.

한편 근대 일본의 대표적인 영일사전인 『영화대역수진사서英和對譯袖珍辭書』(1862)의 'state' 항목에는 '모양, 有樣, 國, 훌륭한 것'이라

25. Jellinek(1900 · 3.Aufl. 1914), *aaO.*, S.133; 옐리네크(2005), 앞의 책, pp.106~107 참조.
26. Schmitt(1940 · 3.Aufl. 1994), *aaO.*, S.192; 슈미트(2001), 앞의 책, p.275.

는 기술이 있다. 또한 후쿠자와 유키치福澤諭吉(1835~1901)의 『서양사정西洋事情』(1866)에서는 state를 '국가' 또는 단지 '國'이라고 번역하고 있다. 또한 나카무라 게이우中村敬宇(1832~1891)는 새뮤얼 스마일스S. Smiles의 『자조론自助論』(1859)[27]을 『서국입지편西國立志編』(1871)으로 번역 소개하는 가운데 state를 단지 '국'이라고 번역하고 society는 '동료仲間 회사'라고 번역한 것이 많으며, '및 정부'라는 말을 첨가하기도 한다. society를 government나 state로부터 완전히 구별하지 않고 있음을 알 수 있다. 또 가토 히로유키加藤弘之(1836~1916)도 자주 '국가정부'처럼 '국가'와 '정부'를 구별하지 않고 사용하고 있다. 이에 대해서 후쿠자와는 가토와는 달리 국가와 정부를 구별하여 사용하고 있다.

이러한 혼란된 용어법은 근대 한국에도 그대로 전파되어 종래부터 존재하던 '나라'와 그것의 한자 표현인 '國'이나 '國家'가 동시에 사용되면서 서구적 개념의 국가 개념이 아울러 사용되기도 하였다. 예컨대 『한성순보』와 『한성주보』에서는 물론 『독립신문』에서도 종래의 '나라'와 근대 개념어로서의 '국가'가 동시에 사용되고 있다.[28]

국가에 관하여 논설의 형태로 발표된 것은 정인소鄭寅韶[29]의 '국

27. S. Smiles(1859), *Self-Help*. 최근의 번역서로는 새뮤얼 스마일스(2006), 『자조론』, 공병호 옮김, 비즈니스북스; 새뮤얼 스마일스(2006), 『자조론』, 김유신 역, 21세기북스.

28. 김동택(2002), 「근대 국민과 국가 개념의 수용에 관한 연구」, 『대동문화연구』(성균관대) 제41호; 김동택(2003), 「『독립신문』에 나타난 국가와 국민 개념」, 이화여자대학교 한국문화연구원 국제학술대회 발표문 참조.

29. 정인소는 1899년 안국선, 이인식과 함께 와세다대학의 전신인 도쿄전문학교 방어정치과를 졸업하였다. 재학 중에는 1897년 10월에 창립된 日韓學生俱樂部에서 劉文相과 함께 간사직을 맡기도 하였다. 이 회에서는 한일 간의 사정을 辨說하거나 동아의 근황을 논란하거나 구락부의 장래 일을 논의하였는데, 회원은 학생으로서 누구든지 어느 학교 학생인지

가의 관념'이 최초라고 생각된다.[30] 여기서 그는 "충군애국하는 마음을 두뇌에 유濡하는 것"이 국가의 일대 관념이라 하고, 또 "학문과 지기志氣를 가히 면려勉勵하야 충성심과 애국심을 간에 새기고 폐에 새겨 우리 국가로 위험을 전轉하야 안전한 데로 흥복융성興復隆盛할 희망이 우리 회원들의 제일 목적"이며, 또한 국가의 제일 관념이라고 주장한다.

국가학이 학문적인 체계를 갖추고 최초의 단행본으로 발간된 것은 1906년에 나온 석릉石能 나진羅瑨과 수송壽松 김상연金祥演이 역술한 『국가학』이다.[31] 이 책에서 "국가는 즉 국민 전체로 이에 속한 각 개인의 생활 발달을 위하여 필요한 사업으로 개인의 독력獨力과 또 사회적 결합력에 의하여 경영 존립한 일대一大 공공체公共體"라고 정의하고 있다. 이 정의는 당시 널리 알려지고 있던 독일류의 국가요소설과는 상당히 차이가 있는 정의라고 하겠다. 그러나 김상연의 『헌법』에서는 독일의 국가법인설에 입각한 입헌군주제를 제시하고 있다.[32]

를 불문하고 입회가 가능하였다. 참석한 한국인의 이름은 洪奭鉉, 鄭寅韶, 尹星求, 李寅植, 劉文相, 安明善, 朴太緒, 安慶善, 金大熙, 愼順晟, 姜龍甲, 禹泰鼎 등이다(『早稻田學報』 제15호, 메이지 31년(1898) 5월 25일자 pp.88~89). 귀국해서는 1910~1914년 경기도 장단 군수, 이어서 1914~1919년 부천 군수를 역임하였고, 1916~1918년에는 경기도 지방 토지조사위원회 임시위원과 군수를 지냈다.

30. 『친목회회보』 제4호(1897), pp.18~19. 『친목회회보』에 대한 연구와 영인은 차배근(2000), 『개화기 일본 유학생들의 언론출판 활동연구(I) 1884~1898』, 서울대학교출판부, p.717 참조.
31. 제2장 「국가학과 정치학」 문헌 참조.
32. 김상연 역술 『국가학』은 영학(英學)을 공부한 다카다 사나에(高田早苗)의 책을, 『헌법』은 독일에 유학한 소에지마 기이치(副島義一)의 책을 토대로 하였기 때문이다. 김상연과 후술하는 조성구의 국가론의 의의는 국가법인설의 역사적 의의의 하나인 근대적 공적인 국가관을 제시한 점에 있으며, 이에 반하여 유치형의 『헌법』에서는 전제국가론을 고수하고 있다. 상세한 것은 國分典子(2008), 「韓國初期憲法教科書にみる近代國家觀: 金祥演と趙聲九」, 鈴木敬夫先生古稀記念 『北東アジアにおける法治の現狀と課題』, 成文堂, pp.3~21 참조.

단행본은 아니지만 『만세보』에서 1906년 9월 19일부터 11월 22일까지 「국가학」을 연재하였다. 이것은 비록 한국이 보호국으로 전락한 상태에서, 또한 출판 사정이 좋지 않던 당시로서는 일반대중에게 국가의식과 국가사상을 고취하는 데 크게 기여하였을 것으로 생각된다. 다만 한국식 한자로 번역한 까닭에 독자층의 제약을 받아 널리 누구나 손쉽게 국가 관념을 뇌리에 넣을 수 없었던 점이 아쉬움으로 남는다. 또한 내용상으로 볼 때 독일 학자가 저술한 것이 틀림없지만 원전의 출처를 밝히지 않고 있는데, 독일 국가학을 번역한 일본 책이나 중국 책의 중역으로 생각된다. 이 연재물은 저자에 의한 번역이 2003년 관악사에서 출간되었기 때문에 설명을 생략한다.[33]

또한 이종태李鍾泰와 김상천金相天 공편, 『진명휘론進明彙論』(1905)은 중국인이 편찬한 개혁 관련 서적을 쉽게 풀어 쓴 책으로 국가, 정체, 법률에 관하여 설명하고 있다. 국가란 공동단체이며 국가를 창립하려면 반드시 토지, 신민, 주권의 세 가지를 갖추어야 한다고 강조한다. 편자인 이종태는 학부 편집국장 겸 외국어학교장을 역임했으며,[34] 이 책은 『대한매일신보』에 자주 광고가 나갔다.[35]

이어서 스위스의 공법학자이며 정치가였던 블룬칠리J. C. Bluntschli (1808~1881)의 국가학은 당시 여러 신문이나 각종 계몽 잡지 등에서 산발적으로 소개되거나 자주 인용되고 있었는데, 그의 국가학이 비록 단편적이나마 체계적으로 또한 본격적으로 소개된 것은 안

33. 이 책에는 한문 원문과 후술하는 블룬칠리의 『국가학강령』(1907)과 『국가사상학』(1908)이 함께 수록되어 있다.
34. 『대한매일신보』 1905년 11월 24일자.
35. 첫 광고는 『대한매일신보』 1905년 12월 7일자. 2010년 관악사에서 영인본 발행.

종화安鍾和 역, 『국가학강령國家學綱領』(1907)이다. 이 책에서는 국가를 윤리적 · 정신적 유기체라고 정의하고 있다.

블룬칠리의 저서를 중역한 정인호鄭寅琥(1869~1945) 역, 『국가사상학國家思想學』(1908)에서는 국가의 개념을 유럽 중세 사상과 유럽 근세 사상으로 나누어 설명하고 있다. 독일의 국가유기체설[36]은 당시 가토 히로유키를 통하여 일본에,[37] 그리고 중국의 량치차오梁啓超(1880~1932)를 통하여 한국에도 전파되는 계기가 되었다. 특히 블룬칠리의 자유주의적이며 보수주의적인 국가이론은 일본에서는 보수주의적인 측면이 강조되고, 중국에서는 반대로 혁명적인 성격으로 부각되기도 하였다. 블룬칠리와 그의 국가학에 관해서도 이미 상설했기 때문에 생략하기로 한다.

그 밖에 국가의 개념은 헌법이나 법학통론과 같은 법률 책에서는 물론 각종 계몽잡지에서도 상세하게 다루고 있으며, 또 신문기사에서도 자주 보도되고 있다.

또한 독일어의 'Rechtsstaat'[38]에서 유래하는 '법치국'이나 '법치주의'란 용어도 이와 거의 같은 시기부터 사용되기 시작하였다. 몇

36. 문헌은 우남숙(2000), 「한국 근대국가론의 이론적 원형에 관한 연구: 블룬칠리(J. K. Bluntschli)와 양계초의 유기체 국가론을 중심으로」, 『한국정치외교사논총』 제22집 제1호, pp.113~145.
독일 문헌은 Ernst-Wolfgang Böckenförde(1978), Artikel: "Organ, Organismus, Organisation, politischer Körper," in: O. Brunner u.a. (Hrsg.), *Geschichtliche Grundbegriffe*, Bd.4, S.589 f.; Ernst-Wolfgang Böckenförde(1991), "Der Staat als Organismus," in: ders., *Recht, Staat, Freiheit*, Suhrkamp, SS.263~272 참조.

37. 安世舟(1975), 「明治初期におけるドイツ國家思想の受容に關する一考察: 加藤弘之を中心として」, 日本政治學會年報 『日本における西歐政治思想』, pp.113~156 참조.
블룬칠리의 『국가학』을 번역한 가토의 『國法汎論』(1872)은 1971년 日本評論社에서 『明治文化全集』 補卷(2)로서 새로 조판하여 발간하였다.

38. 상세한 것은 김효전(1996) 편역, 『법치국가의 원리』, 법원사 참조.

가지만 예시하면 "헌법이라 범칭할진대 법치국만 위謂홈이 아니오 수雖 전제국이라도 특정한 헌장에 의하여 통치를 행하는 자는 개皆 이를 위謂함이라"[39] 또는 "근대의 국가는 법치국이 되는 동시에 문화를 조장하는 국가라"[40] 등과 같은 표현을 볼 수 있다. 이와 같이 안국선이 '법치국'이란 용어를 처음 도입한 것으로 보이며, 신문에서는 『대한민보』의 논설 「대호고법학계大呼告法學界」에서 "회사回思하건대 자석自昔으로 법률이 정행正行하고, 법학이 발달하야 전 국민이 법치국의 국민을 능성能成하였으면 금일의 사법권을 위임하는 사事가 개유豈有하리오"[41]에서도 법치국이란 단어가 발견된다.

한일합방 이후에는 조성구趙聲九의 『형법석의刑法釋義』(1913) 서문에서 또다시 법치국이란 말을 보게 된다. 즉, "금일 법치국에 재在하여는 인민이 사수斯須라도 법을 부지不知함이 불가하니 국國은 민民의 법을 부지함으로써 기 책을 불면함이라…."[42]

이 책은 한일합방 이후 조선인들의 법률 관념의 변천과 조선인 법률가들의 사고와 행적을 추적하는 데 귀중한 자료가 된다. 즉, 법질서의 준수나 형식적 법치주의를 맹목적으로 찬양하는가 하면, 일본의 조선 합병을 '시세의 변천'으로 간단하게 정당화하고 있다.

다른 한편 중국인들이 즐겨 사용하는 '덕치德治'라는 말은 실정법의 전통적인 해석이나 적용에서는 그 용례가 일부 발견되지만, 서구법의 존재가 알려지면서 서서히 자취를 감추기 시작한다.

39. 筆者未詳(1908), 「各國憲法의 沿革 及 年代參考의 大略」, 『大韓學會月報』 제6호, p.25.
40. 안국선(1908), 「정치학연구의 필요」, 『기호흥학회월보』 제2호, p.30.
41. 『대한민보』 1909년 9월 2일자 논설.
42. 조성구(1913), 『형법석의』, pp.1~2. 『刑事令釋義』(2004)와 함께 관악사에서 영인본이 발간되었다.

그러면 왜 국가를 연구하는가? 이는 국권이 상실된 당시로서는 국가 관념과 국가사상을 고취하여 잃어버린 독립과 국권을 회복하는 것이 바로 사활의 문제였기 때문이다. 그 하나의 예로서 『대한흥학보』의 칼럼 「학해學海」에 게재된 박해원朴海遠의 「국가 종류의 대략」에서 "세世를 제濟하고 방邦을 경經코자 하는 자는 외세를 찰察하며 내정을 수修하나니…. 만일 동서양 상태를 추구推究치 아니하면 혼구昏衢에 좌坐함과 여如하야 기其 국國을 실失할 뿐 아니라 기 신身도 보保키 난難할지라"[43]고 천하 대세를 잘 살필 것을 강조하고 있다.

한일합방 이후에는 국가에 관한 학문적인 연구는 별로 발견되지 아니하며,[44] 국가의 개념 역시 광복과 더불어 새로운 조명을 받게 된다.[45] "국가의 개념은 정치적인 것의 개념을 전제로 한다"[46]는 슈미트의 말처럼 정치가 한국인의 생활을 직접 지배하게 되고 정치의 주체로서 나서게 된다. 또한 미국식 정치와 정치학 개념의 급속한 확대와 전파에 따라서 국가학의 연구도 쇠퇴하고, 1970년대에는 각 대학의 정치학과에서마저 국가학 강좌는 점차 사라지기 시작한다.

국가의 관념 또는 사상과 관련하여 저자는 이미 『근대 한국의 국가사상』에서 이러한 자료들을 체계적으로 분석하고 정리하였

43. 朴海遠(1909), 「國家種類의 大略」, 『大韓興學報』 제4호, p.25.
44. 예컨대 유진오(1938), 「독일국가학의 최근동향: 소위 '지도자국가'에 대해서(하기지상대학)」(전4회), 『동아일보』 1938년 8월 16~19일자.
45. 광복 직후부터 50년대까지의 문헌은 F. 오펜하이머(1950), 『국가론』, 윤세창 역, 청구문화사; H. J. 라스키(1955), 『국가론: 이론과 실제』, 민병태 역, 백영사; R. M. 마키버(1957), 『근대국가론』, 민병태 역, 민중서관; 한스 켈젠(1959), 『국가론』, 김기수 역, 창문사; E. 캇시러(1959), 『국가의 신화』, 최명관 역, 창문사 등이 있다.
46. C. Schmitt(1963), *Der Begriff des Politischen*, S.20; 칼 슈미트(1995), 『정치적인 것의 개념』(증보판), 김효전 역, 법문사, p.23.

기 때문에 여기서는 반복하지 아니한다.[47]

사회

다음으로 국가와 대립되는 개념으로서 사회라는 용어가 등장한 것도 오래된 일은 아니다.[48] 사회라는 말 자체는 중국의 고전에도 나오며, 원래 의미는 '봄 · 가을에 신령을 맞이하기 위해 벌이는 집회' 또는 '뜻을 같이하는 사람이 모여 조직한 조직이나 단체'[49] 라고 한다.

그 후 일본에서는 영어의 society를 번역하여 1868~1877년대 무렵부터 활발하게 사용되기 시작하였으며,[50] 20세기 초에 중국과 한국에 전해지게 되었다. 사회란 말은 독일어로 직역하면 Gesellschaft이고, 한국어로는 사회, 회사, 조합으로 나누어 번역할 수 있으며,

47. 『황성신문』 1906년 6월 8일의 서적 광고에 나타난 당시의 국가학, 정치학 관련 책들을 열거하여 근대 한국 지식인들의 학문적인 관심과 동향의 일단을 제시하려고 한다.
國家學綱領 國家學原理 政治學全編 權利競爭論 警察學全書 政治學新論 政治原理 政治一班 共和政體論 萬國官制志 萬國憲法志 憲政論 歐美政體通覽 歐洲政治史論 歐州外交史 歐州文明進化論 地方自治制 十九世紀四大家政治學說 十九世紀大勢變遷論 康南海官制議 十九世紀末世紀之政治 議會政黨論 萬國憲法比較 萬國國力比較 美國民政考 英國通典 支那問題 伯倫知里自治論 泰西各國政治論 世界三怪物 國憲汎論 國際公法大綱 萬法精理 憲法要義 憲法精理 新法律詞典 國際法學 國際公法志 現世界大勢論 近世陸軍 日本武備敎育 中國之武士道 日本明治法制 日本監獄法律詳解 日本學校章程彙編 德國學校制度 泰西格言 國家政府界說 國際公法精義 以上 政治 及 法律學

48. 박명규(2001), 「한말 '사회' 개념의 수용과 그 의미체계」, 『사회와 역사』 제59집, pp.51~82 참조.

49. Federico Masini(1993), *The Formation of Modern Chinese Lexicon and Its Evolution Toward a National Language: The Period from 1840 to 1898*, Journal of Chinese Linguistics Monograph Series Number 6, Berkeley; 페데리코 마시니(2005), 『근대 중국의 언어와 역사: 중국어 어휘의 형성과 국가어의 발전: 1840~1898』, 이정재 옮김, 소명출판, p.274.

50. 柳父章(1982), 『飜譯語成立事情』, 岩波書店, p.3; 야나부 아키라(2003), 『번역어 성립사정』, 서혜영 옮김, 일빛, p.14 이하 참조.

프랑스어로는 사회와 조합은 société, 회사는 compagnie이다. 영어로 사회는 society, 조합은 partnership, 회사는 company로 모두 다른 말이다.[51]

유럽에서의 사회Gesellschaft, Gemeinschaft의 개념사를 전개한 리델M. Riedel은, 아리스토텔레스의 코이노니아κοινωνία의 개념에서 추적하며 남녀의 성적 결합, 주인과 노예의 생산에서의 결합, 가족공동체로부터 촌, 계약관계나 우정관계, 나아가 폴리스 사회까지도 의미하는 개념이었다.[52] 그러나 일본을 비롯하여 동양에는 원래 이러한 개념이 없었기 때문에 society의 어원인 societas는 '동료', '인간교제', '교제' 등으로 번역되다가 약간의 미묘한 선례는 있지만, '사회'를 오늘날과 같은 의미로 사용하게 된 것은 나카무라 마사나오中村正直 등의 노력에 힘입었다는 견해[53]와 후쿠치 겐이치로福地源一郎의 『도쿄일일신문東京日日新聞』의 사설에서 사용하였다는 견해 등으로 나뉜다.[54]

한국에서는 『한성순보』의 기사 속에서 '사회당'이나 '사회주의'[55] 같은 용어가 비록 외국의 사정을 소개하는 외신 중에서이지

51. 古田裕清(2004), 『翻譯語としての日本の法律用語: 原語の背景と歐州的人間觀の探究』, 中央大學出版部, p.137.
52. M. Riedel(1992), "Bürgerliche Gesellschaft," u.a., in: Brunner, Conze und Koselleck (Hrsg.), *Geschichtliche Grundbegriffe*, Bd.2. 3.Aufl., SS.719~800; Riedel(1992), "Bürger, Staatsbürger, Bürgertum," *aaO.*, Bd.1, SS.672~725; Riedel(1992), "Gesellschaft, Gemeinschaft," *aaO.*, SS.801~862; 河上倫逸/常俊宗三郎(1989) 편역, 『市民社會の槪念史』, 以文社, p.223 참조.
53. 柳父章(1985), 「翻譯とは何か」, 『日本語と翻譯文化』, 法政大學出版局.
54. 『東京日日新聞』 1875년 1월 14일자. 石塚正英 외 감수(2003), 앞의 책, p.139.
55. '사회주의'란 말은 1803년 이탈리아의 승려 자코모 줄리아니가 처음으로 사용했다고 하지만, 그것을 현재와 같은 의미로 자각적으로 사용한 것은 프랑스인 피에르 르루(Pierre Leroux, 1797~1871)라고 한다. Lorenz Stein(1842), *Der Socialismus und*

만 알려지기 시작하였다. 예컨대 「프랑스 사회당의 괴수가 유형流刑을 받다」[56]라든가 「유럽 사회당」[57]이란 기사가 게재되었다. 그러나 이러한 기사는 외국의 현상을 지칭한 것이어서 '사회' 개념의 독자적인 사용으로 보기는 어려울 것이다.

이처럼 신문기사에서 사회당, 사회주의가 조금씩 알려지다가 1905년을 전후로 하여 발간된 주정균朱定均 · 박승희朴承鑴 공저, 『최신경제학』(1908)에서 가장 상세한 서술이 보이며, 그 밖에 칼 마르크스K. Marx, 로드베르투스J. K. Rodbertus, 라살레F. Lassalle 등의 이름을 간단히 언급한 것으로는 유치형俞致衡의 『경제학』(1907년경), 원응상元應常 · 신해영申海永의 『경제학』(1907), 대한제국 학부 편, 『경제교과서』(1908) 등이 있다. 또한 안국선安國善의 『정치원론』(1907)에서도 사회당과 공산당에 관한 서술이 극히 단편적이지만 발견되고 있다. 뒤의 '정치' 항목에서 보듯이, 한일합방 직전에도 사회주의에 대해서는 교과서 검정에서 검열하는 등 적대적인 태도를 취하다가 합방 후 일제는 노골적으로 규제를 하게 된다.

이에 대해서 오늘날의 의미로 사회 개념이 사용된 것은 일본 유학생들의 잡지인 『친목회회보』 제2호의 여러 논설 가운데 사회 개념이 사용되었다고 보는 견해도 있다.[58] 그러나 『한성순보』의 기사를 통해서 이미 사회에 대한 문제의식이나 계급의식이 조심스레 전파되고 있던 사실은 부인할 수 없을 것이다.

Communismus des heutigen Frankreichs; L. シュタイン(1990), 『平等原理と社會主義』, 石川三義(1990) 외 역, 法政大學出版局, p.179, p.611의 역주 참조.

56. 『한성순보』 1883년 11월 20일자.

57. 『한성순보』 1884년 1월 18일자. 번역판 p.150.

58. 박명규(2001), 앞의 논문, p.53.

그러나 한문만 사용한 『한성순보』와는 달리 『독립신문』은 순한글로 발간하였기 때문에 각 분야마다 커다란 영향력을 행사하였다. 사회 개념을 적극적으로 정착시키고 전파하는 데에도 역시 마찬가지였다. 『독립신문』에서는 회會와 사회社會의 개념이 본격적으로 논의되기 시작하였다.[59]

> 나라마다 공론을 가지고 백ᄉᆞ를 ᄒᆞᄂᆞᆫᄃᆡ 대한은 공론ᄒᆞᄂᆞᆫ 사ᄅᆞᆷ들이 업ᄂᆞᆫ 고로 정부에셔 셰샹 공론이 엇더ᄒᆞᆫ지 알 슈도 업고 또 공론이라 ᄒᆞᄂᆞᆫ 거슨 공변되여야 공론이어ᄂᆞᆯ…나라마다 인민들이 모히ᄂᆞᆫ 쳐쇼가 잇서 여럿이 규칙 잇게 모혀 정뎨ᄒᆞ게 만ᄉᆞ를 토론ᄒᆞ야 좌우편 이약이를 다 드른 뒤에 쟉뎡ᄒᆞᆫ 의론이 공론이라.…나라 마다 각색 회가 잇서 회에셔 규칙 잇게 의론ᄒᆞ야 쟉뎡ᄒᆞᆫ 일은 대개 공변될 밧긔 슈가 업고….[60]

이것은 정당한 여론의 형성과 이를 전달할 조직과 단체의 형성, 그리고 그 내부 조직과 운영에 관한 절차 등의 중요성을 강조한 것이다. 특히 이 상소문에서는 다른 어느 곳보다도 법률과 장정의 의미와 가치를 여러 차례 설파하고 있다.

> 나라라 칭ᄒᆞᆷ은 그 뎐쟝[典章]과 법도가 잇심이라. 지금 우리 나라이 뎐쟝이 잇다 ᄒᆞ오며 법도가 잇다 ᄒᆞ오릿가 녯법은 폐디라 ᄒᆞ야 행치 아니ᄒᆞ며 새 법은 비록 뎡ᄒᆞᆷ이 잇스나 행치 아니ᄒᆞ니 행치 아니ᄒᆞᆫ즉

59. 박주원(2004), 「『독립신문』과 근대적 '개인', '사회' 개념의 탄생」, 이화여자대학교 한국문화연구원, 『근대 계몽기 지식 개념의 수용과 그 변용』, 소명출판, pp.127~165 참조.
60. 『독립신문』 1898년 2월 24일자.

이는 잇서도 업슴이라. 임의 뎐쟝과 법도가 업슨즉 이는 나라이 아니요…황상께셔는 그 걱졍을 흔 가지로 ᄒᆞ샤 안으로 뎡장[定章]을 실데로 밝으시며 밧그로 다른 나라에 의지흠이 업게 ᄒᆞ샤 우리 황샹의 권을 스ᄉᆞ로 셰으시고 우리 온 나라의 권을 스ᄉᆞ로 쥬쟝하신즉….[61]

공공적인 회會는 다시 사적인 교류와 경쟁의 사회라는 공간적 개념으로 분화될 뿐만 아니라 사회의 구체적인 법적 형태로서 구체적으로 나타나는 것이다. 그리하여 『독립신문』은 형사법과 민사법을 구별하고, 특히 민법의 중요성을 강조함으로써 '사회'의 성격은 분명히 드러나는 것이다.

률법은 나라를 다ᄉᆞ리는 정치상에 뎨일 요긴훈 강령이라. 그둥에 형ᄉᆞ법과 민ᄉᆞ법이 있는데, 민법이 더욱 중대한 고로 그 대강을 의론하노라. …민법도 ᄯᅩ훈 주권쟈의 명령으로 인류 밧긔 잇는 규칙이요 그중에 두 가지 구별이 잇ᄂᆞ니 국가의 신하와 빅성 된 ᄌᆞ격資格으로써 힝ᄒᆞ는 규칙을 이르되 공법이라 ᄒᆞ고 빅성끼리 셔로 상관ᄒᆞ야 훈 사룸의 ᄉᆞ졍으로 된 ᄌᆞ격을 이르되 ᄉᆞ법이라 ᄒᆞ며 민법은 원릭 정부 관계에 미이지 아니ᄒᆞ고 ᄉᆞ법 중에 통법通法과 쥬법主法의 성질이 잇서 모든 송ᄉᆞ에 권리쟈와 의무자義務者를 직접ᄒᆞ야 지판ᄒᆞ는 一됴 ᄉᆞ법이 된지라. 이 법은 각국 빅셩들이 싱업을 경영ᄒᆞ며 셔로 교통ᄒᆞ야 사는 곳에 쓰는 법률이니 샤회社會샹에 ᄎᆞᄎᆞ 진보가 되는 딕로 민법이 점점 더 밝게 되엿고… 녯적 로마국의 十二銅률과 영길리의 헌憲법은 나라 다ᄉᆞ리는딕 긔초를 편안케 홈이요 불란셔 나옹那翁 뎨1세에 마련훈 법률과

61. 『독립신문』 1898년 2월 24일자.

독일국의 보통 민법이란 것은 통일ᄒᆞ기를 위ᄒᆞ야 제뎡ᄒᆞᆫ 법률이라. 근릐에 구라파 졔국에셔 여러 가지 민법 법전을 편집ᄒᆞ야 뎨일 죠흔 법으로 쓰나니… 그중에 두 가지 규식이 잇스니 一은 로마식이요 一은 독일식이라. 로마식은 민법 전편을 네 가지로 난호와 골ᄋᆞ딕 인ᄉᆞ법人事法과 물건법物件法과 샹쇽법相續法과 소송법訴訟法이니…고로 각국 사름들이 그 법이 죠타ᄒᆞ야 다 취ᄒᆞ여 쓰더니 사회가 점점 진보홈의 현금에ᄂᆞᆫ 권리자와 의무자의 직분을 좃ᄂᆞᆫ 것보다 계약契約을 인ᄒᆞ야 뎡홈이 죠타ᄒᆞ고 민법의 편제를 일졔히 변경홈의 모든 나라들이 독일국 법식을 취용ᄒᆞ기에 이르럿더라.[62]

특히 이 논설에서는 "영길리의 헌법은 나라 다스리는 데 기초를 편안케 함이요"라고 하여 민법의 제정보다는 헌법의 제정과 법제의 통일을 강조하고 싶은 것이 필자의 참된 의도가 아닌가 생각된다.

여하튼 민법은 사회가 진보함에 따라 더욱 밝게 되었으며, 사회 개념은 상업을 경영하며 서로 교통하는 과정에서 형성되는 하나의 공간으로 이해하고 있다. 또한 국가와 사회의 관계는 서로 배타적인 것이 아니라 각 개인의 자유와 권리를 확보하기 위해서 조정하고 상호 보완적인 관계임을 역설하고 있는 것이다.[63] 국가의 역할과 독일식 법률의 중요성을 강조하는 것은 전통적 국가로부터 근대적 국민국가로의 전환을 열망하는 일반적인 표현의 발로

62. 『독립신문』 1899년 8월 12일자 논설 「민법론」.
63. 상세한 것은 Ernst-Wolfgang Böckenförde(1973), *Die verfassungstheoretische Unterscheidung von Staat und Gesellschaft als Bedingung der individuellen Freiheit*; 뵈켄회르데(1992), 『국가와 사회의 헌법이론적 구별』, 김효전 역, 법문사 참조.

로 이해할 수도 있으나, 근대 한국에서의 사회 세력의 형성과 사회의식의 점진적인 보급으로 이해할 수도 있다.

또한 "당시 근대 한국에서 행해진 독일 헌법과 국가학에 대한 적극적인 수용은 바로 이러한 맥락에서 이루어졌던 것으로 이해해 볼 수 있을 것이다"[64]라는 견해는 일단 수긍이 가지만, 그보다는 서구 열강의 침략 앞에서 독일과 일본을 모델로 하루 빨리 부강한 근대 국민국가로서 확고한 토대를 마련해 보려는 초조함과 고뇌가 가득 차 있는 것으로 볼 수 있다. 이 견해에서 독일의 '헌법'이라는 표현은 부적절하다. 왜냐하면 당시 이미 영국이나 미국의 헌법이 병렬적으로 도입 소개되고 있었고, 독일 '헌법'만이 적극적으로 수용되고 있었던 것은 아니기 때문이다. 따라서 '독일의 헌법'이라기보다는 '독일의 법제'라는 표현이 더 적절할 것이다.[65]

사회 개념과 사회학의 소개와 수용에는 이인직李人稙(1862~1916)과 『만세보』의 역할을 들 수 있다. 그는 『만세보』 창간호의 논설을 「사회」라는 제목으로 썼고, 또 『소년한반도』라는 잡지에 「사회학」을 연재하기도 하였다.[66] 이인직은 1900년 9월부터 1903년 7월까지 일본 도쿄정치학교[67]에서 우키타 가즈타미浮田和民(1859~1946)[68]에게

64. 박주원(2004), 앞의 논문, p.159 참조.

65. 상세한 것은 김효전(1996), 『서양 헌법이론의 초기수용』, 철학과현실사 참조.

66. 『소년한반도』 창간호(1906), pp.11~13.

67. 도쿄정치학교는 이타가키 다이스케(板垣退助, 1837~1910)와 호시 도루(星亨, 1850~1901)를 고문으로 마쓰모토 군페이(松本君平)가 1898년 간다(神田)에 세운 학교이다. 호시에 관해서는 윤소영(2002), 「갑오개혁기 일본인 고문관의 활동: 星亨을 중심으로」, 한국민족운동사학회 편, 『안중근과 한인민족운동』, 국학자료원, pp.121~161 참조.

68. 우키타의 연보와 저작목록은 姜克實(2003), 『浮田和民の思想史的研究: 倫理的帝國主義の形成』, 不二出版 참조.

신문학, 국가학, 사회학 등을 배우고,[69] 러일전쟁에 육군 통역으로 참전하였으며,[70] 1906년에는 친일단체인 일진회의 기관지 『국민신보』의 주필을 역임하기도 하였다.

또한 『만세보』는 「국가학」을 오랫동안 연재하였다. 이것은 본문 기사와는 달리 한국식 한자로 번역한 것으로 이를 해독할 독자층이 많지 않았을 것으로 볼 때 그 영향력도 적었을 것으로 보인다. 이 연재는 저자에 의해서 이미 번역 출판되었기 때문에[71] 여기서는 설명을 생략한다.

사회의 개념은 또한 『대한매일신보』의 기사를 통해서도 그 전파 과정을 거슬러 올라갈 수 있을 것이다. 몇 가지만 예시하면 "일개인이 합하여 사회를 이루고 사회가 합하여 국가를 이룬다"[72]거나, "사회라는 것은 보종보국保種保國의 기초이며 개명진보開明進步의 기관이라"[73]고 한다. 이러한 위기감과 불안감의 표출은 당시의 중국 지식인들 사이에서 유행하던 논쟁들이 그대로 한국의 지식인들에게도 설득력을 가지고 다가왔을 뿐만 아니라 공통된 문제의

69. 상세한 것은 윤승준(2004), 「국초 이인직의 일본 경험과 신소설」, 단국대학교 동양학연구소, 『개화기 한국과 세계의 상호교류』, 국학자료원, pp.136~172; 함태영(2007), 「이인직의 현실인식과 그 모순: 관비유학 이전 행적과 『都新聞』 소재 글들을 중심으로」, 문학과사상연구회, 『근대 계몽기 문학의 재인식』, 소명출판, pp.219~245; 구장률(2007), 「신소설 출현과 역사적 배경: 이인직과 『혈의 루』를 중심으로」, 문학과사상연구회, 『근대 계몽기 문학의 재인식』, 소명출판, pp.166~218 참조.
이인직이 재직했던 『都新聞』은 2006년 柏書房에서 전6권으로 복각되었다.
70. 이인직은 敍는 없고 賜金만 80엔 받은 기록이 있다. 『明治期 外國人敍勳史料集成』 第4巻 (1991), pp.454~455 참조.
71. 김효전(2003) 역, 『국가학』, 관악사 및 『인권과 정의』 2004년 1~3월호 참조.
72. 『대한매일신보』 1906년 6월 21일자.
73. 『대한매일신보』 1906년 4월 4일자.

식으로 자리 잡고 있었음을 보여 주는 적절한 예가 될 것이다.[74]

또한 이득계李得季의 논설 「아한사회관我韓社會觀」[75]에서는 "우리는 사회를 조성하는 원소이고, 사회는 우리들이 생활하는 기관"이라고 정의를 내리며, 사회는 자연사회로부터 인위사회로 발전하는데 국가는 사회의 종류 중 최고한 자이며 우리의 생활 기관 중 최대한 자라고 주장한다.

한편 특별광고에서는 "…남의 사회상을 황접게 하는 기서는 받지 않는 권리가 본사에 있사오니 그리 아시압"[76]이란 표현도 발견된다.

그러나 한일합방 이후가 되면 사회란 개념은 더욱 급속히, 그리고 보편적으로 전파되기에 이른다. 예컨대 1911년의 『매일신보』는 논설 「경고부인사회警告婦人社會」 가운데에서 다음과 같이 기록하고 있다.

> 近日 漢城內 婦人社會를 考察ᄒᆞ건ᄃᆡ 其 浮劘侈華ᄒᆞᆷ과 放浪縱溢ᄒᆞᆷ을 可히 勝言ᄒᆞᆯ바—無ᄒᆞ거니와 就中 上流社會의 夫人으로 身分과 處地가 足히 全局 婦女의 模範을 作ᄒᆞᆯ만ᄒᆞᆫ 資格은 有ᄒᆞ나 猶히 跳踉自恣ᄒᆞ야 禮法을 不顧ᄒᆞ고 隊々逐々ᄒᆞ야 花套骨牌로 金玉ᄀᆞᆺ흔 日月을 虛擲ᄒᆞ다가 世人의 罵笑와 警吏의 團束을 屢受ᄒᆞ얏거ᄂᆞᆯ….[77]

74. 중국의 경우에는 국가를 보전[保國]하고, 종족을 보존[保種]하는 외에 '중국의 유교를 보전[保教]'해야 한다는 주장이 제기되고, 또한 이 세 가지의 중요성과 순서를 둘러싸고 논쟁이 벌어지기도 했다. 양일모(2008), 『옌푸: 중국의 근대성과 서양 사상』, 태학사, p.213.
75. 『대한흥학보』 제6호(1909) 9~10호.
76. 『대한매일신보』 1908년 3월 25일자.
77. 『매일신보』 1911년 1월 11일자.

여기서 보듯이 '부인사회'뿐만 아니라 '상류사회'라는 단어도 함께 사용하고 있음을 알 수 있다. 또한 '全國'도 '全局'이란 동음어同音語를 사용하여 국가 관념을 모호하게 하는 작업을 서서히 진행하고 있는 상황을 미루어 짐작하게 만든다.

다음에 학문으로서 사회학의 발달은 우선 당시의 서적 광고를 통해서 추측할 수 있을 정도이다.[78] 이 책들은 일본과 중국 상하이에서 수입되었다. 여기서 보듯이 sociology의 중국어 번역인 '羣學'과 일본식 번역인 '사회학'이 함께 책 이름으로 열거되어 있다.[79]

정치

1) 개념어

정치politics란 말은 잘 알려져 있듯이, 서구에서는 그리스어의 폴리스polis에서 유래하며,[80] 학문으로서는 아리스토텔레스가 최초로 수립한 것이다. 동양에서도 옛적부터 '政'이나 '政事'와 같은 한문의 표현법이 존재하였으나, 그 의미나 내용은 오늘날의 그것과는 차이가 있을 수밖에 없다.

78. 『황성신문』 1906년 6월 8일자의 광고 중 사회학 부분은 다음과 같다.
社會進化論 人群進化論 族制進化論 社會主義 社會學 政教進化論 羣學肄言 人種誌 近世社會主義 婚姻進化論 社會改良論 人種改良論.
79. 상세한 것은 최재석(1974), 「한국의 초기 사회학: 구한말 · 해방」, 『한국사회학』 제9집, pp.5~29 참조.
80. C. Schmitt(1963), *Der Begriff des Politischen, Text von 1932 mit einem Vorwort und drei Corollarien*, Berlin, S.11; 칼 슈미트(1992 · 1995), 『정치적인 것의 개념』, 김효전 역, 법문사, p.13.

일본에서는 일찍이 『영화대역수진사서』(1862)에서 'Politics'를 '정치학', 'Police'를 '정치'라고 번역하고 있다. 또한 막부 말기인 1867년 11월 니시 아마네西周는 '의제초안상議題草案上'을 기초하고, 그 중에서 '정부지권지사政府之權之事'와 관련하여 정치라는 단어를 사용하였다고 한다. 이에 대해서 후쿠자와 유키치는 『학문의 권장』(1872) 속에서 politics에 관련된 화제를 예전대로 '정'이니 '정사'니 하는 표현을 사용하고 있다. 여하튼 이들이 의식한 정치는 영국식 또는 계몽주의적인 politics였으며, 또한 실제로 정치의 담당자는 위로는 총리대신으로부터 아래로는 촌장에 이르기까지 특정한 지배자의 전유물이었고, 일반 서민은 투표에 잠시 참가하는 때를 제외하고는 정치로부터 완전히 소외되어 있었다. 요컨대 일본에서는 유럽 사상의 번역어로서의 '정치'는 마침내 정착하지 못한 것이라는 평가를 받고 있다.[81]

한국의 경우도 이러한 사정은 일본과 유사하다.

먼저 『독립신문』의 논설에 나타난 정치와 정치가에 대한 이해는 다음과 같다.

> 정치가는 국가와 백셩의 리해를 잘 솔피고 졍ᄉ 강령과 다ᄉ리는 도의 엇고 일는 것을 잘 알고 매일 긔미의 거동을 잘 알고 셰계 큰 형셰의 엇더훈 것을 통투히 알아 나라를 다ᄉ리고 텬하를 평ᄒ게 홀 방략을 셰워 행ᄒ는 것이 실샹은 졍치가의 일홈을 엇는 것이 가홀 지니라.[82]

81. 石塚正英(2003) 외 감수, 앞의 책, p.175.

82. 『독립신문』 1898년 12월 1일자.

그리하여 정치가는 '중심'을 지녀야 하며, '충忠' 자는 곧 중中, 심心 두 글자를 합한 것이라고 결론을 내린다. 또한 정치가는 시세를 '통투히 알아야 한다'고 하면서 나폴레옹이 이탈리아를 압박하던 때를 예로 들어 입헌정치와 자유권의 중요성을 강조하기도 한다.[83] 이처럼 입헌정치의 중요성을 타국의 예를 들어 설명하거나 간접적으로 강조함으로써 한국에도 전파되기를 기대하고 있는 것이다.

다음에 『뎨국신문』의 정치에 대한 이해도 다음과 같이 아주 소박한 것이다. 즉, "정치란 것은 나라 일을 공체로 처판하야 다스리는 것이니 정치란 정 자는 곧 바를 정 자라,"[84] 또 "대신이 나라의 정사를 다스림이 의원이 사람의 병세를 다스림과 같아서 정사의 흥폐함이 나라의 시운이라 하나 그 회복하는 권리는 대신에게 있고"[85] 라고 하여 정치에 대한 이해는 아주 상식적인 것이었으며, 혹 외국에서 정치학이나 법률학을 배웠다고 해도 실제로 적용할 기회도 없었고, 또 합당한 자리도 마련해 주지 않아서 서로 어려운 처지에 있었다고 보겠다.[86]

당시 정치란 말은 각종 신문이나 여러 저작에서도 자주 발견되는데, 예컨대 지방정치의 쇄신이나 지방자치 정도로 이해하는가 하면,[87] 일본의 정치박사 1인을 고문관으로 고빙한다는 보도도 있었다.[88]

83. 『독립신문』 1898년 12월 7일자.
84. 『뎨국신문』 1900년 11월 14일자.
85. 『뎨국신문』 1899년 4월 18일자 논설.
86. 『뎨국신문』 1900년 5월 29일자 논설.
87. 『대한매일신보』 1907년 4월 16일자(「洪佘圖治」).
88. 『황성신문』 1906년 7월 7일자.

그러나 불과 2~3년 후에는 현실을 비판하는 것은 모두 정치를 비판하는 것으로 확대 해석하여 검열을 강화하였다. 또한 1907년의 보안법은 정치의 개념을 막연하게 규정하여 정치에 관하여 불온한 행동을 할 염려가 있다고 인정하는 자에 대해서는 퇴거를 명하거나 출입금지, 심지어 태형에까지 처할 수 있도록 규정하고 있었다. 특히 대한자강회의 고문으로 한국인을 돕는 체하며 활동하던 오가키 다케오大垣丈夫(1861~1929)[89]는 연설 가운데에서 "치안에 방해가 유한 언동을 불허함은 문명국의 통의通義오 국법에 명백히 규정훈 배니…"[90]하였고, 흥사단은 그 설립 기사에서 "일절 정치계에는 불관不關한다더라"[91]고 선언하고 있다.

이상의 법 규정이나 보도만으로도 당시의 숨 막히는 정치 상황이나 답답한 조선인의 생활 모습을 추측하고도 남음이 있다. 국민의 정치 참여는 상상조차 할 수 없으며, 죄형법정주의나 자유나 권리의 관념마저 완전히 부정, 차단된 것이다. 통감부의 지배만 존재하였고, 정치는 아예 없었던 것이다.

다음에 보듯이, 현실을 비판하는 것은 모두 정치를 비판하는 것으로 확대 해석하여 검열과 통제를 강화하였다.

2) 정치 개념의 확대와 검열

『황성신문』이 전하는 당시의 교과서 검정방법은 정치적 방면과 사회적 방면으로 나누어 다음과 같이 매우 포괄적이었으며, 국가

89. 大垣丈夫에 대해서는 池川英勝(1986), 「大垣丈夫について」, 『朝鮮學報』 제117호 · 제119호 · 제120호 참조.
90. 『황성신문』 1906년 5월 1일자.
91. 『황성신문』 1907년 12월 1일자.

사상을 배제하기 위해서 상당히 고심한 것을 알 수 있다.

정치적 방면에서는 1) 한국과 일본 간의 관계 및 양국 친교를 저애 혹 비의非議함이 무無한가, 2) 아한我韓 국시에 위반하여 질서와 안녕을 해하고 국리와 민복을 무시하는 등 언론이 무한가, 3) 한국의 고유흔 국정國情에 위반되는 기사가 무한가, 4) 기교오류奇矯誤謬되는 애국심을 고취함이 무한가, 5) 배일사상을 고취하거나 또는 특히 한인韓人에게 일인 및 타 외국인에게 악감정을 포抱케 하는 등 기사가 무한가, 6) 기타 언론이 시사언론에 섭涉이 무한가이며, 사회적 방면에서는 사회주의와 기타 사회 평화를 해하는 기사가 없는가이다.[92]

이처럼 무제한하게 검정이 가능하도록 규정하였으며, 나아가 배일사상을 고취하는 저작을 제거하였기 때문에 친일적인 저작의 출판만이 가능하게 되었다.[93] 물론 통감부의 압력이 그 주요 원인이며, 그중에는 자발적으로 친일정책에 동조하거나 협조하는 경향도 발견할 수 있다. 또한 기왕에 발매되던 저작이라도 국가사상이나 권리 개념을 고취하는 책자는 비록 일본 책을 모델로 저술된 것일지라도 검사하여 반포를 금지시켰다.[94]

특히 검열의 주체였던 학부 차관 다와라 마고이치俵孫一(1869~1944)[95]마저 "정치라 함은 현시의 정치문제 및 사회문제의 의미"[96]

92. 『황성신문』 1910년 3월 3일자.
93. 홍호선(1995), 「대한제국 말기 교과서에 나타난 排日思想의 분석: 사용금지 수신 · 윤리학 교과서를 중심으로」, 『중앙교육사학회 논문집』 제1집, pp.131~149 참조.
94. 예컨대 『대한매일신보』 1909년 1월 1일자 기사 「國其存乎」, 「교과셔금사」 및 1910년 9월 14일자 「大韓題押收」 등.
95. 佐藤由美(2000), 『植民地教育政策の研究: 朝鮮 1905~1911』, 龍溪書舍 참조.
96. 『서북학회월보』 제1권 제7호(1908), p.46.

라고 매우 막연하고 애매하게 이해하고 있었을 정도였다.[97] 그리하여 『금수회의록』과 같은 이야기 책자라도 모두 일본 경찰과 함께 압수해 가는 실정이었으며,[98] 마침내 수거하여 모두 불태워 버리기까지 하였다.[99] 서적의 압수뿐만 아니라 당시의 허수아비 같은 집권자들은 일본의 조선 침략을 직접 또는 간접적으로 돕고 있었다.[100] 예컨대 학교에서도 정치비평을 금지한다는 미명 아래 현실 정치나 국가와 민족에 관한 일체의 언설을 금지하는 훈시를 내릴 정도였다.[101]

이처럼 일본의 압력과 조정을 받는 조선 관료 계층은 민중의 정치나 국가에 대한 참여를 방해하고, 민주의식의 전파를 우려하였다. 뿐만 아니라 일본 통감부의 노골적인 검열과 언론탄압정책으로 국가, 정치, 자유, 권리 등 용어 자체의 사용마저 어렵게 되어갔다. 그러나 국권과 민권을 수호하려는 민족의 의지는 정규학교

97. 검열에 대해서는 정근식(2003), 「식민지 검열의 역사적 기원(1904~1910년)」, 『사회와 역사』 64 참조.

98. 압수한 서적은 『伊太利三傑傳』, 『乙支文德傳』, 『越南亡國史』, 『飮氷室自由書』, 『東國史略』, 『幼年必讀 並 釋義』, 『二十世紀朝鮮論』, 『禽獸會議錄』, 『우순소리』 등이다. 『대한매일신보』 1908년 7월 18일자, 7월 24일자 등. 이들 금서에 대해서는 최기영(1997), 「국역 『월남망국사』와 국권회복운동」, 『한국 근대 계몽운동 연구』, 일조각; pp.44~62; 최기영(1997), 「교과서 『유년필독』과 국민계몽」, 앞의 책, pp.63~94 참조.

99. 『대한매일신보』 1909년 5월 27일자(「學政焚書」).

100. 개화기의 출판에 대해서는 김봉희(1999), 『한국 개화기 서적문화연구』, 이화여자대학교 출판부; 이종국(1995), 「한국 개화기의 인쇄출판문화 연구(상): 개화기의 인쇄출판 인식을 중심으로」, 『인쇄계』 제254호, pp.111~115; 고덕환(1984), 「개화세력사회의 출판 연구」, 중앙대학교 신문방송대학원 석사학위논문.
서적상에 대해서는 조기준(1973), 『한국 기업가사』, 박영사; 『황성신문』 1906년 6월 8일자의 서적 광고 및 1906년 3월 28일자의 「大同書觀」에 관한 논설 참조.

101. 예컨대 학생의 자격으로 정치상 관계를 제출하는 것을 금지하거나(『황성신문』 1908년 11월 26일자), 학도근신의 요망(『황성신문』 1908년 11월 28일자), 기타 政治談禁止學訓(『황성신문』 1910년 1월 30일자) 등.

에서부터 강습소나 야학에 이르기까지 끈질기게 전개되었다.

3) 정치학과 시험

정치학을 가장 상세하게 소개한 것은 『독립신문』의 사설로서 정치학을 배우면 적어도 법률과 규칙에 따라서 백성을 위한 정치를 할 것임을 강조하고 있다.[102] 그러나 그 내용은 오늘날의 인사행정을 정치학의 기본적인 예로서 이해하고 있음을 알 수 있다.

또한 정치학에 대한 소개는 『뎨국신문』에서도 다음과 같이 보도하고 있다. 즉, "서양의 교육하는 규모는 인민을 개명할 도리로 인도하여 백성이 웃사람을 의심치 않고 웃사람이 백성을 속이지 아니하는 고로 집집마다 국정을 의론하고 사람마다 국법을 설명하여 정치학과 법률학을 졸업하고 앞으로 나아가기를 힘쓰며,"[103] 법률의 참 이치를 어기지 않는다고 하였으며, 또한 새로 발명한 정치학과 법률학을 신학문의 하나로서 소개하는 한편, 치국평천하하는 실제와 실사에도 적용할 것을 요구하고 있다.[104] 그리하여 『독립신문』은 「외국 류학생도」라는 논설에서 이렇게 말한다.

> 소위 정치학政治學이니 万국 공법이니 ᄒᆞᄂᆞᆫ 학문은 일홈은 죠흐나 대한에 시급히 쓸대 업스니 돈 허비 식힐 것 업고 위션 경무 사범師範 륙군 교련과 군뎨軍制 의슐醫術 법률 우톄 칙량測量 광산 룡공 등 민국에 가장 급ᄒᆞᆫ 일ᄆᆞᆫ 몬져 힘써 배호ᄂᆞᆫ 일이 젹당ᄒᆞ겟도다.[105]

102. 『독립신문』 1896년 4월 14일자.
103. 『뎨국신문』 1900년 3월 15일자.
104. 『뎨국신문』 1900년 4월 9일자.
105. 『독립신문』 1899년 1월 20일자.

또한 『뎨국신문』에서도 "외국에 유람할 때 저마다 공명에 뜻을 두고 정치학이니 법률학에 주의하지 않는 사람이 없거늘 나라를 위하는 마음이 특히 하야 나라 재정의 근원이 잠농에서 더한 것이 없는 줄 셔닷고…"[106]라고 하여 실업을 강조하는가 하면, "양반의 자식은 정치나 법률을 배울 것"[107]이라고 주장하는 기사도 발견된다.

여하튼 이 문제는 단지 새로운 학문을 공부한 학생들의 문제로만 끝나는 것이 아니라, 이를 천거하고 인사에 반영하려는 기성세대와 당국자들의 수용 자세와도 관련되는 중요하고도 어려운 문제인 것이다. 특히 한일합방 이후가 되면 유학생들의 관심 분야도 정치학이나 법률학처럼 별로 활용 가치가 없거나 적은 분야보다는 당장 소용되고 취직이 가능한 의학이나 실업 쪽을 택하는 학생수가 늘어나는 경향을 보여 주고 있다.[108]

실제로 정치학이 실용 학문이 된 것은 갑오경장 이후 과거제도가 폐지되고 관료의 채용 과목의 하나로서 정치학이 들어간 때부터이다. 요즘 말로 수험 과목이 되면서 안국선의 『정치원론』[109]은 일약 베스트셀러가 된 것이다.

외국, 특히 일본에서 최초로 서양의 정치학을 공부한 사람으로서는 홍석현洪奭鉉이 1896년 6월 도쿄전문학교(현재의 와세다대학 전신) 방어정치과邦語政治科를 졸업한 것이 효시라고 생각되며,[110] 그 후 1899년

106. 『뎨국신문』 1900년 10월 22일자.
107. 『황성신문』 1909년 1월 31일자.
108. 『매일신보』 1915년 2월 7일자.
109. 상세한 것은 김효전(2000), 『근대 한국의 국가사상』, 철학과현실사, pp.548~624 참조.
110. 홍석현은 1873년에 출생하여 1891년 6월 일어학교를 졸업하고 일본으로 건너가 1896년 6월 한국인 제1호로 도쿄전문학교를 졸업하였다. 그는 1897년부터 1899년까지 일본

안국선安國善, 이인식李寅植, 정인소鄭寅韶,[111] 1902년 김상연金祥演, 1908년 최영식崔寧植이 전문부 정치경제과를 각각 졸업하였다.[112]

4) 정치경제

정치학과 관련하여 서양의 '정치경제political economy'나 '경제학economics'이란 개념의 정착은 중국에서의 '경세제민經世濟民'과 마찬가지로 정치를 잘하여 부강을 이룬다거나 경제의 일상적인 의미로 인하여 쉽게 정착되지 못했다는 보고가 있다.[113] 그러나 경제학 역시 정치학, 법률학과 함께 시무의 학문으로서 동시에 소개되고 있다. 예컨대 1898년 한성의숙(뒤에 낙영의숙으로 개명)의 경제론, 1898년 흥화학교의 경제학, 1899년 광성학교의 '장사하는 학문',[114] 1905년 보성전문의 이재학理財學 전문과, 1905년 한성법학교의 경제학과

제일은행 서기로 근무하다가 귀국하였다. 1900년 10월 관립중학교 교관이 되었으며, 1906년에는 경무청 경무관으로 자리를 옮기고, 1906년 12월부터 1907년 4월까지 학부 참사관을 역임하였다. 1907년 4월에는 관립한성고등학교 교장에 취임하였다. 한일합방 이후인 1911년 강원도 춘천 군수를 지내고, 1923년부터 1929년까지 중추원촉탁의 직에 있었다. 저서로 홍석현(1894), 『新撰朝鮮會話』, 東京: 博文館이 있다. 그는 재학중 학자금이 없어 일본인 은사 이치지마 겐키치(市島謙吉)와 아마노 다메유키(天野爲之)의 도움을 받았으며, 특히 다카다 사나에(高田早苗)의 비호를 몽매에도 잊을 수 없다고 회고한다. 「早稻田在學中の感」, 『早稻田學報』 제399호, 1928년 5월, p.31. 문헌은 김효전(2006), 『근대 한국의 법제와 법학』, 세종출판사, p.401; 와세다(早稻田)대학 한국유학생회(1983), 『와세다의 한국인: 와세다대학 한국유학생 90년사』, p.42에서는 제1호 졸업생으로 홍석현, 제2호 졸업생으로 이준을 적고 있는데, 이준은 와세다 졸업생이 아니다. 상세한 것은 김효전, 「이준의 학력과 재판」, 『시민과 변호사』, 2000년 3월호, pp.58~63 참조.

111. 『早稻田學報』 임시증간 제94호(1903), pp.28~29.
112. 『早稻田學報』 제162호(1908).
113. 이헌창(2008), 「Political economy와 Economic의 개념과 번역」, 『개념과 소통』 2008년 겨울, 제2호, pp.113~117.
114. 『데국신문』 1900년 2월 7일자 참조.

재정학, 1905년 양정의숙의 경제원론, 재정학, 화폐론, 은행론, 1906년 돈명의숙의 경제원론, 1907년 법관양성소에서 박만서朴晩緖가 경제학을 강의한 것 등을 들 수 있다.[115]

주권

주권sovereignty이란 말은 이미 성경의 창세기(15:2)에서부터 보이는데, 이스라엘의 주권자인 여호와라는 말이 도처에서 나온다.[116] 이처럼 신학 개념에서 유래하는 주권을 보댕은 자신의 국가론의 주제로 삼았으며, 홉스 역시 군주주권을 주장하였다. 근대에 이르러서는 영국의 명예혁명, 미국의 독립전쟁, 그리고 프랑스의 대혁명으로 발전하는 과정에서 국민주권이 정착되고, 정치적으로 후진국이었던 독일에서는 이들 양자를 부정하는 국가주권으로 변질되기도 하였다.[117]

115. 상세한 것은 이기준(1985), 『한말 서구경제학도입사 연구』, 일조각; 이기준(1982), 『한국경제학교육사연구』, 한국연구원; 안병직(1982), 「구한말 경제학교육과 경제학교과서에 관한 연구」, 『한국교육사연구의 새 방향』, 집문당, pp.400~439; 조기준(1986), 「한국 경제학의 시원에 관한 연구: 보전 이재학과와 관련해서」, 『근대 서구 학문의 수용과 보전』, 고려대학교, pp.287~339; 이헌창(2005), 『한국 경제학의 발달과 고려대학교』, 고려대학교출판부, pp.29~102; 손열(2009),「근대 한국의 경제 개념」, 하영선 외, 『근대 한국의 사회과학 개념 형성사』, 창작과 비평, pp.320~344 참조.

116. 예컨대 “주권자가 야곱에게서 나며 남은 자들을 그 성읍에서 멸절하리로다 하고”(민수기 24:19), “만군의 여호와께서 이처럼 말씀하시기를 내가 너를 목장 곧 양을 따르는 데서 취하여 내 백성 이스라엘의 주권자로 삼고”(역대상 17:7), “여호와여 주권도 주께 속하였사오니 주는 높으사 만유의 머리심이니이다”(역대상 29:11), 그 밖에 잠언(6:6), 이사야(16:8) 등에서도 발견된다.

117. 주권에 관하여는 박상섭(2008), 『국가 · 주권』(한국개념사총서 2), 도서출판 소화; 신욱희(2009), 「근대 한국의 주권 개념」, 하영선 외, 『근대 한국의 사회과학 개념 형성사』, 창작과 비평, pp.125~148; Boldt(1990), *Geschichtliche Grundbegriffe*, Bd.6, SS.1~154; C. L. Merriam(1900), *History of the Theory of Sovereignty since Rousseau*, New York; G. Jellinek (1900 · 3.Aufl. 1914), *Allgemeine Staatslehre*,

이러한 서구의 주권 개념은 일찍이 휘튼Henry Wheaton(1785~1848)[118]의 국제법 책 *Elements of International Law: with a Sketch of the History of the Science*(1836)[119]를 번역한 마틴W. A. P. Martin 丁韙良[丁冠西](1827~1916)[120]의 『만국공법』(1864)[121]에서 비롯한다.[122] 물론 영어 sovereignty의 번역어이다.[123]

이 책은 국제법 발달사를 간단히 스케치한 후 제1부 국제법의 원천과 대상, 제1장 국제법의 원천, 제1절 자연법의 정의에서 시작한다. 이것은 국제법이라는 관념뿐만 아니라 당연히 자연법, 권리와 의무 같은 서구식 법 개념의 소개를 의미하는 것이다('권리'와 '자연법'은 후술 참조).

이 책은 발간되자마자 1865년 일본 에도江戶의 개성소開成所에서

S.435 ff.; 옐리네크(2005), 『일반국가학』, 김효전 옮김, 법문사, pp.355~399; C. Schmitt(1934), *Politische Theologie,* 2. Ausgabe; 칼 슈미트(1988), 『정치신학』, 김효전 역, 법문사; H. Kelsen(1920), *Das Problem der Souveränität und die Theorie des Völkerrechts*; H. Heller(1927), *Die Souveränität. Ein Beitrag zur Theorie des Staats-und Völkerrechts;* 헤르만 헬러(2004), 『주권론』, 김효전 옮김, 관악사; Michael W. Hebeisen(1995), *Souveränität in Frage gestellt. Die Souveränitätslehre von Hans Kelsen, Carl Schmitt und Hermann Heller im Vergleich*, Baden-Baden: Nomos.

118. 휘튼의 생애는 E. Baker(1937), *Henry Wheaton 1785~1848*, Philadelphia: Univ. of Pennsylvania Press; *Dictionary of American Biography*, Vol.X. p.39~42; 김용구(1997), 『세계관충돌의 국제정치학』, 나남출판사, pp.54~62; 松隈淸(1992), 『國際法史の群像』, 酒井書店, pp.321~358 참조.

119. 1836년판의 리프린트판은 New York: Da Capo Press(1972) 참조.

120. 마틴의 생애는 Ralph R. Covell(1978), *W. A. P. Martin. Pioneer of Progress in China,* Washington, D. C.; 김효전(2000), 앞의 책, p.412 이하 참조.

121. 惠頓(2003), 『萬國公法』(1864年), 丁韙良 譯, 何勤華 点校, 中國政法大學出版社.

122. 卷1, 17r, #20. 상세한 것은 김효전(1998), 「W. A. P. 마틴의 漢譯 국제법 책과 동아시아」, 『동아논총』(동아대) 제35집, pp.123~169; 김효전(2000), 앞의 책, pp.411~493 참조.

123. 윤영도(2005), 「중국 근대 초기 西學飜譯 연구: 『萬國公法』 번역 사례를 중심으로」, 연세대학교 박사학위논문 참조.

번각하여 식자층에 널리 보급되었으며,[124] 조선에도 상당수 보급되었을 것으로 추측된다.

먼저 『만국공법』 제1권 제2장 「논방국자치자주지권論邦國自治自主之權」의 설명을 보기로 한다.

> 나라를 다스리는 상위 권력을 일컬어 주권이라고 하고 있다. 이 상위 권력인 주권은 국내외적으로 행사되어지는데, 국내에서만 행해지면 그 나라의 법과 제도에 따라 백성民에 속하거나, 군주에 속하거나 한다. 이에 관해 논하고 있는 것을 일찍이 내공법內公法이라 했는데, 국법이라고 칭하는 것이 더 나을 것이다. 주권이 외부인 국외에서 행해지면, 실로 본국 스스로가 주체가 되어 타국으로부터 명령을 받지 않는다. 각국의 전쟁과 평화, 혹은 교류하는 것이 모두 이 권리에 의거하는 것이며, 이에 관해서 일찍이 외공법外公法이라고 하였는데, 이것이 흔히 말하는 공법이다.[125]

일본에서 이 주권이란 용어는 쓰다 마미치津田眞道(1829~1903)가 네덜란드에서 피세링Simon Vissering(1818~1888) 교수의 지도 아래 법학을 공부한 후 1868년 귀국하여 출간한 『태서국법론泰西國法論』(1868)[126]에

124. 高原泉(2000), 「開成所版 『萬國公法』の刊行: 萬屋兵四郎と勝海舟をめぐって」, 中央大學大學院 『硏究年報』 第29號, pp.299~309; 高原泉(1998), 「淸國版 『萬國公法』の刊行と日本への傳播」, 中央大學院 『硏究年報』 第28號 法學硏究科篇, pp.277~288 참조.

125. 『만국공법』(아세아판) 제1권 제2장 제5절, p.92. 번역은 강상규(2006), 「고종의 대내외 인식과 대한제국 외교의 배경」, 한림대학교 한국학연구소 편, 『대한제국은 근대국가인가』, 푸른역사, p.167에서 인용.

126. 전문은 『明治文化全集』(1929) 第9卷 『法律篇』, 日本評論社, pp.65~104에 수록. 문헌은 宮田豊(1972~1974), 「校註『泰西國法論』(1)~(7完)」, 『産大法學』(京都産業大學) 제6권 2호, 3호, 4호, 제7권 1호, 2호, 3호, 4호; 宮澤俊義(1967), 「津田眞道の『泰西國法

서 사용되었다.[127] 당시 마틴의 『만국공법』은 훈점만을 붙여 일본 개성소에서 재발간하였기 때문에 쓰다는 이 책을 통해서 주권이란 용어에 접하였을 것이다.

한국 최초의 신문인 『한성순보』는 1884년 「역민주여각국장정급공의당해譯民主與各國章程及公議堂解」[128]라는 논설 속에서 주권이란 용어는 사용하지 않았으나, 그 관념은 이미 사용되고 있다. 원문과 번역문을 함께 보기로 한다.

> 상고하건대 서양 각국에서 행한 여러 가지 제도의 가장 중요한 요점으로 움직일 수 없는 기초는 나라를 다스리는 주권이 국민에게 있고, 모든 권력이 국민에게서 나와 시행된다는 것이다.

여기서는 주권이란 말 대신에 '치국지권治國之權'이라고 표현하고 있으나 의미는 주권과 같은 것이다.

전술한 휘튼의 『만국공법』상의 「방국의 권리」는 다시 유길준이 1888~1889년경에 쓴 것으로 추정되는 「국권」[129] 속에서 주권 개념을 수용하고, 이것은 다시 『서유견문』 제3편에 「방국의 권리」에서 '내용하는 주권'과 '외행하는 주권'으로 표현되고 있다.[130] 여기서

論』」, 『憲法の思想』, 岩波書店, pp.341~381 참조.

127. 『泰西國法論』(1868) 巻1, 第2篇 國の主權; 마시니(2005), 앞의 책, p.301.

128. 『한성순보』 1884년 2월 7일자 원문. "泰西各國所行諸大端其中最關緊要而爲不拔之基者其治國之權屬之於民仍必出之於民而究爲民間所設也." 번역판 p.194에서는 '治國之權'을 '나라를 다스리는 주권'으로 번역하고 있다. 이 번역에 대해서 무리라는 견해(전종익)가 있으나 치국권이나 주권은 결국 같은 의미이다.

129. 유길준(1971), 『유길준전서』 IV, 『정치경제편』, 일조각, pp.25~46.

130. 유길준(1971), 앞의 책 I, 『서유견문』, p.85.

그는 주권평등과 자주독립의 원리를 강조하고 있다. 특히 주권평등의 관념에는 '공법'과 함께 '신의'와 같은 자연법적인 개념이 혼재되어 있기도 하다.[131]

또한 『독립신문』에서는 '자주독립'[132]이란 표현과 함께 '나라 권리'[133]를 한자어 국권國權의 한글 표기로서뿐만 아니라 주권과 동일한 개념으로서 자주 사용하고 있다. 이 '나라 권리'라는 말은 『뎨국신문』이나 『대한매일신보』에서도 동일하게 사용하고 있다.[134]

또한 "법률은 주권자의 권리"[135]라고 하여 오스틴John Austin(1790~1859)류의 이론을 전개하고 있다. 물론 여기의 주권자는 군주이다.

『뎨국신문』에서는 「해면을 관할하는 주권」이란 논설 속에서 "토디를 관할ᄒᆞᄂᆞᆫ 쥬權인즉 그 나라의 다ᄉᆞ리ᄂᆞᆫ 실權이 그 디방에 덥히ᄂᆞᆫ 연고―라 (…) 그런즉 공법 시힝ᄒᆞᄂᆞᆫ 셰상에셔 헛 일홈만 가지고 힝셰ᄒᆞᆯ 슈 업고 ᄯᅩᄒᆞᆫ 쥬권을 찾ᄌᆞ면 보호ᄒᆞᄂᆞᆫ 힘을 몬져 세워야 ᄒᆞᆯ지라. (…) 공법상에 ᄒᆡ면 십리 안은 다 내 관할이라"[136]고 하여 상세하게 주권의 문제를 다루고 있다.

또한 『황성신문』에서 연재한 「헌정요의」 중에서도 군주의 주권에 대해서 유길준(1856~1914)처럼 내용주권內用主權과 외용주권外用主權에 대해서 설명하고 있다.[137]

131. 정용화(2004), 『문명의 정치사상: 유길준과 근대 한국』, 문학과지성사, p.174.
132. 예컨대 『독립신문』 1897년 10월 26일자, 1897년 11월 18일자, 1898년 3월 15일자, 1898년 4월 2일자, 1898년 6월 4일자, 1898년 7월 15일자 등.
133. 예컨대 『독립신문』 1897년 9월 4일자.
134. 예컨대 『뎨국신문』 1900년 10월 4일자.
135. 『독립신문』 1899년 8월 12일자.
136. 『뎨국신문』 1902년 9월 19일자.
137. 『황성신문』 1905년 7월 27일자.

다음에 체계적인 법학 교과서인 유치형(1877~1934)[138]의 『헌법』에서는 "주권은 즉 국가의 존재를 대표하는 자—니라. 주권이라 함은 독립이오 또 절대무한의 권력을 운云함이니"[139]라고 정의한다. 이것은 유치형 자신의 견해가 아니라 그가 준거채용한 일본인 호즈미 야쓰카穗積八束(1860~1912)[140]의 이론을 그대로 답습한 것이지만, 당시의 주권 개념의 이해의 일단을 보여 주는 구절이다.

한편 김상연의 『헌법』에서는 "주권이라 함은 최상최고의 권력을 운함이라. (…) 군주국에는 군주가 주권자이오 공화국에는 통상 인민으로서 주권자라 운호대"[141]라고 서술하고 있다.

김상연은 쓰올, 보른하크, 프로이스, 바이쓰, 라반트, 옐리네크, 마이어 등 독일 학자의 이론을 소개하면서 주권이론을 전개한다. 그가 텍스트로 삼은 것은 일본인 소에지마 기이치副島義一(1866~1947)의 『일본제국헌법론』의 축약판이라고 할 수 있다.[142]

138. 상세한 것은 유치형(1983), 「유치형 일기」, 『법학』(서울대) 제24권 제4호, pp.148~168; 최종고(2007), 『한국의 법학자』, 서울대학교출판부, pp.65~92 참조.

139. 유치형(1981), 『헌법』, 아세아문화사 영인본, pp.4~5.

140. 상세한 것은 國分典子(1999), 「兪致衡と穗積八束: 朝鮮開化期における憲法の教科書」, 『法學研究』(慶應大) 第72巻 第7號, pp.23~55; 國分典子(2001), 「유치형과 穗積八束: 한일 초기 헌법론의 비교」, 『법사학연구』 제23호, pp.67~96; 이창휘(2001), 「유치형과 穗積八束」, 동아대학교 석사학위논문 참조.
호즈미의 약력은 『樞密院高等官履歷』 第2巻(1996), 東京大出版會, pp.205~240, 그의 헌법사상은 家永三郎(1967), 『日本近代憲法思想史』, 岩波書店, pp.157~176; R. H. Minear(1970), *Japanese Tradition and Western Law: Emperor, State and Law in the Thought of Hozumi Yatsuka*, Harvard Univ. Press; R. H. マイニア(1971), 『西洋法思想の繼受: 穗積八束の思想史的 考察』, 佐藤幸治 · 長尾龍一 · 田中成明 역, 東京大學出版會; 최근 문헌은 長尾龍一(2001) 편, 『穗積八束集』, 信山社 참조.

141. 김상연(1908?), 『헌법』, p.52, p.59.

142. 김상연의 『헌법』은 2004년 관악사에서 영인본이 발간되었다. 상세한 것은 김효전의 해설 참조.

다음에 조성구는 그의 『헌법』에서 "국가는 주권을 유함으로써 필요로 하는 자—아니라"[143]고 하여 주권에 관하여는 별로 설명을 하지 않는다.

국제법 교과서에서는 석진형石鎭衡(1877~1946)의 『평시국제공법平時國際公法』(1907)에서 주권의 문제를 다루고 있다.

그 밖에 각종 신문의 논설이나 계몽잡지 중에서도 주권을 직접 다룬 문헌이 있으나 몇 편 되지 않는다.[144]

국민

국민國民이란 개념 역시 국가 개념을 전제로 한다. 영토, 주권과 함께 국가구성의 한 요소로서 불가결한 것이다.[145] 서구에서의 국민과 인민人民의 개념은 프랑스 혁명을 계기로 주체와 구조를 달리하는 두 개의 대항관계에 있는 주권 원리로서 등장한 것이다.[146] 여하튼 동양에도 옛날부터 백성이니 民이니 하는 표현이 있었으나, 서구의 근대적인 법률 개념으로서의 국민이 동아시아에 알려진 것은 역시 마틴의 한역漢譯 국제법 책 『만국공법』(1864)에서 유래한다(民人之私友, 제1권 2장 4절).

143. 조성구(1907), 『헌법』, p.26. 또한 이 영인본에 붙인 김효전의 해설 참조.

144. 예컨대 梁在謇(1906), 「論主權」, 『少年韓半島』 제2호, pp.1~3; 法律讀書人(1909), 「主權國의 種類」, 『大東學會月報』 제16호, pp.7~13 등. 양재건의 글은 梁啓超의 「政治學大家伯倫知理之學說」(『新民叢報』 第38 · 39號) 第4節 「論主權」을 번역한 것이다.

145. G. Jellinek(1900 · 3.Aufl. 1914), *aaO.*, SS.406~428; 옐리네크(2005), 앞의 책, pp.332~349 참조.

146. 상세한 것은 성낙인(1995), 『프랑스 헌법학』, 법문사, pp.164~184; 박인수(1990), 「국민주권과 인민주권」, 『고시계』 1990년 3월호, pp.28~42; 조병륜(1983), 「국민대표론」, 서울대학교 박사학위논문. 일본 문헌은 成島隆(1977), 「主權原理における '國民' と '人民'」, 『一橋研究』 第2巻 第2號; 杉原泰雄(1983), 『國民主權と國民代表制』, 有斐閣; 杉原泰雄(1978), 『人民主權の史的展開』, 岩波書店 参조.

중국에서의 인민, 국민, 공민公民의 개념에 대해서는 한 일본인에 의한 연구가 우리에게 시사를 주는 바가 많이 있기 때문에 간단히 소개하기로 한다.[147] 먼저 20세기의 중국을 청조=중화제국시대, 베이징 정부와 국민정부의 중화민국시대, 그리고 중화인민공화국시대의 셋으로 나눈 후 이들 정부나 국가의 대극에 설정된 구성원의 위치는 청조시대에는 인민이며, 민국시대에는 국민이며, 인민공화국시대에는 인민이며, 국면에 따라서 공민이라든가 중화민족과 같은 개념이 나누어 사용되었다고 한다. 이들 중 (1) 중화제국의 전통적 개념으로서의 인민, (2) 구미로부터의 수입 개념으로서의 국민(시민), (3) 마르크스·레닌주의에서의 혁명 개념으로서의 인민, (4) 다민족을 결속하는 혁명 개념으로서의 인민 개념을 보완하는 통합과 일체화 개념으로서의 중화민족 개념, (5) 혁명 개념으로서의 인민 개념의 '적배제敵排除 논리'의 보충 개념으로서의 공민이라는 다섯 가지 개념을 가지고 국가-민중의 관계에서 '연속과 불연속'의 문제를 검토하고 있다.[148] 이러한 분류방법은 남북한의 이데올로기 대립으로 인하여 인민 개념이 후퇴한 남한의 경우에도 시사하는 바가 많다.[149] 예컨대 헌법 제정과정에서 '인민'과 '국민'의 용어를 둘러싸고 많은 논의가 있었는데, 특히 윤치영尹致暎 의원은 "북조선인민위원회 운운만 하더라도 나는 지긋지긋하게 들립니다" 하면서 '인민'이란 용어를 절대 반대하기도 하였다.[150]

147. 古廐忠夫(2000),「二○世紀中國における人民 · 國民 · 公民」, 西村成雄 편,『現代中國の構造變動 3: ナショナリズム—歷史からの接近』, 東京大學出版會, pp.233~235 참조.
148. 古廐忠夫(2000), 앞의 논문, p.230.
149. 유진오(1980),『헌법기초회고록』, 일조각, p.94, p.65의 주10 참조.
150. 국회도서관(1967),『헌법제정회의록(제헌의회)』(헌정사자료 제1집), p.390. 또한 '인민

그러나 중국의 경우 루소Jean-Jacques Rousseau류의 민권론이 민民의 주체성이나 국민 또는 인민 개념으로 나아가지 못했다는 비판도 있다.[151]

일본의 경우 일찍이 『영화대역수진사서』(1862)에서는 'nation'에 '人民國人'이란 번역어가 붙어 있으며, 또 후쿠자와 유키치의 『서양사정』(1866)에서 미국의 독립선언서를 번역한 중에 국민이 나오는데, 이것은 people을 번역한 것이다. 그러나 1889년 대일본제국 헌법이 발포되면서 공식적으로는 '신민臣民'이 된다. 물론 국민 개념이 일소된 것은 아니며, 호즈미 야쓰카의 『국민교육 애국심』(1897)이란 책자의 제목에서도 분명히 보이고 있다. 특히 블룬칠리의 영향 아래 국민 개념이 수용된 것을 밝힌 논문[152]도 있으며, 전체적으로는 독일형 입헌군주제의 '신민'으로부터 국민 개념으로의 발전을 말하고 있다.[153]

한국의 경우에는 전통적인 백성 외에 國人(유길준), 인민, 민족, 동포, 신민, 국민 등의 용어가 구별 없이 혼용되고 있었다.[154] 『독립신문』의 경우에도 '누구든지 그 나라에 사는 사람은 모두 그 나라

주권'이란 용어를 자주 사용하면 좌경 또는 공산주의자로 인식될 가능성이 없지 않기 때문에 '실질적 국민주권'으로 바꾸어 부르는 사람(조병륜, 2010, 『헌법학원리』, 성광사, p.104)도 있다.

151. 민두기(1973), 『중국근대사연구』, 일조각 참조.

152. 山田央子(1991), 「ブルンチュリと近代日本政治思想(上)(下): '國民'の觀念の成立とその受容」, 『法學會雜誌』(東京都立大學) 第32巻 第2號, pp.125~174 및 第33巻 第1號(1992), pp.221~293 참조.

153. 齋藤俊明(2003), 「國民」 항목, 石塚正英 외 감수, 앞의 책, pp.107~108 참조.

154. 예컨대 유창희(1896), 「국민의 의무」, 『친목회회보』제3호, pp.27~28; 박노자(2004), 「개화기의 국민 담론과 그 속의 타자들」, 이화여자대학교 한국문화연구원, 『근대 계몽기 지식개념의 수용과 그 변용』, 소명출판, pp.223~256; 강동국(2009), 「근대 한국의 국민/인종/민족 개념」, 하영선 외, 『근대 한국의 사회과학 개념 형성사』, 창작과 비평, pp.249~288 참조.

백성'[155]이라고 하면서 신민, 국민, 인민 그리고 '동포'[156]와 같은 말들을 함께 사용하고 있다.

…우리 대한이 이제는 당당훈 ᄌ쥬 독립훈 나라이라. 우리도 셰계 만국에 평등 권리 가지신 대황데 폐하의 신민으로셔 엇지 남의 나라의 보호를 밧으리요. 이제 이 보호라 ᄒ는 말은 국민 간에 대단히 관계가 되는 일이라. 각국 사룸들이 만일 이런 말을 드르면 우리 나라의 명예가 크게 손샹될 것이요 젼국 인민이 이 쇼문을 듯거드면 모도 놀랠 터이요…[157]

여기서도 신민, 국민, 인민 등의 용어가 병용되고 있는 것을 보게 된다.

신민臣民 subject, Untertanen은 군주국에서의 관원과 백성을 일컫는 말이다. 당시의 각종 신문과 잡지에서는 물론 대한국 국제 제4조에서도 '대한국 신민'이란 용어를 사용하고 있으며, 헌법 교과서에서도 일반적으로 이렇게 표현하고 있다.

그러나 '국민'이란 단어가 들어오면서 사정은 복잡해지기 시작한다. 예컨대 당시 크게 영향력을 지녔던 『국민수지』에서는 국민과 인민의 개념을 구별하지 않고 사용하고 있다. 즉, 국가란 토지의 국國과 인민의 가家 두 글자를 합칭한 것이며, 여기에 반드시 정치조직이 있어야 한다. 무릇 국민이 있은 후에 정부가 있으므로

155. 『독립신문』 1897년 3월 9일자.

156. 권용기(1999), 「『독립신문』에 나타난 '동포'의 검토」, 『한국사상사학』 제12집; 권보드래(2004), 「'동포(同胞)'의 역사적 경험과 정치성」, 이화여자대학교 한국문화연구원, 『근대 계몽기 지식개념의 수용과 그 변용』, 소명출판, pp.97~125 참조.

157. 『독립신문』 1898년 7월 25일자.

정부는 국민을 위해서 건설한 것이라고 한다.[158] 또한 "영국 왕이 전제 학정을 행하여 국민의 권리를 빼앗으려 한즉 영국 인민이 장불허將不許한다 위謂함이라"[159] 하는 표현에서도 국민과 인민의 구별을 하지 않고 있다. 그러나 이 책자는 제목이 보여 주듯이, '국민'의 관념을 강조하는 역할을 한 것은 틀림없는 사실이다. 이에 대해서 '국민' 없는 『국민수지』라고 성급하게 결론을 내리는 사람[160]도 있지만, 대한제국은 서서히 생성 중의 국민국가라고 부를 수 있을 것이다.

다음에 국민과 관련하여 '민족' 개념을 분명히 해둘 필요가 있었다.[161] 그리하여 『대한매일신보』는 「민족과 국민의 구별」이란 논설에서 누누이 강조하고 있다.[162] 르낭E. Renan이 말하듯이, "민족은 하나의 영혼이며 정신적인 원리"[163]로서 '매일 매일의 국민투표'를 통해서 국민이 된다. 이처럼 매일 반복되는 국민투표는 국가생활에서의 통합 과정에 핵심적인 실체를 부여하는 것이다. 독일의 스멘트R. Smend는 국가적인 통합을 정치적인 것의 본질적인 핵심 개념으로 내세움으로써 1920년대의 정신사적인 전환기에 결정

158. 『국민수지』, p.1, pp.13~14.

159. 『국민수지』, p.26.

160. 김동택(2004), 「'국민수지(國民須知)'를 통해 본 근대 '국민'」, 이화여자대학교 한국문화연구원, 『근대 계몽기 지식개념의 수용과 그 변용』, 소명출판, p.219 참조.

161. 상세한 것은 박찬승(2007), 「'민족' 개념의 형성과 발전」, 2007년 5월 18일 한림과학원 제5회 <개념사 사전> 편찬 사업 워크숍 발표문; 송규진 · 김명구 · 박상수 · 표세만(2005), 『동아시아 근대 '네이션' 개념의 수용과 변용—한 · 중 · 일 3국의 비교연구』, 고구려연구재단; 기무라 간 지음, 김세덕 옮김(2007), 『조선/한국의 내셔널리즘과 소국의식—조공국에서 국민국가로』, 산처럼; 木村幹(1996),「臣民からネ—ションへ—韓國におけるネ—ション意識形成への一考察」, 『愛媛法學』第23巻 2號 참조.

162. 『대한매일신보』 1908년 7월 3일자.

163. E. Renan(1882), *Qu'est ce qu'une nation?*, p.26; 에르네스트 르낭(2002), 『민족이란 무엇인가』, 신행선 옮김, 책세상, p.80 참조.

적인 기여를 하였다고 평가되고 있다.[164]

민족의 개념과는 달리 국민은 법적이며 문화적인 개념이다. 국민은 일반 개념인 인민에 비해서 정치적인 특별의식에 의해서 개별화된 인민을 의미하는 것이다.[165] '국민'이란 보통선거 또는 표결에 관여하고, 대개 다수를 결정하는 사람을 말한다.[166] 국민이란 말에 대해서 칼 슈미트는 국민 고유의 모든 표현의 핵심이며, 루소가 염두에 둔 민주주의의 근원적 현상은 바로 갈채Akklamation라고 하여 직접민주주의를 강조한다. 그는 "갈채는 모든 정치적 공동사회의 영원한 현상이다. 국민 없는 국가란 없으며, 갈채 없는 국민이란 없다"[167]라고 극언을 하지만, 이러한 주장은 히틀러의 등장과 독일의 패망으로 허구인 것이 증명되었다.

끝으로 공민公民 Staatsbürger의 개념 역시 국민, 민족, 인민, 시민, 신민의 개념과 함께 검토해야 할 것이다. 일본에서는 율령제律令制 하에서 공납의 의무를 지는 농민, 또는 메이지 헌법 하에서의 공무에 참가할 수 있는 일정한 유자격자를 의미하는 것이다. 원래 서양적 의미에서의 공민이란 능동적으로 국정에 참여하는 권능이 인정된 국민을 말한다. 따라서 부인이나 미성년자나 심신상실자는 제외된다.① 공민이란 존재는 자치나 의무나 봉사, 무엇보다도

164. 이에 관하여는 G. Holstein(1926), "Von den Aufgaben und Zielen heutiger Staatsrechtswissenschaft. Zur Tagung der Vereinigung deutscher Staatsrechtslehrer," in *Archiv des öffentlichen Rechts*, Bd.50, S.1 ff.

165. C. Schmitt(1928), *Verfassungslehre*, S.231; 칼 슈미트(1973), 『헌법이론』, 김기범 역, 교문사, p.253.

166. 국민이란 말의 다의성에 대해서는 C. Schmitt(1927), *Volksentscheid und Volksbegehren. Ein Beitrag zur Auslegung der Weimarer Verfassung und zur Lehre von der unmittelbaren Demokratie*, Berlin, S.32 ff.; 칼 슈미트(2008), 『국민표결과 국민발안』, 김효전 옮김, 관악사, p.40 이하.

167. Schmitt(1927), *aaO.*, S.34; 슈미트(2008), 앞의 책, p.43.

공공성에 근거하고 있다. 그러므로 '공민'이란 '시민'의 사적이 아닌 공적 측면에 착안한 호칭이라고 한다.[168]

그런데 이 공민이란 말은 중국[169]이나 한국에서도 전통적인 통치의 색채에 감염되어 '공민교육'이니 '공민증'이니 '공민권 박탈자'니 하는 용어에서 보듯이, 동아시아 3국에 공통된 지배복종의 사고논리 속에 그대로 용해되는 결과가 되었다고 보겠다. 한국의 경우는 1910년 한일합방이 될 때까지 이 공민이란 용어의 사용례는 발견되지 않으며, 1919년 4월 2일의 대한민국임시헌장 제5조 「대한민국의 인민으로 공민자격이 유한 자난 선거권 및 피선거권이 유함」에서 보듯이, 이때부터 실정법에 규정되기 시작한 것으로 보인다.

국기

국기國旗는 국어國語,[170] 국가國歌,[171] 국화國花,[172] 문장紋章,[173] 국가원

168. 石塚正英(2003) 외 감수, 앞의 책, pp.103~104.
169. 중화인민공화국헌법 제2장은 '공민의 기본권리와 의무'라는 제목을 달고 있으며, 제33조에서 "중화인민공화국의 국적을 가진 사람은 모두 중화인민공화국 인민이다"라고 규정하고 있다. 원문은 第33條 "凡具有中華人民共和國國籍的人都是中華人民共和國公民"이며, 영역은 "All persons holding the nationality of the People's Republic of China are citizens of the People's Republic of China"이다. 한국어 번역은 한대원(2002) 외 14인 공저, 『현대중국법개론』, 박영사, p.861에 의함.
170. 국어에 관한 논설로는 『독립신문』 1897년 8월 5일자, 9월 25~28일자; 주시경과 국문연구회에 관한 『황성신문』의 1907년의 기사 등. 헌법재판소는 "서울말을 표준어로 삼는 것이 기본권을 침해한다고 하기 어렵다"고 하여 국어기본법은 합헌이라고 하였다(2009. 5. 29 선고 2006헌마618).
문헌은 이상돈(2003), 「법과 한국어」, 『之岸김지수교수정년기념논문집』, 법률출판사, pp.240~261; 요제프 이슨제(2005), 「말 속의 국가: 헌법국가의 요소로서의 언어」, 이덕연 역, 『법학연구』(연세대) 제15권 제4호, pp.243~268: E. Forsthoff(1940), *Recht und Sprache.* 독일어와 헌법에 관하여는 P. Kirchhof(1987), "Deutsche Sprache," in: Isensee/Kirchhof (Hrsg.), *Handbuch des Staatsrechts*, Bd. I . Heidelberg: C. F. Müller, SS.745~771; M. Hilf(1992), Die sprachliche Struktur der Verfassung, in:

수(군주), 정치적 의식, 그리고 국가적 축제 등과 함께 국가의 상징[174]을 나타내는 것으로 국민을 역사적으로나 현실적으로 또는 정신적으로 통합하는 기능을 지니고 있다.[175] 특히 공통된 모국어는 문화적 공통성을 의미하기도 한다.② 또한 국기는 "국가의 정체성正體性을 표현하는 실질적 헌법 사항의 하나"이기 때문에 헌법에 규정한 나라가 많이 있다.[176] 우리 헌법재판소도 여기서 "국가의 정체성이란 국가의 정서적 통일의 원천으로서 그 국민의 역사와 경험, 문화와 정치 및 경제, 그 권력구조나 정신적 상징 등이 종합적으로 표출됨으로써 형성되는 국가적 특성이라 할 수 있다. 수도를

Isensee/Kirchhof (Hrsg.), *Handbuch des Staatsrechts*, Bd. VII. SS.79~102 참조.

171. 애국가에 대해서는 『독립신문』 1898년 12월 2일자; 『황성신문』 1904년 5월 13일자. 시위연대 군악대장이었던 에케르트(Franz Eckert, 1852~1916)의 고빙에 관해서는 『황성신문』 1900년 12월 18일자; 노동은(1995), 『한국 근대 음악사』(1), 한길사, p.478, p.484; 이상만(1991), 「한국 양악 터 닦은 독일인 에케르트」(한국 음악의 뒤안길 8), 『동아일보』 1991년 11월 24일자. 독일의 경우는 P. Häberle(2007), *Nationalhymnen als kulturelle Identitätselemente des Verfassungsstaates*, Berlin: Duncker & Humblot 참조.

172. 천관우(1986), 『한국근대사 산책』, 정음문화사, p.100에 의하면, 국화인 무궁화에 대해서도 "동방의 군자국에 木槿花가 많다는 옛 기록에서 국화가 되었다는 것이며, 고려가 중국에 국서를 보낼 때에 벌써 '槿花鄕'이라고 자칭했다는 오랜 유래를 가진다"고 한다.

173. 나라 문장 규정(1970년 7월 3일 대통령령 제5151호) 참조.

174. 상세한 것은 E. Klein(1987), "Staatssymbole," in: Isensee/Kirchhof (Hrsg.), *Handbuch des Staatsrechts*, Bd. I, SS.733~743; K. Loewenstein(1953), "Betrachtungen über politischen Symbolismus," in: *Festschrift für Rudolf Laun*, SS.559~577 참조.

175. R. Smend(1928), *Verfassung und Verfassungsrecht*, Berlin, S.48; 루돌프 스멘트(1994), 『국가와 헌법』, 김승조 옮김, 교육과학사, p.78; 독일 문헌은 P. Häberle(2008), *Nationalflaggen. Bürgerdemokratische Identitätselemente und internationale Erkennungssymbole*, Berlin: Duncker & Humblot; Günter Hoog(1982), *Deutsches Flaggenrecht*. 중국에 관하여는 손승희(2005), 「국가주의파의 오색국기옹호운동」, 『중국근현대사연구』 제28집, pp.21~50; 일본에 관하여는 百地章(2008), 「思想・良心の自由と國旗・國歌問題」, 『日本法學』 제73권 2호 참조.

176. 예컨대 프랑스 제5공화국헌법 제2조 2항; 독일 기본법 제22조 2항; 이탈리아 공화국헌법 제12조; 러시아 연방헌법 제70조; 중화인민공화국헌법 제136조; 바이마르 헌법 제3조 등.

설정하는 것 이외에도 국명國名을 정하는 것, 우리말을 국어로 하고 우리글을 한글로 하는 것, 영토를 획정하고 국가주권의 소재를 밝히는 것 등이 국가의 정체성에 관한 기본적 헌법 사항이 된다"[177]고 판시한 바 있다.

국기인 태극기는 우리와 같은 계통인 동이東夷 사람 태호복희太昊伏羲가 만든 태극팔괘도太極八卦圖를 저본으로 한 어기御旗에서 유래한다.[178] 1882년 8월 제3차 수신사 일원으로 일본을 방문한 박영효朴泳孝(1861~1914)는 당초 왕명으로 받아간 이 어기를 국기로 할 생각이었으나, 수신사 일행이 탄 배의 영국인 선장이 복잡하다고 지적하는 바람에 4괘만 이용하고 태극도 단순화하여 새로운 태극기를 만들었다고 전한다. 고종 20년(1883)부터 공식적으로 사용되기 시작하였다. 법부 고문을 지낸 크레마지L. Crémazy 金雅始는 태극기 속의 삼선의 괘卦는 "중국의 점쟁이, 마술사, 마법사의 의식儀式 속에서 강신술이나 마법의 기호로 사용되었다"라고 서구에 보고하고 있다.[179]

『독립신문』에서는 특히 국기와 국가, 국어에 관한 기사를 많이 찾아볼 수 있다. 특히 논설 중에서 「국기는 곧 그 나라를 대표한 것이라」[180]고 하여 국기의 중요성을 길게 설명하며 강조하고 있다.

177. 헌재 2004. 10. 21. 2004 헌마 554 · 566 (병합) 전원재판부. 『헌법재판소판례집』(2004) 제16권 2집(하), pp.1~75(4).

178. 관련 문헌은 국립중앙박물관(2008), 『대한의 상징, 태극기』; 백운곡(2006), 『태극기 그 원리와 비밀』, 생각하는 백성; 김상섭(2001), 『태극기의 정체: 제정과정과 주역원리를 통해 본 태극기 논의』, 동아시아 참조. 기타 대한민국 국기에 관한 規程(1984년 2월 21일 대통령령 제11361호로 제정) 및 『조선일보』 1998년 11월 3일자 참조.

179. L. Crémazy(1908), *Coutumes, Croyances, moeurs et usage en Chine, dans l'Annam et en Corée, etc*. Sous la direction de Hyo-Jeon Kim(2004), Kwanaksa, p.23, pp.223~224; L. 크레마지(1998), 「조선에 있어서의 관습, 신앙, 풍속과 관례」, 권한용 역, 『동아법학』 제24호, pp.533~547 참조.

180. 『독립신문』 1899년 11월 28일자.

국기에 관한 기사는 자주 발견되는데, 예컨대 국기의 모양이 서로 달라서 일정한 규칙이 필요하다고 강조하는 한편,[181] 조기弔旗를 게양하는 예의에 대해서도 보도하고 있다.[182]

그 밖에도 국기와 국화에 관한 기사는 많이 있기 때문에 이를 하나하나 열거하기도 어려울 정도이다.[183] 국기를 중심으로 한 국민통합의 몇 가지 예로서 독립협회는 회표 속에 태극과 '독립협회 충군애국獨立協會忠君愛國'을 새겨 넣었다는 기사[184]라든가, 농상공부 관선과에서는 국기를 제작하여 전국의 선박에 게양하도록 하는 한편,[185] 태극기를 꽂지 않은 일본 선박에 대해서는 내지에 정박하거나 하역하지 못하게 한 해주 상민들의 일치된 통합의 모습[186] 등을 찾아볼 수 있다.

『독립신문』의 보도와 비교할 때 『뎨국신문』, 『황성신문』,[187] 『대한매일신보』 등에서는 국기에 관한 보도가 상대적으로 적은 편이

181. 『독립신문』 1898년 11월 2일자.
182. 『독립신문』 1897년 8월 26일자, 10월 16일자, 1898년 2월 22일자, 1898년 6월 25일자, 8월 9일자 등 참조.
183. 『독립신문』 1897년 8월 17일자, 8월 19일자, 8월 21일자, 8월 24일자, 11월 6일자; 1898년 1월 4일자, 2월 12일자, 3월 15일자, 4월 12일자, 5월 31일자, 7월 7일자, 11월 23일자, 1899년 9월 14일자; 『황성신문』 1899년 5월 2일자; 『황성신문』 1899년 8월 29일자 등 참조.
184. 『독립신문』 1898년 3월 15일자.
185. 『독립신문』 1899년 9월 4일자.
186. 『뎨국신문』 1900년 11월 20일자.
187. 한일합방 이후 간도지방에 거주하던 한국인들의 정체성 문제도 국기와 관련하여 제기되었다.
『황성신문』 1909년 7월 20일자 외보. "國旗問題 奉天에 在ᄒᆞᆫ 東三省日報ᄂᆞᆫ 間島 邊方大臣 吳祿貞의 報告라 ᄒᆞ야 延吉廳에 在住ᄒᆞᄂᆞᆫ 韓國人이 吳氏의 到任홈을 祝賀ᄒᆞ기 爲ᄒᆞ야 黃龍旗를 揭ᄒᆞ엿드니 日本人은 日本國旗를 揭ᄒᆞ라 力勸ᄒᆞᄂᆞᆫ 韓人이 不聽ᄒᆞᄂᆞᆫ지라. 日本人은 怒를 淸國人에게 移ᄒᆞ야 不穩ᄒᆞᆫ 行動을 擧ᄒᆞ야 或 兵火를 開홈에 至ᄒᆞ리라고 揭載ᄒᆞ엿다더라."

다. 그러나 어려운 여건 속에서 국가의식을 고취하고 국가사상을 주입하는 한편, 국가통합과 애국심의 상징으로서 태극기의 중요성을 강조한 『독립신문』의 선구자로서의 역할은 눈물겨울 정도이다.

그러나 한일합방이 되자마자 2주도 안 되어 상황은 급변하게 된다. 국기는 바로 국가를 상징하는 것이기 때문에 종래처럼 형식적이나마 조선의 국기를 그대로 묵인할 수는 없는 일이었다. 『매일신보』는 계속하여 기사[188]와 논설 '국기의 설說'[189]에서 국기(일장기)의 중요성을 강조하지만, 이것은 우리 한국인과는 더 이상 관계없는 기사와 논설인 것이다.

민주주의

민주주의란 말의 원래의 뜻은 그리스어의 'demos'(민중)와 'kratein'(지배하다)이 결합하여 생긴 'demokratia'에서 유래하며, 근대 이후에 시민혁명과 계몽사상에 의해서 시민사회의 정치형태로서 민주주의가 확립되기에 이른다.[190]

이 단어 역시 마틴에 의해서 한역된 『만국공법』(1864)(권1, 17v)에서

또한 국내에서는 『황성신문』 1910년 7월 7일자 칼럼 "「時事一掬」 △ 蓮洞 耶蘇敎堂 附屬 小學校 卒業式에 國旗問題로 職員과 學生間에 衝突이 起ᄒᆞ얏ᄂᆞᆫᄃᆡ 學生 閔弼鎬의 母夫人이 訓戒 曰 寧히 退學홀지언졍 自國精神은 勿失ᄒᆞ라 ᄒᆞ더라 지어 家庭敎育을 今日에야 見ᄒᆞᄀᆺ고."

188. 『매일신보』 1910년 9월 10일자.

189. 『매일신보』 1910년 9월 24일자.

190. 예컨대 Ernst-Wolfgang Böckenförde(1991), "Demokratie als Verfassungsprinzip," in: ders., *Staat, Verfassung, Demokratie. Studien zur Verfassungstheorie und zum Verfassungsrecht*, Frankfurt a. M.; 뵈켄회르데(2003), 『헌법과 민주주의: 헌법이론과 헌법에 관한 연구』, 김효전 · 정태호 옮김, 법문사, pp.207~298 참조.

부터 처음으로 '인민의 통치'라는 의미로 사용된다. 이 책에서는 국가를 군주국과 민주국으로 구분하여 서술한다(#19). 또한 장덕이張德彝의 『항해술기航海述奇』(1866)에서도 『만국공법』의 표현을 따라 미국을 '민주국'으로 지칭하였다. 그러나 때로는 민주란 인민의 주인을 언급할 때에도 사용되었다. 예컨대 『만국공보』에서 1874년 미국의 선거를 소개하면서 '미국민주역인美國民主易人', '선거민주選擧民主' 그리고 '미국민주왈백리새천덕美國民主曰伯理璽天德'(미국에서 민의 주인은 프레지던트라고 불린다) 등이 바로 그것이다.[191] 이처럼 고어에서 나온 민주란 말에 새로운 의미를 부여하는 것에 대해서 슝위에즈熊月之는 "새로운 단어를 창조하는 중국어의 유연성을 보여 주는 적절한 예가 될 것이다"[192]라고까지 말하고 있다. 이 단어 역시 중국에서 일본으로 건너간 것이다.[193]

일본에서는 『영화대역수진사서』(1862)에서 데모크라시를 '공화정치'로 옮겨 놓고 있다. 메이지明治 시대에는 자유민권운동 중에서 '평민주의', '민중주의' 같은 말이 사용되기도 하고, 그 후 다이쇼大正 시대에 이르러 정당정치의 비중이 커지고 보통선거권운동이 고양되어 다이쇼 데모크라시라고 명명하는 시대도 있었다.[194] 그러나 일본의 민주주의는 1945년 제2차 세계대전에서 패전하고 일

191. 『萬國公報』 7 (316), 1874년 12월 19일, p.219b.
192. Xiong Yuezhi(2001), 'Liberty,' 'Democracy' 'President': The Translation and Usage of Some Political Terms in Late Qing China, in: Michael Lackner, Iwo Amelung and Joachin Kurtz (ed.), *New Terms for New Ideas. Western Knowledge and Lexical Change in Late Imperial China*, Leiden: Brill, pp.69~93.
193. 마시니(2005), 앞의 책, p.267.
194. 이른바 다이쇼 데모크라시에 관해서는 Harald Meyer(2005), *Die <Taisho-Demokratie>: Begriffgeschichtliche Studien zur Demokratierezeption in Japan von 1900 bis 1920*, P. Lang, Welten Ostasiens, Bd.40 참조.

본국 헌법이 제정된 이후의 일에 속한다.

한국에서는 먼저 『한성순보』의 1884년 「역민주여각국장정급공의당해譯民主與各國章程及公議堂解」[195]에서 민주주의, 장정章程(헌법)과 공회당公會堂(의회), 그리고 권력분립의 문제 등을 다루고 있다.

> 민주주의와 각국의 장정 및 공회당에 대한 역해 중국 공보에 일찍이 서양 각국의 사적을 번역하면서 민주국에 대해 언급했었다. 또 각국의 장정(헌법)과 공회당(의회) 등의 문제에 대해서 논했다. (…) 본관에서 이런 문제들을 논하는 것은 그것들에 대해 변론하거나 장단점을 다투려는 뜻이 아니다. 다만 공보를 본 사람들에게 민주국의 유래와 각국의 장정 및 공회당에 대해 상세히 알리고자 해서일 뿐이다.
>
> 상고하건대 서양 각국에서 행한 여러 가지 제도의 가장 중요한 요점으로 움직일 수 없는 기초는 나라를 다스리는 주권이 국민에게 있고, 모든 권력이 국민에게서 나와 시행되는 것이다. 그 근본 원인은 모든 사람은 평등하기 때문이다….
>
> 이상은 민주국과 각국의 장정 및 공의당에 대한 해설을 번역한 것인데, 오직 서양 글에 의해 그 대략만 기술한 것이다. 앞으로 본보는

195. 『한성순보』 1884년 2월 7일자의 원문은 다음과 같다.
中國公報云嘗譯泰西各國事蹟而論及民主國矣且論各國章程與公議堂等事矣惜華人未住居西國未讀西國書籍安知何爲民主國又安知各國章程及公議堂之謂乎本館其所以歷論此事者非有辯論之心亦無以此爭長之意也無非欲閱公報者知民主國之所由來及各西國章程與公議堂之群細耳按泰西各國所行諸大端其中最關緊要而爲不拔之基者其治國之權屬之於民仍必出之於民而究爲民間所設也推原其故緣均是人也仰觀於天俯察於地其有待於日以之者同此日也其有待於風以散之兩以潤之者同此風也亦同此雨也卽寒必需衣飢必爵食溫飽之情無貴賤一也不觀人之耳目手足乎或爲君或爲臣耳目手足無所加焉降而至於小民耳目手足無所損焉因恍然於治國之法亦當出之於民非一人所得自主矣然必分衆民之權彙而集之於一人以爲一國之君此卽公擧國王之義所由起也.

서자신문西字新聞(영자신문)에 논한 것을 상세히 번역하여 보는 이들에게 판단하게 하고자 하니 본관에 대해 의심이 없으면 매우 다행이겠다.[196]

이것은 중국 상하이에서 미국인 선교사 알렌Young J. Allen 林樂知(1836~1907)[197]이 발간하던 『만국공보』에 게재된 것을 전재한 것이다. 여기서는 민주주의와 헌법에 관한 설명보다도 이를 소개하는 신문 편집자에게 오해가 없기를 바란다는 표현이 당시의 사정을 잘 말해 주고 있다.

독립신문에서는 민주주의에 관하여 직접 언급한 것은 없지만 그 정신에 관하여는 여러 차례 간접적으로 표현하고 있다.[198]

유길준은 '정부의 종류'에서 (1) 군주가 천단擅斷하는 정체, (2) 군주가 명령하는 정체(압제정체), (3) 귀족이 주장하는 정체, (4) 군민이 공치하는 정체(입헌정체), 그리고 (5) 국인國人이 공화하는 정체(합중정체)의 다섯 가지로 나눈다. 그는 민주국이란 용어는 사용하지 않고 (5)를 "군주 대신에 대통령이 그 국가의 최상위에 있으며 최대권을 집행하며 군민이 공치하는 정체와 같은 것"[199]이라고 설명한다.

196. 『한성순보』 제11호 1884년 2월 7일자. 번역판, pp.194~195.

197. 알렌에 관하여는 *Dictionary of American Biography*, Vol.I, p.215. 그의 저서 『中東戰紀』(上 · 下)(1899, 玄采 역, 황성신문사) 외에, 번역서인 『萬國公法要略』(1903)도 1906년 達成 廣文社에서 石藍 金光濟의 追書를 붙여 출판하였다. 원서는 T. G. Lawrence (1885), *A Handbook of Public International Law*이며 이를 한문으로 초역한 것이다. 상세한 것은 김효전(2000), 앞의 책, pp.732~736 참조.

198. 김용직(2009),「근대 한국의 민주주의 개념:『독립신문』을 중심으로」,하영선 외, 『근대 한국의 사회과학 개념 형성사』, 창작과 비평, pp.289~319.

199. 유길준(1971), 앞의 책 I, 『서유견문』, p.145.

한편 사전의 경우는 『한불ᄌᆞ뎐』(1880)에서 '민졍民政'을 'Gouvernement du peuple'라고 하였고, 언더우드H. G. Underwood의 『한영ᄌᆞ뎐』(1891)에서는 Democracy, n.을 '민쥬지국, 백셩나라'로, Democratic, to be.를 '민쥬지국 모양이오, 백셩나라 모양이오'로, 게일J. S. Gale의 『한영ᄌᆞ뎐』(1897)에서는 '民主之國'으로, 알레베크C. Aleveque의 『법한ᄌᆞ뎐』(1901)에서는 République를 '민쥬국'으로 번역하고 있다. 중국과 일본에서 이미 관용화된 용어를 그대로 사용하거나 차용하여 표현하고 있는 모습을 볼 수 있다.

민주국에 관한 직접적인 설명은 『황성신문』에 연재했던 루소의 「사회계약론(盧梭, 民約)」[200] 첫머리에도 나와 있다.

> (解) 民主國이란 者ᄂᆞᆫ 民이 相共爲政이오 尊을 別置치 아니홈을 謂홈이오 議政의 權은 卽 第七章에 謂ᄒᆞᆫ바 君權이라. 婁騷ᄂᆞᆫ 本 瑞西人이니 其 稱 吾邦은 卽 瑞西을 指斥홈이오 法蘭西를 指斥홈이 아니라. 瑞西ᄂᆞᆫ 民主의 制를 夙循ᄒᆞ야 此 書의 旨와 合홈이 有ᄒᆞᆫ 故로 婁가 崇ᄒᆞ며 奬홈이 如此ᄒᆞ니라.

이 연재에서는 원문의 출처를 밝히지 않고 있으나 저자가 확인한 바로는 일본인 나카에 조민中江兆民(또는 나카에 도쿠스케中江篤介, 1847~1901)[201]의 한문 번역[202]과 해설 권지일卷之一을 우리말로 옮긴 것이

200. 『황성신문』 1909년 8월 4일부터 9월 8일까지 연재. 원문은 김효전(2000), 앞의 책, pp.651~677에 재수록하였다.

201. 나카에 조민의 저서의 번역은 나카에 조민(2005), 『삼취인경륜문답』, 연구공간 '수유+너머' 일본근대사상팀 옮김, 소명출판 참조.

202. 상세한 것은 山田博雄(1990), 「中江兆民 '民約譯解'の漢文譯をめぐって」, 『大學院研究年報』(中央大) 法學研究科 第20號, pp.141~152 참조.

다.[203] 원문 외에 역자의 주해나 감상을 서술한 '안어按語'가 '解'라고 하여 붙어 있다. 표제에서는 Rousseau를 '盧梭'라 하고, 본문에서는 '婁騷'라고 달리 표기하고 있다.

민주주의는 일제시대에는 알지 못한 개념어였으며, 이 말이 전 세계적으로 보급된 것은 제1차 세계대전 말기부터였다. 미국 대통령 윌슨W. Wilson(1856~1924)[204]이 사용하면서부터 하나의 심벌로서 연합국 사이에서 일반화되기 시작하였으며, 특히 제2차 세계대전을 전후로 하여 각국에 급속하게 전파되었다.[205]

한국의 경우 1945년 일본의 패망으로 미군과 소련군이 한반도에 진주하면서 민주주의는 새로운 이데올로기로서 한국인을 열광적으로 만든 단어의 하나가 되었다. 그러나 용어의 사용과 실천은 각기 다른 모습을 보여 주기에 이르렀다. 예컨대 미군정청 정치교육과에서 1946년에 펴낸 『입헌정치개요』에서는 민주주의 헌법의 기초를 세우는 데에 백성의 주권, 백성의 대표정부, 사법행정, 그리고 백성의 권리 확보가 중요한 조건이라고 하고, 민주주의는 바로 대의정치라고 정의 내리고 있다. 이에 대해서 소련에서는 1929년까지 민주주의라는 말에 대해서 비판적이었으나 점차 신성한 심벌로서 통용되기에 이르렀다. 소련군이 북한에 진주

203. 전문은 『明治文化全集』 第7卷(1929), 日本評論社, pp.184~195 참조.
204. 주요 저작으로는 *Congressional Government. A Study in American Politics*(1885), Boston; *The State. Elements of Historical and Practical Politics,* Boston(1889) 등.
205. I. de Sola Pool(1952), *Symbol of Democracy* 및 宮田光雄(1969), 『現代日本の民主主義』, 岩波新書; 미야다 미쓰오(1992), 『현대일본의 민주주의』, 김효전 옮김, 교육과학사, p.21 참조.

한 이후에 발간된 한 좌익서적[206]에서는 인민의 절대다수를 대표하고 인민을 옹호하는 당이 주권을 잡는 것을 민주주의로 이해하고 있다.

이후 민주주의라는 말을 남한과 북한이 각각 자기 식으로 이해하는 민주주의 개념의 혼란 시대가 도래하게 된다.

자연법

자연법natural law이란 표현은 휘튼의 국제법 책 *Elements of International Law*(1836)의 번역인 마틴의 『만국공법』(권2, 1r) 제일 첫머리에 나오는 용어이다. 제1부 국제법의 원천과 주제, 제1장 국제법의 원천에서 그로티우스의 자연법의 정의에서 시작한다. 여기서는 '자연지법自然之法'이라는 표현이 영어 'natural right'(자연권)의 번역어로 사용되고 있다.[207] 또 량치차오梁啓超의 『음빙실합집 · 문집飮氷室合集 · 文集 I』, 86에서 '자연'이 사용되고 있다.

일본에서는 쓰다 마미치와 니시 아마네 두 사람이 네덜란드인 피세링의 구수口授를 받은 '반드시 필요한 5과목' 속에서 자연법, 국제법, 국법, 재정, 통계를 열거하면서 자연스럽게 자연법(性法)이 도입되었을 것이다.

특히 프랑스인 법률고문 브아소나드Gustav Emile Boissonade de Fontarabie(1825~1910)[208]가 사법성 법학교[209]의 개강 테마로서 「성법강의초性法講

206. 민주주의 민족전선(1946) 편집, 『조선해방년보』, 문우인서관, p.56.
207. Wheaton(1836 · 1972), p.35 ff; 마시니(2005), 앞의 책, p.291.
208. 브아소나드에 관하여는 김효전(2006), 『근대한국의 법제와 법학』, p.798의 주97에 열거한 문헌과 大久保泰甫(1977), 『日本近代法の父ボアソナド』, 岩波新書; 法政大學大學史資料委員會(1992) 편, 『法律學の夜明けと法政大學』, pp.218~233; 西村重雄 · 兒玉寬(2000) 편, 『日本民法典と西歐法傳統: 日本民法典百年記念 國際シンポジウム』, 九州

義抄」[210]라는 제목으로 다룬 이래 널리 소개되기 시작하였다. 이 책에는 '성법性法'과 나란히 '자연법'이라는 용어도 때때로 사용되고 있는 것을 볼 때 이 책이 나올 무렵에는 '성법' 대신 '자연법'이 점차 우세하기 시작했다는 것을 알 수 있다.[211] 여기에서 말하는 '자연'이라는 용어는 근대 일본에서 특히 '자연법'과 같은 법률상의 용어로서, '자연과학'과 같은 과학상의 용어로서, 그리고 '자연주의'라는 문학상의 용어법으로서 세 분야에서 중요한 역할을 하였다.[212] 영어의 natural law, 프랑스어의 droit naturel은 일본에서는 막부 말기에서 메이지 초기에 성법 또는 '천율天律' 등으로 번역되었다.[213]

한국에서는 『한성순보』의 논설을 통해서 처음으로 서양 법률의 존재와 중국 법제와의 차이를 알게 되었다.[214] 이 신문은 「태

大出版部, pp.3~50 및 向井健의 최근 논문 등 참조.
브아소나드는 메이지 정부를 위해서 강화도조약에 관하여 법적 자문을 하였으며, 자신의 제자인 크레마지(L. Crémazy, 1837~1910)를 한국 정부의 법부 고문으로 추천하였다.

209. 이 학교에 관하여는 手塚豊(1988), 「明治法學教育史の研究」, 『手塚豊著作集』 第9巻, 慶應義塾大學出版會, pp.3~154 참조.

210. École de droit de Jédo. Leçon d'ouverture d'un cours de droit naturel, in: *Revue de Législation Ancienne et Moderne*(1874), pp.508~525; 「性法略」(1871), 畢洒林口授, 神田孟恪譯, 『明治文化全集』(1929) 第8巻 法律篇, pp.1~13; 井上操(1881) 역, 『性法講義抄』; 전봉덕(1982), 『근대한국법사상사』, 박영사, p.202 주 참조.

211. 프랑스 법사학 문헌은 김효전(2003) 편, 「프랑스 법사학 문헌목록(1855~1911)」, 『동아법학』 제33호, pp.479~703 참조.

212. 柳父章(1982), 『飜譯語成立事情』, 岩波新書, p.137; 야나부 아키라(2003), 『번역어성립사정』, 서혜영 옮김, 일빛, p.135.

213. 安西敏三(1995), 『福澤諭吉と西歐思想: 自然法 · 功利主義 · 進化論』, 名古屋大學出版會 参조.

214. 한국 개화기의 자연법에 대해서는 이영록(1996), 「애국계몽운동기 자연법사상의 구조와 특징: 학회지를 중심으로」, 우재이명구박사화갑기념논문집(III) 『현대법학의 이론』, pp.701~716; 전봉덕(1979), 「개화기의 법사상: 서구 법사상의 수용」, 성균관대학교 대동문화연구원 편, 『한국사상대계 III』(정치 · 법제 편) 참조.

서법률泰西法律」이란 논설 속에서 서양의 법률을 이렇게 소개하고 있다.[215]

> 대저 세운의 변화에 따라 법률도 또한 변화한 때문에 법률도 3등으로 나뉘니, 왈 불문율, 왈 성문율, 왈 순전율 등속이다. …인민들의 지각이 점증하여 능히 선악의 행할 것과 피할 것을 알게 됨에 이르러 풍속 및 종교를 좇아 법률과 분리하여 별도로 일체를 만들어 법관이 관장하게 하는 것도 역시 성문율이라 하는데, 이 율이 일변하면 순전율이 된다. 근일의 태서 제국은 이미 성문의 영역에서 탈피하여 점점 순전지역에 들어가고 있는데….[216]

여기에서 말하는 순전율은 오늘날의 자연법으로 생각된다.

다음에 자연법의 관념은 유길준의 『서유견문』 제10편 「법률의 공도公道」에서 정확하게 소개되기 시작한다. 즉 정부의 법률에는 변천법과 항구법의 두 가지가 있다. 변천법은 시속의 추세와 사물의 변천에 따라 수시로 증보 삭제하는 것이며, 항구법은 국중의 규도規度와 전장典章을 지켜서 백세百世의 불역不易하는 것이라고 개념을 정리한다. 여기에서 말하는 변천법은 실은 항구법에 따라서 유출하는 것이라고 한다.[217] 이처럼 유길준은 실정법을 변천법이라

215. 『한성순보』 1883년 12월 29일자. 원문은 다음과 같다.
夫世運沿革法律亦然故分法律爲三等曰不文律曰成文律曰純全律屬當草昧文字未成無法之可律無刑之可常惟傳臆料徵口授稱神宣與天罰謂不文律及其世運漸革文章稍成也.夫人民之知覺漸增能知善惡之可行可避則從風俗蓋宗教分法律別爲一體而法官掌之亦稱成文律是律一變而爲純全近日泰西諸國己脫成文之域漸入順全之境.

216. 『한성순보』 번역판, p.116.

217. 유길준(1971), 앞의 책 I, 『서유견문』, p.267.

고 하고, 자연법을 항구법이라고 명명하고 있다.[218]

자연법에 관한 학술적인 서술이나 계몽적인 설명도 1905년을 전후로 하여 발간된 법학 교과서를 중심으로 활발하게 전개되기 시작한다. 예컨대 유성준의 『법학통론』(1905)에서는 자연법과 인정법人定法으로 구별하며, 또한 안국선은 「정치가」라는 논설에서 "차此(플라톤 사상)는 즉 정부가 치자와 피치자의 합의로 성成홈이라 하는 자연법설과 일치함이라"[219] 하였고, 김상연은 프랑스의 인간과 시민의 권리선언이란 것은, "전全히 자연법 학설의 주의를 국법의 원칙에 응용하야 총법령의 기초를 삼고자 함이니…"[220] 라고 설명하고 있다.

또 유치형은 다수결의 원칙과 개인주의를 비판적으로 설명하는 가운데 "다수가 소수를 압도함은 자연법의 원칙으로 간작看作한 시대까지 유하였고 금일의 입헌정체도 차此 오류한 견해에 기인하여 생함이 상尙 차불소此不少하나…"③라고 하여 자연법을 부정적으로 서술한다.

이상으로 헌법개념사의 기초 작업으로서 국가, 사회, 정치, 주권, 국민, 국기, 민주주의, 그리고 자연법의 8개 기본 개념을 선정하여 이들을 지식체계의 변화와 문화변동의 양상이란 관점에서 간단히 검토해 보았다.

이러한 서구적인 개념의 유입, 수용은 유교의 전통적인 지식인

218. 岡克彦(1996), 「韓國近代法思想史研究序說: 兪吉濬が捉えた '恒久法'の觀念に關する一考察」, 『北大法學論集』(北海道大) 제47권 제3호; 김태준(1976) 역, 『서유견문』, 박영문고, p.275 참조.

219. 안국선(1908), 「정치가」, 『대한협회회보』 제5호, p.23.

220. 김상연(1908), 『헌법』, p.117.

들에게는 충격과 좌절, 모방과 선망을 넘어서 자주독립과 근대화 또는 국권과 민권의 수호로 연결된다. 다음의 과제는 이러한 개념들이 한국인의 규범의식 속에 어떻게 정착하였으며, 그 구체적이며 실증적인 내용들은 어떠한 것인지를 밝혀내고 이를 체계화하는 작업이다. 여기에는 지난 100년 동안의 고난으로 가득 찬 삶을 정리하고 기록한 문헌들이 대부분 산일되고 보존된 것이 적기 때문에 연구의 어려움이 뒤따른다. 또한 이상의 개념들은 단순히 과거의 것이 아니라 현재 우리 학문의 정신 속에 용해되어 연면히 계승되고 있기 때문에 역사에서의 단절은 없는 것이다. 이러한 문제의식과 노력 속에서만 한국의 헌법학은 독자적인 생명력과 영속성을 지닐 수 있을 것이다.

2. 헌법 개념의 역사적 전개

동아시아에서의 헌법 개념

헌법개념사에 관한 서구의 연구는 매우 오래되었으며, 또 그 연구의 성과도 상당수 축적되어 있다.[221] 이에 반하여 동아시아 3국

221. 독일 문헌은 H. Mohnhaupt und D. Grimm(1995 · 2.Aufl. 2002), *Verfassung. Zur Geschichte des Begriffs von der Antike bis zur Gegenwart*, Berlin: Duncker & Humblot; H. Mohnhaupt(1990), Verfassung (I) Konstitution, Status, Lex fundamentalis, in: Otto Brunner, Werner Conze, Reinhart Koselleck (Hrsg.), *Geschichtliche Grundbegriffe. Historisches Lexikon zur politisch-sozialen Sprache in Deutschland*, Stuttgart: Klett-Cotta, Bd.6, SS.831~862; Dieter Grimm(1990), Verfassung (II) Konstitution, Grundgesetze, in: *aaO.*, SS.863~899; J. Isensee(1987), Staat und Verfassung, in: Isensee/Kirchhof (Hrsg.), *Handbuch des Staatsrechts der Bundesrepublik Deutschland*, Bd.I. SS.591~661; 요제프 이즌제(2001), 『국가와 헌법』, 이승우 역, 세창출판사; Hans Vorländer(2009 · 3. Aufl.), *Die*

에서 이에 관한 체계적인 연구는 아직 초보적인 단계에 있고, 더구나 한국에서 헌법 개념에 관한 역사적 연구는 일천하며, 자료 부족과 연구자의 문제의식 빈곤 등으로 여러 가지 문제를 안고 있다. 여기서는 서구 지식 개념의 수용과 영향, 그리고 문화의 전달이라는 관점에서 '헌법'의 개념을 추적해 보기로 한다.

'헌憲'이나 '헌법憲法'이란 글자는 중국 고대의 전적 중에서도 발견된다. 예컨대 『상서尙書』에 "천자는 신하를 거느리고 통치를 일으키는 큰일을 하는 데 꼭 신중하게 수립하고 또한 법도를 준수해야 한다(率古作事, 愼乃憲)"거나 "성실하게 선왕이 제정한 법령제도를 참조하면 영원히 착오를 범하지 않을 것이다(鑒於先王成憲, 其永無愆)"라든가, 『한비자韓非子』의 「정법편定法篇」에 "법이란 것은 내건 명령이 관청에 명시되고, 형벌은 반드시 민의 마음속에 새겨지며, 상은 법을 삼가는 자에게 있고, 벌은 명령을 어기는 자에게 가해지는 것

Verfassung. Idee und Geschichte, München: Beck; 한스 포르렌더(2009), 『헌법사. 헌법의 이념과 역사』, 김성준 옮김, 투멘; Ulrich K. Preuss(1994), *Zum Begriff der Verfassung;* Peter Häberle(1978) (Hrsg.), *Verfassung*, Darmstadt; C. Schmitt(1928 · 9.Aufl. 2004), *Verfassungslehre,* Berlin; 칼 슈미트(1976), 『헌법이론』, 김기범 역, 교문사; Rainer Wahl(2002), Konstitutionalisierung, in: *Festschrift für W. Brohm*, S.191 ff.; Ernst-Wolfgang Böckenförde(1983), Geschichtliche Entwicklung und Bedeutungswandel der Verfassung, in: *Festschrift für Gmür*, SS.7~19 jetzt in: ders.(1991), *Staat, Verfassung, Demokratie. Studien zur Verfassungstheorie und Verfassungsrecht*, Suhrkamp, SS.29~52; 뵈켄회르데(1992), 「헌법의 역사적 발전과 의미변천」, 김효전 역, 『헌법 · 국가 · 자유』, 법문사, pp.41~63 참조.

미국 문헌은 Leonard W. Levy(2000), *Encyclopedia of the American Constitution*, New York: Macmillan, Vol.2, pp.512~123.

프랑스 문헌은 Dominique Rousseau(1990), *Une réssurection: la notion de constitution*, R.D.P.; François Luchaire(1981), *De la méthode en droit constitutionnel*, R.D.P.

이탈리아 문헌은 Paolo Biscaretti di Ruffia(1962), Costituzionalismo, in: *Enciclopedia del Diritto*, XI (Cosa-Delib), Roma: Giuffrè Editore.

이다(法者, 憲令著於官府, 刑罰必在民心, 賞存乎習慣, 而罰加乎姦全者也)"[222]라든가, 또는 『관자管子』에 "능히 호령을 내려 헌법을 밝힌다(有金城之守 故能定宗廟育男女矣, 有一體之治, 故能出號令, 明憲法矣)"라든가, 또는 『국어國語』 제9권 「진서편晋書篇」에 중행목자中行穆子가 말하기를 "선을 상하고 간을 벌하는 것이 나라의 헌법이다(賞善罰姦, 國之憲法也)"라는 표현에서 보듯이, 대체로 법도와 전장을 만드는 것, 즉 국가의 일반적인 법령을 말하며, 모두 형법의 뜻을 내포하고 있다.[223] 그 밖에도 『진서晋書』에 "稽古憲章, 大釐制度", 『당서唐書』에 "법령이 영원히 전승하게 되면 후세대에게 많은 좋은 점을 가져다주고 모범을 수립할 수 있다(永垂憲典, 貽範後世)", 『중용中庸』에 「헌장문무憲章文武」(주문왕, 주무왕이 제정한 법령) 등이 있다. 그러나 그 의미와 내용은 오늘날의 서구식 헌법 개념과는 많이 다르기 때문에 견강부회하는 일이 없어야 할 것이다.[224]

한편 청조 말의 중국에서는 서양의 의회제도가 『해국도지海國圖志』(1842)나 『영환지략瀛環志略』과 같은 저작이 1840년대에 소개되고, 1870년대에는 서양 각국에 외교사절을 파견함으로써 의회정치의 실상이 알려지기도 하였다. 그러나 중국인이 서양 근대의 헌법을 이해하는 것은 이보다 뒤늦은 때이며, 통설적으로는 무술변법기戊戌變法期 이후라고 한다. 즉 캉유웨이康有爲(1858~1927),[225] 량치차오梁啓超

222. 한비(2002), 『한비자 II』, 이운구 옮김, 한길사, p.806.
223. 謝瑞智(1991), 『憲法大辭典』, 臺北: 地球出版社, p.366; 張文汲(1964), 『中華民國憲法大綱』, p.1.
224. 량치차오도 이 점을 경고하고 있다. 梁啓超(1920), 『淸代學術概論』; 양계초(2005), 『중국 근대의 지식인: 양계초의 『청대학술개론』』, 전인영 옮김, 혜안, p.196.
225. 저서 『대동서』(1901)의 번역(2006, 이성애 옮김, 을유문화사) 참조. 일본인 가토와의 관계는 許介鱗(1970), 「日本と中國における初期立憲思想の比較硏究: 特に加藤弘之

(1873~1929)[226] 등의 변법파는 입헌군주제의 수립을 목표로 했으나 정변으로 일본에 망명하고, 량치차오는 그 후 일본 문헌에 의해서 헌법 이해를 심화하고 『각국헌법이동론各國憲法異同論』(1899)과 『입헌법의立憲法議』(1901)를 발표한다. 량치차오의 영향 아래 청조 관료도 포함하는 입헌파가 형성되고, 러일전쟁 후 청조는 헌정시찰단을 해외에 파견하여 '예비입헌'의 상유上諭를 발포發布하기에 이른다.[227]

중국에서 constitution으로서의 헌법 개념은 미국인 선교사 브릿지먼Elijah Coleman Bridgman의 『미리가합성국지략美理哥合省國志略』(1838)에서 미국의 역사와 현상을 설명하는 가운데 헌법을 '장정章程' 또는 '대전大典'으로서 의회나 대통령에 대한 헌법의 규정을 설명하고 있었다. 그러나 헌법 그 자체의 의미는 설명하지 않고 있다. 또한 미국인 선교사 알렌이 상하이에서 발행하고 있던 『만국공보』 1875년 6월 12일호에는 우리나라의 『한성순보』에도 번역 소개된 「역민주국여각국장정급공의당해譯民主國與各國章程及公議堂解」라는 번역 기사가 게재되고 있다(제1장 「민주주의」 항목 참조).[228] 여기서 말하는 '장정'은 바로 헌법을 의미한다.

と康有爲の政治思想の比較を中心にして」, 『國家學會雜誌』, 제83권 제7호 · 제8호; 박남규(2008), 「강유위의 입헌관」, 『공법학연구』, 제9권 1호 참조.

226. 연구문헌은 이혜경(2002), 『천하관과 근대화론: 양계초를 중심으로』, 문학과지성사; 이혜경(2007), 『량치차오: 문명과 유학에 얽힌 애증의 서사』, 태학사; 양계초(2005), 앞의 책; 우림걸(2002), 『한국 개화기문학과 양계초』, 박이정; 허도학(2000), 『중국 근대화 기수: 양계초』, 임방서원; 논문은 민두기(1973), 「양계초 초기 사상의 구조적 이해」, 『중국근대사연구』, 일조각; 이윤화(1992), 「양계초와 신채호 사학의 비교 시론」, 『역사교육논집』 제17집 등 참조.

227. 佐佐木揚(2003), 「清末の '憲法': 日清戰爭前後」, 『東洋史論集』(九州大學) 31, p.138 참조.

228. 佐佐木揚(2000), 『清末中國における日本觀と西洋觀』, 東京大學出版會, p.126, p.140.

그러나 중국에서 근대적 의미의 헌법이란 개념이 소개된 것은 휘튼Henry Wheaton(1785~1848)의 국제법 책인 *Elements of International Law, with a Sketch of the History of the Science*(1836)을 한역한 마틴의 『만국공법』(1864년, 권4, 67r)에서 영어 'constitution'의 번역어로 '국법國法 goufa'이 오늘날의 헌법이란 의미로 사용하기 시작한 이후의 일이다.

일본에서는 일찍이 스이코推古 12년(604) 쇼토쿠 태자가 유교를 중심으로 불교나 법가의 사상을 첨가하여 천황을 중심으로 하는 관리의 정치적 심득心得을 17개조로 만든 『17조 헌법』을 최초의 성문법으로서 꼽기도 한다. 그러나 이것은 근대적인 의미에서의 헌법과는 다른 것이며, 근대에 와서 서양의 'constitution'이 율례律例, 국헌國憲, 국제國制, 국병國柄[229] 등 여러 가지로 번역 소개되기 시작하였다.

서양의 헌법이 체계적으로 알려진 것은 쓰다 마미치津田眞道(1829~1903)[230]가 네덜란드에 유학하여 피세링Simmon Vissering 畢恼林(1818~1888)으로부터 받은 Staatsregt(國法之學)을 막부의 명으로 번역한 『태서국법론泰西國法論』(1868)이라고 하겠다. 이 책은 독일의 Staatsrecht의 개요를 해설한 것이며, 제4권은 「현금정률국법現今定律國法의 대지大旨」라고 하여 현행 실정헌법을 설명하고 있다. 이후 가토 히로유키加藤弘之의 『입헌정체략立憲政體略』(1868)과 블룬칠리의 번역서인 『국법범론國法汎論』(1872~1874)이 출간되고, 메이지 헌법은 1889년에 발포되었다.

229. 예컨대 八木秀次(2002), 『明治憲法の思想: 日本の國柄とは何か』, PHP新書, p.35.
230. 문헌은 大久保利謙(1997) 편, 『津田眞道: 硏究と傳記』, みすず書房 参조.

혹자는 1874년에 출판된 프랑스 6법 중에서 미쓰쿠리 린쇼箕作麟祥(1846~1897)가 'Constitution'을 헌법이라고 번역한 데에서 비롯했다는 견해[231]도 있으며, 1882년 이토 히로부미伊藤博文(1841~1909)[232]가 헌법조사의 칙령을 받고 유럽으로 떠났을 때 비로소 오늘날의 의미로 확정되었다고 하나[233] 정확한 근거가 없다.

한국에서는 1894년의 홍범 14조에서도 헌법이란 말은 물론 사용하지 아니하였으며, 1899년에는 '대한국 국제'라고 하여 '국제'란 용어를 사용하였다. 또한 1919년의 상하이 임시정부는 '임시헌장'이라고 표현하기도 하였다.[234]

신문에 나타난 헌법 개념

서양 문명과의 가시적인 접촉이나 일반 대중에 대한 직접적인 영향이란 점에서 볼 때 신문의 역할은 지대한 것이다. 서구의 법

231. 宮澤俊義(1934),「憲法」항목,『法律學辭典』I, 岩波書店, p.649.
232. 이토는 정식으로 법학 교육을 받은 적은 없지만, 일찍부터 법과 법학의 중요성을 깨닫고 강화도조약의 법적 문제점을 브아소나드에게 의뢰하기도 하고 통감부가 설치된 이후에는 사법권의 의미를 더욱 강조한다. 그의『憲法義解』(1889)는 메이지 헌법의 半관적인 권위를 가진 해설서로서 평가받고 있다. 1940년 도쿄대학 헌법학 교수였던 미야자와 도시요시(宮澤俊義, 1899~1976)가 補訂하여 岩波文庫에 수록한 것이 2005년에 복각판으로 나왔다. 통감시대의『대한매일신보』는「春雷發聲」이란 칼럼에서 말한다. 즉 "伊藤博文씨가 日昨 陛見時에 奏稟ᄒᆞᆫ 槪意를 聞ᄒᆞᆫ즉 今番 國債報償에 人民의 國家思想이 若是히 發達된 거슬 奏賀ᄒᆞ얏다니 惟義所在에 夫孰曰不可"(1907년 3월 27일자). 이토에 관하여는 문준영(2008),「이토 히로부미의 한국사법정책과 그 귀결: 영사재판권 폐지문제와의 관련을 중심으로」,『법학연구』(부산대), 제49권 제1호, pp.331~368; 송영걸(2006),『이등박문』, 제이앤씨; 나카무라 기쿠오(2000),『이등박문』, 강창일 옮김, 중심; 堅田剛(2008),「伊藤博文の憲法修業」,『獨協法學』제73호 참조.
233. 최종고(1982), 앞의 책, p.294.
234. 상세한 것은 정종섭(2002),「'헌법'이라는 용어의 연원」, 청담최송화교수화갑기념『현대공법학의 과제』, 박영사, pp.193~217; 정종섭(2003),『헌법연구 4』, 박영사, pp.17~61에 재수록. 이 논문은 헌법의 어휘 연구에 주력한 까닭에 개념사와는 거리가 멀다.

과 정치제도는 비록 단편적으로 소개되고, 또 내용도 많은 편은 아니지만, 한국인의 규범생활을 지배한 원천으로서 신문의 논설이나 기사를 추적하는 것이 무엇보다 선행되어야 할 것이다.

1) 『한성순보』

그러면 헌법이란 말은 언제부터 문헌에 소개되기 시작하였는가? 일찍이 1884년 『한성순보』는 「구미입헌정체歐米立憲政體」라는 논설 속에서 헌법이란 용어를 사용하며 그 관념을 다음과 같이 설명한다.[235]

> 대저 3대부의 권리를 확정하고 3대관의 조직을 담당하여 국전으로 삼는 것이 곧 헌법이다. 대체로 헌법은 혹 군주가 정하기도 하고, 혹 군과 민이 함께 정하기도 하는데, 영국 같은 경우는 일찍이 헌법을 설치한 적이 없었고, 개국 이후로 관행한 법도가 오랜 세월에 누적되어 마침내 하나의 헌법이 되어 버렸다.
>
> 구미 양주는 건국은 비록 많아도 치국의 요점은 다만 2단이 있을 뿐이니, 즉 '군민동치'와 '합중공화'인데, 모두가 이를 '입헌정체'라 일컫는다. 대체로 입헌정체는 3대권大權이 있으니, 첫째는 입법권으로서 법률을 제정하여 입법부로 하여금 이를 관장하도록 한다. 둘째는

235. 『한성순보』 제10호 1884년 1월 30일자. 원문은 다음과 같다.
確定三大府之權利擔任三大官之組織以爲國典者乃憲法也. 蓋憲法或君主定之或君民共議如英國側 未有會設憲法者開國以來慣行法度日月積累終爲一大憲法也. 歐米兩洲建國雖多而治國要只有二端曰君民同治曰合衆共和而皆稱立憲政體盖立憲政體有三大權一曰立法權制定法律令立法府掌之二曰行政權依立法官所定以行政治令行政府掌之三曰司法官所定行刑法斷訟獄令司法府掌之也然三大府之組織國各不同故概論於左以供採擇如.

행정권으로서 입법관이 제정한 법률에 의거하여 정치를 행하는 것인데, 이는 행정부로 하여금 관장하도록 한다. 셋째는 사법권으로서 입법관이 제정한 법률에 의거하여 형법을 시행하고 송옥訟獄을 처결하는 일을 사법부로 하여금 관장하도록 한다. 그러나 3대부大府의 조직이 나라마다 각기 다르기 때문에 다음과 같이 개론하여 채택에 이바지할까 한다.[236]

이 논설에서 최초로 입헌주의,[237] 헌법의 관념과 아울러 입법, 행정, 그리고 사법의 삼권분립론이 한국에 소개되었다.[238]

입헌주의는 영어로 constitutionalism이라고 하며, 그 역사는 고대 그리스에서 찾는 견해[239]로부터 근대에서 찾는 견해, 그리고 입

236. 『한성순보』 1884년 1월 30일자, 번역판 p.166. 번역판은 재단법인 관훈클럽 신영연구기금에서 1983년에 출간한 것에 의함.

237. 영어의 'constitutionalism'을 '헌정주의'라고 표기하는 것이 '정치학계의 관행'이라고 주장하는 견해(김비환, 2008, 「헌정주의(=입헌주의)」, 한국정치학회 편, 『정치학이해의 길잡이』, 정치학핸드북 Vol.1 정치사상, 법문사, p.261)도 'constitutional democracy'는 '입헌민주주의'로 표기한다. 그러나 '입헌주의'는 동아시아 3국의 학술용어로서 오래 전부터 확립된 것이며, 또 입헌주의의 핵심은 기본권 보장과 권력분립이다. 위의 글에서는 헌법관행, 헌법개정, 헌법해석 등 불필요한 개념들을 열거하여 입헌주의의 본질적 내용을 흐리고 있다. 그 밖에 constitutionalism을 '헌법주의'로, constitutional democracy를 '헌법(적)민주주의'로 이해해야 한다고 주장하는 견해(박명림, 2005, 「헌법, 헌법주의, 그리고 한국 민주주의: 2004년 노무현 대통령 탄핵사태를 중심으로」, 『한국정치학회보』, 제39집 제1호, p.254의 주1 참조) 등이 있으나 개념의 혼란을 피하기 위해서 여기서는 종래의 관용어를 그대로 사용한다. 입헌주의에 관하여 상세한 것은 김철수(2008), 『학설판례 헌법학(상)』, pp.3~11 참조.

238. 이 논설에 대해서는 『한성순보』의 창간에 관여한 일본인 '井上角五郎의 글로 추정'하는 견해(백동현, 2003, 「개화기 언론 · 잡지에 나타난 서구관 · 전통관과 신구학논쟁」, 단국대학교 동양학연구소, 『개화기 한국과 세계의 상호이해』, 국학자료원, p.163의 주15)가 있으나 근거가 없으며, 이보다는 중국 측의 문헌에 의거한 것으로 보인다. 문헌은 이노우에 가쿠고로(2008), 『조선조 망국전 이야기』, 신영길 역, 지선당 참조.

239. C. H. McIlwain(1947), *Constitutionalism. Ancient and Modern,* Ithaca: Cornell Univ.

헌민주주의constitutional democracy와 구별하는 견해[240] 등 한결같지는 않다.[241]

또한 헌법, 의회 그리고 민주주의에 대해서는 1883년에 다음과 같이 소개하고 있다.[242]

> …정치면은 스위스와 프랑스만이 공화정치를 하고, 러시아와 터키는 군주전치를 하며, 기타 각국은 모두 군주와 국민이 함께 다스린다. 그렇기 때문에 각국 정부는 전국 국민으로 하여금 의원을 선거하게 하여 모두 정부에 모이게 해서 법률을 의정케 하는데, 이를 민회라 한다. 이는 실로 유럽의 오늘날 일대 중대사이기 때문에 각국 정부가 정무를 몇 개 국으로 나누어 국마다 재상을 두어 맡기니, 내무 재상 · 외무 재상 · 상무 재상 · 군무 재상 · 공무 재상 등이 모두 그것이다. 이들 재상은 모두 국사를 도와 국정을 함께한다. 그러나 재상이 시행한

Press, p.26 ff.; C. H. 머킬웨인(1961), 『헌법과 정치』, 김준환 역, 법문사, p.42 이하.

240. K. Loewenstein(1957 · 2nd ed. 1965), *Political Power and the Governmental Process*, Chicago: Univ. of Chicago Press, p.70 ff.; K. Loewenstein(1959 · 4. Aufl. 2003), *Verfassungslehre*, S.12, S.67; K. 뢰벤슈타인(1973), 『현대헌법론』, 김기범 역, 교문사, p.81 이하; K. 뢰벤슈타인(1991), 『비교헌법론』, 김효전 역, 교육과학사, p.9 이하.

241. 문헌은 G. Casper(2000), "Constitutionalism," in: L. W. Levy and K. L. Karst (eds.), *Encyclopedia of the American Constitution*, 2nd ed., New York, pp.633~640; D. Fellman(1973), "Constitutionalism," in: Philip P. Wiener (ed.), *Dictionary of the History of Ideas. Studies of Selected Pivotal Ideas*, Vol. Ⅰ. New York, pp.485~492; 『西洋思想大事典』(1990) 第4巻, 平凡社, pp.515~521; 長谷史明(2006), 「中世立憲思想: 西洋立憲主義の思想史的基層」, 『憲法論叢』 제13호, pp.133~151 등.

242. 『한성순보』 1883년 11월 10일자 원문.

…政治則唯瑞西法蘭西用共和政治唯俄羅斯土耳其用君主專治其外各國皆用君民同治故各國政府令全國人民特擧議員都會於政府議定法律名曰民會此誠歐洲今日致治之一大關件故各國政府分政務爲數局每局有宰相而司之所謂內務宰相外務宰相商務宰相軍務宰相工務宰相等皆是也此等宰相皆贊成國事共行國政然唯宰相作施爲之條案附之民會而已其所施爲則一以民會之議定視爲準則故國王及政府不能獨行已意也.

조안은 민회에 붙일 뿐이고, 시행할 정책은 한결같이 민회에서 의정한 준칙대로 한다. 그렇기 때문에 국왕이나 정부가 자기 마음대로 단독으로는 할 수 없다.[243]

이 논설에서 처음으로 유럽의 정치제도는 입헌군주제라는 것이 널리 알려지게 되고, 국회를 민회民會라고 소개하였다.

계속하여 「민주주의와 각국의 장정 및 공회당에 대한 역해」에서 헌법과 의회, 국민주권 등에 대해서 설명한다(제1장 「민주주의」 항목 참조).[244]

이 논설은 알렌이 발간하던 전술한 『만국공보』에 게재되었던 것을 번역한 것이다. 여기서는 이처럼 헌법을 '장정'으로 표현하고 있다. 이 장정이란 문자 그대로 법률이나 법규를 가리키는 것일 뿐 국가의 최고 법규라는 의미는 거의 나타내지 않고 있다.

특히 『한성순보』는 중국의 신문기사를 통해서 서양의 문물을 소개하고 번역하면서 제도의 장단점을 다투려거나 도입을 주장하는 것이 아니라 단지 알리려는 것뿐이니 의심이 없기를 바란다고 하여 매우 조심스럽게 기술하고 있다. 절대군주 치하의 언론의 고뇌를 이해할 것 같다.

2) 『독립신문』

『독립신문』에서는 헌법의 필요성이나 중요성에 관하여 직접 다룬 논설은 발견되지 않지만, 근대적인 민법전의 편찬이나 법령의

243. 『한성순보』 1883년 11월 10일자, 번역판 p.26.
244. 『한성순보』 1884년 2월 7일자.

통일을 비롯하여 올바른 법률과 장정의 실시는 누누이 강조한 바 있다. 비록 '외국 통신'란에서이지만 일본의 헌법정치를 예로 들면서 국민의 각성을 촉구하고 있다. 즉, 일본의 내각 총리대신은 정부 고관들과 지방의 각 관찰사들에게 새 내각에서의 정치상 방책으로서 헌법정치의 큰 의의를 받들어 통치할 것을 연설한 내용을 간략하게 보도하고 있다.[245] 이 기사 이외에 논설에서도 자주 입헌정치를 소개하고 강조하였으나, 정작 헌법이 무엇이며 헌법을 제정할 필요성 등을 주장한 논설은 별로 없는 편이다.

다만 "*영길리의 헌憲법은 나라 다ᄉᆞ리ᄂᆞᆫ듸 긔쵸를 편안케 홈이요*"[246](저자 강조)라고 간단하게 정의를 내린 점이 재미있다. 다음에는 표현에서도 '憲'을 한자와 함께 병기하여 일반인의 이해를 돕는 한편, 군주를 비롯한 권력자의 의사를 거슬리지 않으려고 완곡한 설명을 하고 있다.

한편 『독립신문』에서 주장했던 '몇 가지의 큰 약조'는 '광무계약'과 함께 '법이 아닌 헌법'(constitution 또는 Verfassung)으로서 "한 국가의 조직이나 구성의 대원리로서의 헌법" 또는 "국가의 최고규범"으로서, 즉 "국가의 기본틀"로서의 헌법에 더 가깝다고 보는 입장도 있다.[247]

3) 『뎨국신문』

『뎨국신문』에서는 '헌법'이란 용어 외에 '총장정'이란 용어도 사용하고 있다. 먼저 헌법의 개념 정리부터 보기로 한다. 헌법이란

245. 『독립신문』 1896년 10월 20일자.
246. 『독립신문』 1899년 8월 12일자 논설 「민법론」 및 제1장 「사회」 항목 참조.
247. 최대권(1998 · 2001), 『헌법학강의』, 박영사, pp.15~17, p.19.

'하의원을 설시하고 백성이 나라 정사에 간예하는 법'(저자 강조)이라고 정의하였다.[248]

이어서 태서 각국은 몇 천 년 전제정치하던 정부에서 인민이 정사에 간예하는 것은 인정하지 않고 압제하다가 정치도 개혁하기에 이른 과정을 설명하고 헌법을 설시하여 인민에게 자유와 권리를 허여하게 되었는데, 이것을 문명국 또는 개화국이라고 칭한다고 설명하고 있다.[249]

이 논설은 청일전쟁에서 청국이 패배한 것은 나라 권리를 사사로이 사용하여 불화의 기틀이 생기고, 이를 빙자하고 조롱하여 완고한 마음이 생기고, 인민은 '나라 권세'의 압제 때문에 변란이 일어난 것이니 바로 권리 두 글자가 변란의 근인이라고 결론을 내린다.

이어서 미국 헌법을 소개하면서 '총장정'이란 표현도 사용하고 있다.

> 무론 어늬 나라이던지 무론 무숨 정치던지 그 근본인즉 다 헌법으로 위쥬ᄒᆞ야 되ᄂᆞ니 이는 곳 장졍이라. 미국의 설립ᄒᆞ던 처음 정치 본의가 ᄒᆞᆫ 총장정이 잇셔셔 즁앙 정부에서 쥬장ᄒᆞ고 기하 각 고을에는 난호어 쟝졍을 뎡ᄒᆞ되 총쟝졍의 본의를 ᄯᅡ라 뎡ᄒᆞ며 ᄆᆡ 장정 ᄒᆞᆫ 조목에 밋헤 쥬를 ᄂᆡ어 그 장정의 ᄯᅳᆺ과 인민권리의 방한을 말ᄒᆞ고 또한 정법 ᄉᆞ법 행법의 세 가지 관원을 분별ᄒᆞ야 기록ᄒᆞ고….[250]

이와 같이 헌법과 총장정이란 표현을 함께 사용하고 있다. 원래

248. 『뎨국신문』 1901년 6월 12일자.
249. 『뎨국신문』 1901년 4월 30일자.
250. 『뎨국신문』 1902년 11월 1일자.

'장정章程'이란 '여러 조목으로 나누어 정한 규정'인데, 헌법도 장정의 하나인 것을 말하고 있다.

그 밖에 '일정한 법률'이라고 하여 완곡하게 표현하기도 한다. 즉, "헌법정치니 님군과 백성이 합하여 다스림이라. 일정한 법률이 있어 그 법률 외에는 님군도 임의로 못하시고 백성도 임의로 못하며 상하 국회에서 의론하여 법대로 결정하여 군민이 상합한 후에야 행함이오…."[251]

여기서 보듯이, 헌법정치는 입헌군주제를 의미하는 것이며, 따라서 민주제는 위험하거나 시기상조인 것으로 생각하는 것이 대세였다고 보겠다. 더 나아가 아직 헌법이란 용어를 모르고 있거나, 또는 법률 중에서 규범의 효력이 높고 낮은 것을 알지 못하는 상태에 있는 것으로 보인다. 전제정치, 입헌정치, 그리고 민주정치 이 세 가지 중 가장 옳고 좋은 것은 민주정치이지만, 군민이 함께 다스리는 헌법정치가 가장 바람직하다고 결론을 내린다.

> …그럼으로 군민 헌법정치를 세계 각국이 가장 조타 ᄒᆞ나니 이는 샹하에 공평도 ᄒᆞ거니와 ᄇᆡᆨ셩이 여간 어두어도 과히 랑퓌가 업고 님군이 셜령 셩현이 아니라도 일뎡ᄒᆞᆫ 법률만 쥰힝ᄒᆞ면 나라에 위틔ᄒᆞᆫ 염여도 업스며 겸ᄒᆞ야 이젼 완고ᄒᆞᆫ 법에 져즌 ᄇᆡᆨ셩과 지금 ᄉᆡ 법률에 화ᄒᆞ는 인민을 일톄로 다ᄉᆞ리기에 심히 합당ᄒᆞᆫ지라. 지금 셰계에 가쟝 만히 힝ᄒᆞ며 가쟝 리익이 샹하에 공평ᄒᆞ게 되는 바―라. 이거시 대강 졍치의 분간이더라.[252]

251. 『뎨국신문』 1902년 12월 22일자 논설 「정치약론」.
252. 『뎨국신문』 1902년 12월 22일자.

전체적으로 볼 때 외국의 이야기를 소개하는 수준이며, 한국에 도입하거나 수용하는 문제에 대해서는 부정적으로 결론을 내리는 점이 흥미롭다. 당시의 제약된 시대 상황을 염두에 둔다고 하더라도 너무나 현실안주적이며 비관적인 현실인식에 근거하고 있다고 보겠다.

4) 『황성신문』과 청국의 헌법제정

『황성신문』의 논설에서는 직접 헌법정치를 이야기하는 경우는 별로 없고, 타인의 논설이나 기고에서 권리나 자유 등을 게재하여 계몽하는 경우가 많다. 그러나 다른 신문들과는 달리 외신 기사에서 특히 청국의 헌법제정에 관하여 비교적 상세히 다루고 있다.[253]

특히 논설 「청국의 헌법신정」[254]에서는 다음과 같이 말한다. 오늘날 청국이 내우외환에 시달리는 까닭은 지난 100여 년 동안 정치와 법률이 부패하고 국시가 비정扉定한 탓이라고 진단하고, 정치와 법률을 개량한다는 소식은 외신에서 자주 들었으나 아직 믿을 수는 없었지만, 이제 입헌정치를 실시하기로 황제의 조유詔諭가 내린 것을 축하하고, 동양의 평화와 행복을 기원하며, 나아가 조선도 변화와 개혁에 귀를 기울여야 할 것을 강조하고 있다. 요컨대 청국의 입헌정치를 선망의 대상으로 바라보면서 조선도 조속히 입헌정치를 실시하여야 할 것을 강조하고 있다.[255]

253. 예컨대 1905년 4월 7일자(「청국의 입헌실시」); 1906년 5월 4일자(「민형사소송법의 편찬」); 1909년 7월 4일자(「청황의 입헌사전」); 1909년 7월 15일자(「입헌실행의 통령」); 1909년 7월 20일자(「청제의 유칙」); 1910년 7월 7일자(「칼럼 시사일국」) 등.

254. 『황성신문』 1906년 9월 8일자.

255. 예컨대 林炳恒(1906), 「海外記事 淸國立憲問題의 經過」, 『大韓自彊會月報』 제5호, pp.55~62.

청국 정치의 발전에 대해서 각 언론에서는 비록 '외보'에서 작게 다루고 있지만, 계속 관심을 가지고 보도하고 있다. 예컨대 『만세보』에서도 관제개혁과 황제의 상유上諭, 그리고 논설 「청국 헌법」[256] 등을 자주 소개하고 있으며,[257] 『대한매일신보』에서도 여러 차례 소식을 전하고 있다.[258]

이처럼 당시의 조선인들이 한결같이 입헌군주제를 강조하게 된 직접적인 동기는 메이지 유신 이후 헌법을 제정하여 입헌군주국으로서 세계의 열강 대열에 끼어든 일본에 대한 선망과 동경이 크게 작용하였을 것이며, 이에 더하여 청국마저 입헌주의를 준비하고 있었기 때문에 그 충격은 더욱 컸을 것으로 생각된다.[259]

256. 『만세보』 1906년 9월 6일자.
257. 『만세보』 1906년 8월 25일자(「일본헌법효칙」), 9월 4일자(「청제상유발포」) 등.
258. 『대한매일신보』 1906년 9월 27일자(「헌정전서」), 1907년 1월 24일자(「역서근정」), 1907년 2월 6일자(「개명헌정회」), 1907년 4월 6일자(「헌법신서」), 1907년 5월 16일자(「정치서적의 간포」), 1908년 9월 2일자(「청국의 헌법발포」), 1908년 9월 2일자(「청국의 국회」), 1908년 10월 22일자(「헌법모방홀 의론」) 등.
259. 상세한 것은 신우철(2008), 『비교헌법사: 대한민국 입헌주의의 연원』, 법문사, p.33 이하; 신우철(2007), 「근대 입헌주의 성립사연구: 청말 입헌운동을 중심으로」, 『법사학연구』 제35호, pp.269~294; 이춘복(2005), 「무술변법 시기 강유위의 의회 사상: 제도국의 연원과 상원 설립 구상을 중심으로」, 『중국근현대사연구』 제28집, pp.1~18; 윤혜영(1989), 「변법운동과 입헌운동」, 서울대학교 동양사학연구실 편, 『강좌 중국사 VI: 개혁과 혁명』, 지식산업사, pp.7~46 참조.
외국 문헌은 李曉東(2005), 『近代中國の立憲構想: 嚴復 · 楊度 · 梁啓超と明治啓蒙思想』, 法政大學出版局; 董方奎(1991), 『梁啓超與立憲政治』, 華中師範大學出版; 松田惠美子(1995), 「中國の近代的憲法典の編纂に關する一考察」, 京都大學 日本法史研究會 편, 『法と國制の史的考察』, 信山社, pp.319~320; 黃源盛 · 松田惠美子(1995) 역, 「晚淸の法制近代化の原因及びその展開」, 京都大學日本法史硏究會 편, 『法と國制の史的考察』, 信山社, pp.294~297; 島田正郎(1980), 『淸末における近代的法典の編纂』, 創文社.
Robert Heuser(2008), Der offene Weg: Ein Jahrhundert chinesischer Verfassungsreform, in: *Jahrbuch des öffentlichen Rechts der Gegenwart*, Bd.56, SS.655~668.

5) 『대한매일신보』

『대한매일신보』는 『독립신문』에 비하여 법률에 관한 기사가 적은 편이다.

1909년 7월 한국 정부는 사법권을 일본에 위임하고 법부가 폐지되자 민심은 흉흉해지고 법률학을 공부하는 사람이 급격히 줄어들자 『대한매일신보』는 「법률학생 제군에게 주노라」라는 논설에서 다음과 같이 외치고 있다.

> 제군이 오ᄂᆞᆯ날에ᄂᆞᆫ 험ᄒᆞᆫ 거슬 무릅쓰고 분연히 나아가ᄂᆞᆫ 청년이 되며 부ᄌᆞ런ᄒᆞ고 힘쓰며 ᄲᅧ에 삭이고 몸을 괴로이ᄒᆞ여 공부ᄒᆞᄂᆞᆫ 문명의 발달을 인도ᄒᆞᄂᆞᆫ 스승이 되며 권리ᄅᆞᆯ 고동ᄒᆞᄂᆞᆫ 련ᄉᆞ가 되고 ᄯᅩ 다른 날에ᄂᆞᆫ 독립을 회복ᄒᆞᆯ ᄯᅢ에 국제 교셥ᄒᆞᄂᆞᆫ 젼권대신이 되고 국가를 건설ᄒᆞᄂᆞᆫ 날에 **헌법**을 긔초ᄒᆞᄂᆞᆫ 위원이 되며 님금을 돕ᄂᆞᆫ 어진 ᄌᆡ샹이 되며 민ᄉᆞ와 형ᄉᆞᄌᆡ판에 됴흔 관리가 될 거시오 ᄉᆞ법권을 폐지ᄒᆞᄂᆞᆫ 날에 법률학교에셔 퇴학ᄒᆞᆫ 학ᄉᆡᆼ으로 세샹을 맛치지 말지어다.[260]

이것을 국한문으로 발간한 신문에서는 「여법학생제군與法學生諸君」이란 제목 아래 다음과 같이 표현하고 있다.

> 諸君이 今日에ᄂᆞᆫ 冒險奮進ᄒᆞᄂᆞᆫ 青年되며 勤勉刻苦ᄒᆞᄂᆞᆫ 學生되고 次日에ᄂᆞᆫ 文明啓發ᄒᆞᄂᆞᆫ 導師되며 權利鼓吹ᄒᆞᄂᆞᆫ 天使되고 他日에ᄂᆞᆫ 獨

자료집은 胡春惠(1985) 편, 『民國憲政運動』, 中國現代史史料選. 근대 중국 법령의 영역과 불역은 G. Padoux(1936), *List of English and French Translations of Modern Chinese Laws and Regulations* 참조.

260. 『대한매일신보』 1909년 9월 4일자.

立恢復時 國際交涉의 行人되며 國制開設日 **憲法**草定의 委員되며 元首協贊의 賢宰相되며 民刑裁判의 良官吏되고 司法權廢止의 末日에 法學校 退學生으로 終了치말지어다.[261]

당시 『대한매일신보』[262]뿐만 아니라 『대한민보』[263]나 『황성신문』[264] 등과 같은 신문에서도 사법권이 위임되어도 계속 법률학을 공부할 것을 권하는 논설을 자주 게재하고 있다. 특히 '국가를 건설하는 날에 헌법을 기초하는 위원'이 될 것을 간절히 소망하고 있다.

각종 저술 속의 헌법 개념

일반 책자 속에서 헌법을 다룬 예는 유길준의 『서유견문』을 비롯하여 당시의 각종 법률과 정치 관련 서적에서 발견할 수 있을 것이다.

1) 일반 저술

(1) 유길준의 『서유견문』(1895)

단행본에서 헌법과 입헌정치를 논한 문헌은 역시 유길준(1856~

261. 『대한매일신보』 1909년 9월 4일자.
262. 『대한매일신보』 1909년 7월 27일자 논설 「법학생에게 고함」 참조.
263. 예컨대 『대한민보』 1909년 8월 25일자 言壇 「警告法學界」 및 1909년 9월 2일자 「大呼告法學界」 참조.
264. 『황성신문』 1909년 9월 5일자 논설 「懇告法學生諸君」 및 1910년 3월 17일자 논설 「人無遠識이면 不可以致遠」.

1914)[265]의 『서유견문』[266]이 최초이며, 또 가장 체계적으로 서술하였다고 보겠다. 그는 방국의 권리를 내용內用하는 주권과 외행外行하는 주권의 두 가지로 나누고, 내용하는 주권은 국중의 일체의 정치와 법령이 그 정부의 입헌을 자존自尊하는 것이며, 외행하는 주권은 독립과 평등의 원리로 외국의 교섭을 보수保守하는 것이라고 설명한다.[267] 나아가 "고금의 공법 대가들이 말하되, 어떠한 방국과 인민이든지 그 국헌의 체제와 품례品例의 어떠함을 불관하고 그 국을 자관自管하는 자는 주권독립국이니, 주권은 일국을 관제하는 최대권이라"[268]고 한다.

이와 같이 유길준은 주권의 의미를 설명하는 중에 헌법을 언급하고 있으며, 직접 헌법에 관하여 자세한 설명은 하지 않고 있다. 위의 '내용주권'과 '외행주권'이란 표현은 그의 '국권'[269]이란 논문에도 발견되며, 『황성신문』에 연재한 「헌정요의」[270]에서도 동일하게 사용되고 있다.

265. 유길준에 관한 최근의 연구는 정용화(2004), 앞의 책; 김학준(2000), 『한말의 서양정치학 수용 연구: 유길준 · 안국선 · 이승만을 중심으로』, 서울대학교출판부, pp.7~84 참조.
266. 유길준의 『서유견문』은 자주 일본인 후쿠자와 유키치(福澤諭吉)가 저술한 『서양사정』과 비교되는데, 그는 초판 1,000부를 찍어 한 부도 팔지 않고 정부의 고관이나 유력자들에게 기증하였다. 이에 반하여 후쿠자와의 책은 해적판까지 포함하여 약 25만 부가 팔렸다고 한다(이혁재 옮김, 2002, 『후쿠자와 유키치』, 다락원, p.170; 전봉덕, 1981, 『한국근대법사상사』, 박영사, p.194). 일본인의 서술에는 다소 과장된 표현도 있지만 많이 팔린 것은 틀림없는 것으로 보인다. 이에 반하여 유길준의 저서는 『勞動夜學』도 조금밖에는 팔리지 않았다(『대한매일신보』 1909년 7월 25일자 「旣刊未售」).
267. 유길준(1971), 앞의 책 I, 『서유견문』, 일조각, p.85; 유길준(1976), 『서유견문』(상), 이태준 역, 박영문고, p.95.
268. 유길준(1971), 앞의 책 I, 『서유견문』, p.89.
269. 유길준(1971), 「국권」, 앞의 책 IV, 『정치경제편』, p.25.
270. 『황성신문』 1905년 7월 27일자.

(2) 이승만의 『독립정신』(1904)

또한 이승만(1875~1965)은 『독립졍신』 속에서 헌법정치의 효험을 설명하면서 헌법에 대해서 설명하고 있다.[271]

> 정치샹 변혁ᄒᆞ는 생각이 잇때붓허 더욱 셩힝ᄒᆞ야 구라파쥬에 여러 나라이 변ᄒᆞ야 공화국이 되엿스며 기외에 여러 나라들은 우헤 잇는 이들이 차차 풍긔의 변홈을 보고 그 졍치졔도의 공평치 못ᄒᆞᆫ 줄도 달으며 빅셩을 압졔ᄒᆞ야 못닐어나게 ᄒᆞ는 것은 웃ᄉᆞ롬들의 크게 둘녀울 화단이 생길 줄도 알아 자긔네끼리 졍치 졍도를 변ᄒᆞ야 백셩의 권리를 얼마ᄉ즘 허락ᄒᆞ여 피차 충돌이 나지 안케 ᄒᆞ매 인ᄒᆞ야 샹하가 평안무ᄉᆞᄒᆞ고 나라이 날로 흥왕ᄒᆞ는 지라. 이것이 곳 헌법이니 구라파쥬의 각국이 거의 다 이 법으로 다ᄉᆞ리는 바—라….[272]

이 『독립졍신』은 이승만이 옥중에서 집필한 것이기 때문에 아무런 자료나 문헌도 참고할 수 없었고, 따라서 오로지 자신의 기억력에 의지하여 쓴 책이기 때문에 학술적으로 헌법의 개념, 법적 성격 기타 특성에 관한 서술은 하지 못하고 있다. 그렇지만 서구에서 헌법이 성립하게 된 유래를 역사적으로 쉽게 설명하여 이 책

271. 이승만의 저작은 중앙일보사 · 연세대학교 현대한국학연구소(1998) 공편, 『우남이승만문서(동문편)』, 전18권 영인출간이 있다.
최근의 연구 문헌은 이정식(2005), 『이승만의 구한말 개혁운동: 급진주의에서 기독교 입국론으로』, 배재대학교출판부; 이주영(2008), 『우남 이승만 그는 누구인가?』 배재학당총동창회; 유영익(2002), 『젊은 날의 이승만: 한성감옥생활(1899~1904)과 옥중잡기 연구』, 연세대학교출판부; 로버트 올리버(2002), 『이승만』, 황정일 역, 건국대학교출판부; 유영익(2000) 편, 『이승만 연구: 독립운동과 대한민국 건국』, 연세대학교출판부 참조.

272. 리승만(1904 · 재판 1954), 『독립졍신』, 태평양출판사, p.74.

을 보는 모든 독자들이 '독립' 한 마디만 머리에 새겨 둘 것을 강조한 저자의 저술 의도는 충분히 달성되고도 남았다고 평가할 수 있을 것이다.

(3) 필자 미상, 『국민수지』(1905?)

『국민수지』는 1905년을 전후로 하여 당시의 한국인들에게 크게 영향을 미친 책자 중의 하나이다.[273] 국민교육회에서 출판하였을 것으로 추측되며,[274] 『황성신문』에서는 "국민을 계발하고 급진문명을 권면하기 위해서"[275]라고 보도하고 있다. 국민교육회는 1904년 9월 이준李儁,[276] 유성준俞星濬,[277] 유치형俞致衡,[278] 박정동朴晶東,[279] 홍재기

273. 『國民須知』(2010, 관악사 영인); 전문은 김효전(1996), 『서양헌법이론의 초기수용』, 철학과현실사, pp.420~431에 재수록되었다. 관련 문헌은 김동택(2004), 「『국민수지』를 통해 본 근대 '국민'」, 이화여자대학교 한국문화연구원, 『근대 계몽기 지식개념의 수용과 그 변용』, 소명출판, pp.193~221; 최기영(1992), 「한말 『국민수지』의 간행과 입헌군주론」, 조항래교수화갑기념; 최기영(1997), 『한국근대계몽운동연구』, 일조각, pp.22~43 참조.

274. 박노자(2004)는 「개화기의 국민 담론과 그 속의 타자들」(이화여자대학교 한국문화연구원, 『근대 계몽기 지식개념의 수용과 그 변용』, 소명출판, p.241)에서 "유길준의 만년의 작품으로 추측되며 1907년에 발간되었음"이라고 하는데, 1906년 4월 25일자의 『황성신문』의 기사에서 보듯이 그의 주장은 근거가 빈약하다.

275. 『황성신문』 1906년 4월 25일자.

276. 김효전(2006), 『근대 한국의 법제와 법학』, 세종출판사, pp.400~479; 정숭교(2008), 「이준의 행적 및 고종황제의 특사로 발탁된 배경」, 이태진 외, 『백년 후 만나는 헤이그 특사』, 태학사, pp.81~114. 이 책에는 무라야 신야(村瀨信也)의 「1907년 헤이그 밀사사건의 유산」(pp.249~290)도 실려 있는데, 『外交フォラム』의 원제목도 임의로 바꾸고 원문 내용도 약간씩 다르며 오역도 있다.

277. 최종고(2007), 앞의 책, pp.1~32 참조.

278. 최종고(2007), 앞의 책, pp.65~92 참조.

279. 박정동은 1896년 7월 한성사범학교를 졸업하고, 1897년부터 1898년 11월까지 남원군 공립소학교의 교원을 지내다가 1898년 11월 관립 한성사범학교의 교원이 되었다. 1901년 낙영의숙, 1905년 11월부터 1906년 학부 위원, 대한협회 회원, 기호흥학회 평의원, 교남학회 회장 등을 역임하였다. 저서로 『初等本國地理』(1909)가 있으며, 역서로 『경제원론』(1907), 『新選 家政學』(1907), 『新撰理化學』(1908), 『伊太利獨立史』(1908) 등이 있다.

洪在箕[280] 등이 주도하여 설립한 애국계몽단체이다.[281] 이 국민교육회에서는 법학강습소를 두고 소감所監에 월남 이상재,[282] 강사로는 유옥겸, 조성구 등이 법학을 강의하였다.[283]

이 책자는 전체 26면의 소책자로서 헌법이나 입헌정치에 관한 직접적인 서술은 거의 없지만 국가의 본의, 국가 및 황실의 구별, 국가 및 정부의 관계, 군주 및 정부의 권한, 국민 및 정부의 관계, 군주의 주권, 국민의 의무, 국민의 권리가 그 내용이 되고 있다. 따라서 비록 간접적이지만 헌법이나 입헌정치의 중요성을 강조하고, 헌법의 기초지식으로서 국가나 주권의 관념이나 내용을 강조하고 있다. 오늘날의 시각에서 보면 지극히 상식적이고 간단한 내용이지만, 당시로서는 매우 영향력이 컸던 책자였다고 생각된다.

이 책에서 헌법에 관한 기술은 다음과 같다. 즉, 프로이센의 프리드리히 대왕은 자신을 국가의 상등 고용인이며 국고의 관리자로서 이를 남용하면 죄가 없다 할 수 없으며, 또 법규를 제정하고

280. 여기의 洪在箕(1857~1908)는 개성과 양천 군수를 지낸 기독교인이며, 洪在祺(1873~1950)는 변호사로서 유명한 사람이다. 전자에 관해서는 김효전, 「두 사람의 홍재기: 洪在祺와 洪在箕」(II), 『시민과 변호사』, 2000년 10월호, pp.91~98 참조. 후자에 관해서는 김효전, 「두 사람의 홍재기: 洪在祺와 洪在箕」(I), 『시민과 변호사』, 2000년 9월호, pp.81~87; 최종고(2007), 앞의 책, pp.39~52 참조.

281. 상세한 것은 최기영(1994), 「한말 국민교육회의 설립에 관한 검토」, 『한국근현대사연구』 제1집, pp.29~62; 최기영(1997), 「국민교육회의 설립과 기독교」, 『한국근대계몽운동연구』, pp.197~226에 재수록; 신혜경(1993), 「대한제국기 국민교육회 연구」, 『이화사학연구』 제20호 · 제21호 합집, pp.147~187; 田口容三(1992), 「國民教育會および興士團について」, 『朝鮮學報』 제145호 등 참조.

282. 문헌은 전택부(2002), 『월남 이상재의 생애와 사상』, 연세대학교출판부; 구인환(2005), 『월남 이상재 평전』, 푸른사상; 김명구(2003), 「이상재의 기독교 사회운동과 사상연구」, 『시민문화』; 월남 이상재선생동상건립위원회 편(1986), 『월남 이상재 연구: 연구논문, 월남시문, 관계자료』 참조.

283. 『황성신문』 1906년 8월 15일자 및 1907년 6월 17일자 참조.

덕정을 행하여 국민의 사랑을 받아 만세 번창한 복록으로 오늘에 이르렀으니, 이 대왕의 말은 국가와 황실의 분별을 명정하여 만세의 귀감이다. 그러므로 유럽인들이 '헌법의 원조'라고 칭한다.[284] 그러나 정작 헌법이 무엇인지에 대한 설명은 하지 않고 있다.

이 책자는 현채玄采(1856~1925)[285]의 『유년필독석의幼年必讀釋義』 권2의 제18과부터 제20과까지에도 수록되어 있다. 이 책의 내용은 또한 『황성신문』에도 연재되었으며, 그 밖에 계몽잡지에도 일부 게재되는 등 당시에는 출처 불명의 동일한 글들이 도처에 실리고 있었다. 여기서 보듯이 헌법에 관해서는 이처럼 간단히 언급하고 있으나 헌법이나 국가학에 관한 문헌이 별로 없던 당시로서는 일반 국민의 국가 관념을 고취하는 데에 크게 기여하였다고 보겠다.

일본에서는 1888년 『통속정치연설국민수지通俗政治演說國民須知, 정치학지대의政治學之大意』라는 책자가 발간된 것으로 보아[286] 이를 모델로 만든 것 같다.

(4) 이종태 · 김상천 공편, 『진명휘론』(1905)

헌법이란 국가의 모든 법의 근본이다. 무릇 국가 대전大典에 속하며 어떤 정체든지 헌법이란 것이 있으며, 근래에는 의원議院을 가진 국가, 국전國典으로 정한 것을 헌법이라고 한다.④ 이 책은 백과사전식으로 국민을 계발하기 위해 만든 책자이다.

284. 『국민수지』, p.5.

285. 상세한 것은 이동섭(1996), 「현채의 '애국계몽사학'에 관한 일 연구: 1909년 발매금지된 금서를 중심으로」, 『인하사학』 제4호, pp.235~272; 강성현(1988), 「현채의 교육사상연구: 『유년필독』을 중심으로」, 고려대학교 석사학위논문; 이동섭(1989), 「현채의 역사인식에 관한 일 연구: 『동국사략』과 『유년필독』을 중심으로」, 인하대학교 석사학위논문 참조.

286. 三橋猛雄(1966), 『明治前期思想史文獻』, 明治堂書店 참조.

2) 법학통론 교과서

법학에 관한 체계적인 교과서는 대체로 1905년을 전후로 하여 쏟아져 나오기 시작한다. 그 텍스트는 주로 일본의 대학 교재나 강의록을 번역, 번안, 편술한 것이며, 독자는 법관양성소를 비롯한 보성전문이나 양정의숙 학생들의 교과서로서 기타 각종 시무에 관한 학문을 다루는 학교의 교재로서 사용되었고, 나아가 일반인의 수험서로서 애용되었다. 법학통론에 관한 저술로는 다음과 같은 것이 대표적이다.

(1) 유성준의 『법학통론』(1905)

유성준俞星濬(1860~1934)의 『법학통론』[287]에서는 당시의 일반적인 헌법 교과서와 마찬가지로 헌법을 성문과 불문 또는 형식과 실질로 구별하고 있다. 무릇 동서양과 문명 야만을 불문하고 국가에는 반드시 헌법이 있으며, 다른 점은 형상을 갖춘 성문대전의 유무 여하에 있을 뿐이다. 대체로 국가는 조직이 있고 질서가 있어야 능히 존립하고 활동하는데, 이 조직과 질서는 오로지 헌법에 의해서 보장되기 시작하는 것이다.[288] 이것은 옐리네크가 말하는 고유의 의미의 헌법 이론을 그대로 따른 설명이다.

(2) 주정균의 『법학통론』(1908)

주정균朱定均[289]은 그의 『법학통론』에서 헌법에는 실질상 의의와

287. 이 책은 1981년 아세아문화사에서 1997년 한국법제연구원에서 영인본이 발간되었다. 상세한 것은 최종고(1993), 「한국에 있어서 『법학통론』의 형성과 과제」, 금랑김철수교수화갑기념논문집 『현대법학의 이론과 실제』, 박영사, pp.1050~1071 참조.

288. 유성준(1905), 『법학통론』, p.63.

289. 주정균은 인천 출신으로 1897년 4월 한성사범학교를 졸업한 후 1900년부터 1907년까

형식상 의의가 있다고 설명한 후 다음과 같이 말한다. 즉, 일본에서는 1889년에 발포된 헌법전을 말하며, 헌법의 실질을 가진 조규는 황실전범, 의원법, 선거법과 몇 가지의 많은 법규 중에 있으며, 우리나라의 유래 전장典章과 기타 『법규유편法規類編』 중에 산재한 조규 등은 또한 헌법이라고 할 것이다. 저 영국 헌법은 역대의 구관과 복잡한 단행법규를 종합하여 성립된 것이며, 일정한 성문법전이 아니므로 조선과 영국에서는 실질상 헌법은 있으나 형식상 헌법은 없다고 한다.[290]

이 책에서는 추상적으로 헌법을 설명하지 않고 성문헌법이 없는 조선을 구체적으로 설명한 데에 그 교과서로서의 의의를 찾을 수 있다.

또한 그는 '만법귀일萬法歸一'이라는 말은 법률상의 현상에도 그대로 적용될 수 있다고 하면서 "현금 우리나라와 같이 고유의 법률을 조성하지 못하고, 전적으로 제국諸國의 법률을 취사 절충取舍折衷코져 시도하는 시대에서는 이러한 현상에 유의함을 일층 주밀히 할 바—라"[291]라고 하여 법의 체계화 내지 통일을 강조하고 있다.

그는 자치제도에 관하여도 "우리나라에 있어서는 읍면촌의 자치제도가 아직 완비치 못함으로 일본국 제도를 원증입론援證立論함"[292]이라고 하여 일본의 제도를 소개하고 있다.

지 과천과 인천 등지에서 소학교 교원을 지내다가 1907년 보성전문학교 법률학 야학을 제1회로 졸업하였다. 군부 군무과에 잠시 근무하다가 법학협회의 발기인으로 참여하였으며, 1923년 9월에는 보성전문학교의 교장에 내정되기도 하였다. 저서로 『법학통론』 외에 『상법총론』(1907), 『최신경제학』(1908) 등이 있다. 상세한 것은 최종고(1981), 「한국 최초의 『법학통론』」, 『법학』(서울대) 제22권 제4호, pp.87~101 참조.

290. 주정균(1908), 『법학통론』, pp.202~203.
291. 주정균(1908), 앞의 책, p.17.
292. 주정균(1908), 앞의 책, p.105.

(3) 주정균 · 유옥겸의 『법학통론』(1911)

이 책에서는 헌법을 국가의 근본 되는 대법大法으로 통치조직 및 작용의 대강을 규정한 법률이라고 정의하고 있다. 이어서 국가가 있으면 반드시 헌법이 있는데 오로지 정체 여하 때문에 운용이 상이할 뿐이니, 이는 헌법에 광협 두 가지 의의가 있기 때문이라고 한다. 그러므로 오로지 좁은 의미의 헌법, 즉 입헌국가의 성문헌법에 대해서만 그 개요를 설명한다고 시작한다.[293]

여기서 보듯이 저자들은 1908년의 『법학통론』에서와는 달리, 1910년 한일합방 이후에 나온 이 책에서는 이미 한국의 실상이나 형편에 관하여는 언급도 하지 않고 있거나 못하고 있는 것으로 보인다.[294]

3) 헌법 교과서

(1) 유치형의 『헌법』(1907)

먼저 유치형은 그의 『헌법』에서 실질적 의의의 헌법과 형식적 의의의 헌법으로 나누고, 전자는 국가의 정체를 규정하는 법칙이 즉 헌법이며, 후자는 법률로써 변경 폐지할 수 없는 최고의 국법[295] 이라고 정의내리고 있다. 그는 우리나라에는 아직 성문헌법이 없기 때문에 헌법 강술의 어려움을 말하고, 일본의 헌법학자 호즈미 야쓰카穗積八束의 헌법 책을 준거 채용하여 저술하였음을 밝히고 있다.

293. 주정균 · 유옥겸(1911), 『정선법학통론』, p.24.
294. 『매일신보』 1911년 6월 13일자 광고 참조.
295. 유치형(1907), 『헌법』, pp.10~11.

(2) 김상연의 『헌법』(1908?)

또한 김상연[296]은 그의 『헌법』 속에서 독일의 로베르트 폰 몰 Robert von Mohl[297]에 따라서 국가법을 헌법과 행정법으로 나누고, 헌법이란 "국가의 기관된 권리를 가진 자의 조직과 또 그 기관작용에 관한 것과 기타 국가의 제원소의 관계를 규정한 법의 전체"[298]이며, 또 "직접기관의 조직권한 및 그 작용의 형식 실질에 관한 규정 및 국가의 요소되는 인과 영토가 국가에 대한 관계와 성질에 관한 법규의 전체를 가리키는 것"[299]으로 이해한다. 요컨대 김상연 역시 실질상의 헌법과 형식상의 헌법으로 구별하고, 형식상의 헌법이란 헌법이라고 하여 발포된 특별한 보장을 가진 규정의 총칭이며, 실질상 헌법이란 학리學理의 계통으로 볼 때 행정법에 대한 국가법의 일부를 가리킨다[300]라고 말한다.

(3) 조성구의 『헌법』(1907)

한편 조성구趙聲九[301]는 그의 『헌법』 서언에서 고유의 의미의 헌법을 설명하면서 우리나라에는 성문헌법이 없기 때문에 설명이 곤란함을 말하고 있다. 즉, 국가가 있으면 반드시 헌법이 있을지니

296. 상세한 것은 김효전(2000), 앞의 책, pp.494~547 참조.
297. Axel Bark(1972), Robert von Mohl, in: M. J. Sattler (Hrsg.), *Staat und Recht. Die deutsche Staatslehre im 19. und 20. Jahrhundert*, München: List Verlag, SS.23~42; G. Kleinheyer und J. Schröder(1976), *Deutsche Juristen aus fünf Jahrhunderten*, Karlsruhe: Müller, SS.181~184; E. Angermann(1994), Robert von Mohl, in: *Neue Deutsche Bibliographie*, Bd.17, SS.692~694 참조.
298. 김상연(1908), 『헌법』, p.78.
299. 김상연(1908), 앞의 책, p.80.
300. 김상연(1908), 앞의 책, p.82.
301. 상세한 것은 김효전(2000), 앞의 책, pp.625~650 참조.

대체로 국가는 조직이 있고 질서가 있어야 능히 존립하며 능히 활동하기 때문에 이 조직과 이 질서는 즉 헌법에 의해서 보장되기 시작하는 것이다. 이 때문에 헌법이 없으면 국가가 없다는 법어法語가 존재하는 것이며, 무릇 동서양과 국가의 문명과 야만을 불문하고 국가를 이룬 것은 반드시 헌법이 있는데, 오직 다른 점은 형식을 갖춘 성문대전의 유무 여하에 있을 뿐이다.[302]

이러한 설명은 모두 앞에서 본 것과 동일한데, 그 까닭은 이상 세 가지의 대표적인 헌법 교과서들이 대체로 일본인 학자들의 저술에 의거하여 헌법을 실질과 형식의 두 가지 점에서 파악하기 때문이다. 그러나 실은 이 이론도 독일의 게르버C. F. v. Gerber[303]와 라반트Paul Laband(1838~1918)[304]에 의해서 대표되는 국법실증주의의 한 아류에 불과한 것이다.[305]

(4) 정인호 역술, 『헌법요의』(1908)

이 책은 일본 도쿄전문학교와 와세다대학 교수였던 다카다 사나에高田早苗(1860~1938)[306]의 저서를 정인호鄭寅琥가 번역한 것으로 헌

302. 조성구(1907), 『헌법』, p.1.
303. 문헌은 S. Schmidt-Radefeldt(2003), *Carl Friedrich von Gerber(1823~1891) und die deutschen Privatrechts*, Berlin 참조.
304. 문헌은 B. Schlink(1992), Laband als Politiker, in: *Der Staat* 31, S.553 ff.; H. Sinzheimer (1938), *Jüdische Klassiker der deutschen Rechtswissenschaft,* Amsterdam, SS.181~200; 석종현(1982), 「게르버와 라반트의 실증주의」, 김효전 편, 『독일헌법학설사』, 법문사, pp.9~37 참조.
305. 상세한 것은 M. Friedrich(1997), *Geschichte der deutschen Staatsrechtswissenschaft*, Berlin: Duncker & Humblot, S.256 ff. 이 책의 서평은 김효전(2000), 『헌법학연구』 제6권 제1호, pp.400~404 참조.
306. 다카다는 한국을 방문한 일도 있다(『매일신보』 1914년 4월 8일). 그의 저작목록, 연구문헌, 관계 자료목록은 早稲田大學大學史資料センター 편(2002), 『高田早苗の總合的研究』

법에 관하여 간단히 설명하고 있다. 그는 헌법의 정의를 실제와 형식의 두 가지로 나누는데, 실제에 따르면 '주권의 근본 및 작용의 제원칙'이라 하고, 형식으로는 불과 헌법이란 하나의 법전이라고 한다.[307] 이어서 헌법의 연혁에서 영국의 불성전헌법과 미국의 성전헌법을 설명하고, 일본의 메이지 헌법을 약술한다. 책 말미에 역자는 「일본헌법정문」을 싣고 있는데, "역자가 정문正文에 이르러서는 정중한 법본法本인고로 상역詳譯치 안고 국문으로 토만 달아 관람에 편케 하노라"라는 말이 적혀 있다.⑤

(5) 정인호 역술, 『국가사상학』(1908), 『각국헌법약부』

블룬칠리의 『국가사상학』은 본문 22면과 부록 24면으로, 부록 『각국헌법약부各國憲法略附』에서 다음과 같이 헌법을 설명하고 있다. 먼저 서문에 해당되는 부분을 인용한다.

憲法이란 者ᄂᆞᆫ 歐語로 稱ᄒᆞ기를 Magna(미기너) Charta(촤테)라. 其 意가 ᄃᆡ기 可爲國家一切 法律根本의 大典이라 謂ᄒᆞᆷ이라. 故로 國家大典에 屬ᄒᆞᆷ이니 專制政體君主之國를 爲ᄒᆞᆷ과 立憲政體君臣共主之國를 爲ᄒᆞᆷ과 共和政體民主之國를 爲ᄒᆞᆷ을 勿論ᄒᆞ고 다 可以爲憲法이라 稱ᄒᆞᆷ이 近似ᄒᆞ나 雖然이나 近日 政治家의 通稱은 惟有議院之國의 所定ᄒᆞᆫ 國典을 乃稱憲法이라. 故로 今之所論述이 亦從其狹義ᄒᆞ야 오직 立憲政體ᄒᆞᄂᆞᆫ 各國에 就ᄒᆞ야 其 憲法의 異同을 取ᄒᆞ야 比較ᄒᆞᆫ 故로 (各國憲法略)을 譯載如下ᄒᆞ노라.[308]

참조. 기타 佐藤能丸(1991), 『近代日本と早稲田大學』, 早大出版部, pp.73~102 참조.

307. 정인호(1908) 역술, 『헌법요의』, p.13.

308. 『각국헌법략』, p.1.

여기서 처음으로 마그나 카르타가 원문 그대로 표현되고 있다. 그 이후에는 흔히 '대헌장'이란 용어도 사용되지만, 원어 그대로 표기한 것이 재미있다. 이처럼 영국의 고유한 입법인 마그나 카르타는 시대와 공간을 뛰어넘어 '범죄자의 마그나 카르타인 형법'과 같은 표현에서 보듯이, 헌법 내지 헌정의 최고 법이란 표현을 넘어서 널리 보통명사로서도 사용되기에 이른다. 또한 영국의 1689년의 「권리장전Bill of Rights」 역시 원래는 특정한 입법의 명칭이었으나, 나중에는 널리 기본권 일반과 동일하게 보통명사로 사용된다. 이러한 예는 1789년의 프랑스 「인권선언」도 마찬가지이다.

이 논설은 이어서 정체, 권력분립 등을 설명한 후 제8장 「헌법강술」에서 다시 상세하게 헌법을 기술한다. 즉, "헌법은 국체와 정체의 대원칙을 정한 법이니 국가 주권의 소재와 주권 행동의 형식을 정한 것을 가리킨다. 헌법이라 할 때에는 형식적 의의로 사용하는 자가 있는데, 국가의 최고 법칙이 되어 법률과 명령 이상으로 효력이 최강한 법칙을 가리키기도 하고, 법률과 명령으로 변경할 수 없는 의미도 있는데, 이는 형식적 의의이다"[309]라고 한다.

계속하여 실질적 의의의 헌법과 형식적 의의의 헌법 개념을 영국과 일본의 헌법을 예로 들면서 상술하며, 특히 입헌정체에서의 헌법이라 함은 "국민의 참정권을 승인한 국가의 조직 및 국권의 활동이 규정된 조규로 해석할 수 있다"고 하여 참정권을 강조하고 있다.

309. 『각국헌법략』, pp.19~21.

(6) 헌정연구회, 『헌정요의』(1905)

헌정연구회는 이준, 장기렴, 윤효정, 심의성 등이 조직한 학술 단체이다.[310] 그들은 일본 메이지 헌법의 제정을 이상으로 여겼으며 국민들에게 입헌정치의 사상을 보급하기 위해서 이 책을 저술하였다. 같은 내용의 글이 『황성신문』 1905년 7월부터 8월에 걸쳐 연재되었다.[311]

여기서는 국가가 성립한 요령을 안 후에 정치사상이 시동하며, 정치사상이 동한 연후에야 헌정의 본의本義를 연구하게 된다고 하면서도 정작 헌정이 무엇인지에 관해서는 설명을 하지 않고 있다.

(7) 이룡, 『헌정쇄담』(1905)

이것은 이준 등이 헌정연구회를 조직함에 있어서 이를 찬동하는 의견을 피력한 것으로 『황성신문』 1905년 6월 12일자부터 6월 21일자까지 연재한 것이다. 이것을 집필한 일본인 '利龍'은 실존인물인지 아니면 가명이나 호에 불과한 것인지 자세한 것은 알 수 없으나, 내용 중 "고로 일진회 이외에는 대개 영속하기 불능함은 자연의 이세理勢"라고 기술한 점으로 미루어 볼 때 일본의 한국 침략을 지원하기 위하여 한국에 온 것 같다. 이 글은 당시의 헌정연구회 회원들과 식자층에 적지 않은 영향을 미쳤을 것으로 생각된다.

여기서 "헌정이라 함은 헌법으로써 군주통치의 권과 대관집정의 권과 인민참정의 권을 명백히 하여 각기 범위 안에서 직권을

310. 헌정연구회에 관하여는 김효전(2006), 앞의 책, pp.400~479; 최기영(1997), 앞의 책, pp.159~196 참조.

311. 전문은 김효전(2006), 앞의 책, pp.1160~1165에도 수록되어 있다.

행하되 위에서는 아래를 압제하지 않고, 아래는 위를 침월하지 않고 협심동화의 정을 실시함이니, 무론 어느 나라나 이에서 선한 정치가 없다"[312]고 한다.

이어서 헌정에는 민약, 국약, 흠정의 세 종류가 있으며, 군주제의 옹호와 흠정헌법의 중요성을 강조하고 있다. 서구의 헌정 경험에 대해서는 아무런 언급이 없고, 일본에서의 헌정 초기에 관하여 몇 자 서술하는 것으로 끝맺고 있다.[313] 전체적으로 내용이 빈약하여 헌법 정치에 대한 올바른 이해는 고사하고 헌법의 개념조차 제대로 파악하지 못하고 있어서 아무런 도움이 되지 못하는 문헌이다.

4) 국가학과 정치학 문헌

(1) 안국선 편술, 『정치원론』(1907)

천강天江 안국선(1878~1926)[314]의 『정치원론』[315]은 근대 한국 최초의 체계적인 정치학 교과서로서 평가 받고 있다. 이 책은 안국선 자신의 저술이 아니라 그가 재학하던 도쿄전문학교(오늘날의 와세다대학

312. 『황성신문』 1905년 6월 12일자.

313. 이 『헌정쇄담(憲政瑣談)』은 김효전(1996), 앞의 책, pp.414~420에 재수록하였다.

314. 안국선은 조선 정부의 관비유학생으로 경응의숙 보통과에서 수학한 후 1896년 9월 도쿄전문학교 방어정치과에 입학하여 1899년에 졸업하였다. 당시의 졸업생은 전부 146인이며, 그중 영어정치과가 25인, 방어정치과가 58인이었다. 그중 정인소, 이인식, 안국선 3인은 동기였다(『早稲田學報』 제29호, 1899, pp.29~30). 상세한 것은 김효전(2005), 「안국선의 생애와 『행정법』(상 · 하)」, 목촌김도창박사팔순기념논문집 『한국공법이론의 새로운 전개』, pp.146~173; 김효전(2000), 앞의 책, pp.548~564; 최기영(2003), 앞의 책, pp.139~198 참조.

315. 상세한 것은 김효전(2000), 앞의 책, pp.548~624 참조.

의 전신)의 강사[316]였던 이치지마 겐키치市島謙吉(1860~1944)[317]의 동명의 책을 요약하여 편술한 것이다. 이 책에 대해서 로야마 마사미치蠟山政道는 야마다 이치로山田一郎의 『정치원론』을 높이 평가하고, 이치지마의 저작은 서명만을 언급할 정도이다.[318] 이에 반하여 헌법학자인 스즈키 야스조鈴木安藏는 아이카와 마사미치合川正道의 『정치학』과 이치지마의 책을 높이 평가하고 있다.[319]

여하튼 이 책은 당시 여러 학교의 정치학 교과서로서, 또한 시험과목의 문제집으로서 크게 활용되어 『대한매일신보』에서는 거의 매일같이 광고가 나갈 정도였다.

이 책은 전체 24장으로 구성되어 있으며, 그중 제9장 「헌법범론」에서 다음과 같이 헌법을 정의하고 있다.

> 立憲政體가 政體中에 最良홈은 前論홈과 如ᄒᆞ니 今에 立憲政體의 諸機關과 其 作用을 論코자ᄒᆞᆫ즉 不可不, 憲法을 先論ᄒᆞᆯ지라. 憲法을 英語에 「콩스큐숑」이라 云ᄒᆞ니 卽, 一國의 組織法이라 ᄒᆞᄂᆞᆫ 義라. 何國이던지 建國ᄒᆞᆫ 以上은 組織이 無ᄒᆞ면 不可ᄒᆞᆫ즉 國이 有ᄒᆞ면 憲法이 必有홈이라 言ᄒᆞ야도 不可홈이 無ᄒᆞ나 近世의 謂ᄒᆞᄂᆞᆫ바 憲法은 其 義가 大異ᄒᆞ니 畧言ᄒᆞᆯ진ᄃᆡ 個人과 一國의 關係ᄅᆞᆯ 劃定ᄒᆞ며 個人과 政府

316. '강사'라는 신분은 오늘날의 시간강사가 아니고 교수와 같이 전임교원의 명칭이다. 도쿄전문학교를 와세다대학으로 개칭한 이후에도 1907년 4월에 '敎授會議員' 제도가 발족하기까지 전임, 비상근을 불문하고 교원의 肩書는 모두 '강사'였다. 佐藤能丸(1986), 「小野梓と東京專門學校」, 『小野梓の研究』, 早大出版部, p.71의 주35, 기타 金子宏二, 「市島謙吉の東京專門學校講師時代」, 『早稻田大學史紀要』 참조.
317. 이치지마의 연보와 저작 목록은 「市島春城先生生誕百年記念祭のしおり」(1960), 早稻田大學圖書館, pp.9~36 참조.
318. 蠟山政道(1968), 『日本における近代政治學の發達』, p.105.
319. 鈴木安藏(1975), 『日本憲法學史研究』, p.101.

의 關係를 一定ᄒᆞ며 政府를 組織ᄒᆞᄂᆞᆫ 各 部分의 關係를 制定ᄒᆞ야 官吏의 分限을 定ᄒᆞ고 主治者의 暴虐을 防ᄒᆞ며 被治者의 安堵를 謀ᄒᆞᄂᆞᆫ 法典이 是也니 故로 憲法은 政府와 人民의 約束이오 憲法이 存立ᄒᆞᆫ 國은 其, 人民이 自由權利를 保全홈을 可히 知ᄒᆯ지로다.[320]

계속하여 헌법을 적성積成헌법과 제정制定헌법으로 분류하며, 영국의 헌법학자인 에이모스S. Amos(1835~1886)의 이론에 의거하여 설명하고 있다.[321] 여기의 적성헌법이란 영어의 'cumulated constitution'을 번역한 것이며, 제정헌법이란 'enacted constitution'을 말한다. 이것은 전술한 프랜시스 리버Francis Lieber에 따른 분류이며, 오늘날에는 불문헌법과 성문헌법이라고 한다.

요컨대 제정헌법이 적성헌법보다 우승하다고 하며, 헌법을 활용한 정치의 그 이해득실과 성공 여부는 국민의 정신과 기풍에 좌우되며, 특히 헌법을 존숭하는 덕이 있으면 이용할 것이고 이것이 없으면 아무리 완미한 헌법일지라도 사법死法을 면할 수 없다고 1876년의 터키 헌법을 예로 들고 있다. 이 헌법을 존숭하는 덕은 피치자뿐만 아니라 주치자主治者(즉 통치자)에게도 요구된다고 한다. 오늘날의 말로 바꾸면 국민과 통치자의 헌법에 대한 의지가 무엇보다 중요하다는 것이다.

이치지마는 영국 문헌에 의거해서 정치학을 서술하였기 때문에 당시 유행하던 독일류의 국가학이나 프랑스의 정치학 사정에 대해서는 거의 언급을 하지 않고 있다.

320. 안국선(1907) 편술, 『정치원론』, p.71.

321. 에이모스의 저서는 *A Primer of the English Constitution and Government*(4th ed. 1882)이다. 일본어 번역은 澁江保 · 山田要藏(1881) 합역, 『英國憲法論』(上 · 下)가 있다.

(2) 『만세보』 연재, 「국가학」(1906)

『만세보』는 1906년 천도교계에서 국민의 지식 발달을 도모하고 새로운 이목과 새로운 지식을 보급하기 위해서 창간한 신문으로 「국가학」을 2개월 이상 연재하였다. 이 국가학에 대해서는 원전이나 역자도 밝히지 않고 「아국제일학문가我國第一學問家의 번역」이라고만 적혀 있다. 번역에서는 종래의 한문 표기와는 달리 한문을 끊어서 표기하고 구두점을 찍는 등 식자층에게 보다 많은 내용을 전달하려고 애쓴 흔적이 역력히 나타나 있다. 그러나 『독립신문』처럼 처음부터 한글로 적지 않은 점이 바로 『만세보』의 약점이고 한계라고 하겠다.

헌법에 관하여 직접 상세히 서술한 부분은 없지만, 다음과 같은 구절이 발견된다.

> 오직 영국 헌법의 내부구조에서 이 점(국가와 사회의 결합문제)을 살펴보아야만 그 해결책을 얻을 수 있다. 영국의 헌법은 행정법과 자치제를 마련한 뒤에 비로소 완전하게 되었다. 이것을 미루어 보면 헌법의 참뜻을 알 수 있다. 입법부에서는 인민의 의지를 세우고, 행정부에서는 이 의지에 따라 인민의 생활 발달을 계획한다. 원수는 양부兩部의 운용을 주재하는 데 편의로써 사회의 원리를 참작한다. 따라서 가장 중대한 일에 속한다. 이러한 참작의 원칙을 정하는 것이 바로 헌법이다. 헌법의 용도는 여기에 있다.[322]

322. 원문은 다음과 같다.
唯就於英國憲法之內部構造而觀之. 可得其解而英國之憲法. 埃行政法及自治制. 始至其完. 以此推之則憲法之眞義. 可知也. 於 立法部. 立人民之意志. 於行政部. 隋此意志. 計人民生活之發達而元首. 於主宰此二部動作之間. 以便宜. 斟酌社會之原理. 最屬重大之事.

여기서는 국가와 사회의 구별이란 유럽의 전통적인 학문적 방법을 소개하고, 이중에서 헌법의 역할을 논하고 있다.[323] 이어 여러 국가에서 헌법을 제정하고, 이로써 국가의 편성을 정하여 권력을 제한하는 것은 반드시 국가와 사회의 변동이 있은 후라고 한다. 요컨대 "헌법은 순수한 도리에 근거하여 정해지는 것이 아니다. 사회 및 국가의 변동 역사에 따라 만들어진다"[324]고 하며, 개별 국가의 특수 상황에 따른 것임을 강조하고 있다.

이처럼 『만세보』에서 국가학을 비중 있게 다룬 까닭은 이 신문의 총무 겸 주필이었던 국초國初 이인직의 영향이 아니었나 생각된다. 그는 일본 도쿄의 간다神田에 있던 '정치학교'에서 우키타 가즈타미浮田和民에게 정치학, 국제법, 사회학, 신문학 등을 수학하였기 때문이다.[325]

(3) 나진 · 김상연 역술, 『국가학』(1906)

한국 최초의 체계적인 국가학 문헌이라고 할 수 있는 이 책에 관하여는 이미 상세히 살펴보았다.[326] 헌법 개념과 관련해서는 직

以定此斟酌之原則者. 則憲法也. 憲法之用. 在此(『만세보』 1906년 9월 24일자). 김효전(2003) 역주, 『국가학』, 관악사, p.30 참조. 이 책에서는 伯倫知理(1907), 『國家學綱領』, 安鍾和 역과 伯倫知理(1908), 『國家思想學』, 鄭寅琥 역을 영인하여 합본하고 있다.

323. 상세한 것은 Ernst-Wolfgang Böckenförde(1973), *Die verfassungstheoretische Unterscheidung von Staat und Gesellschaft als Bedingung der individuellen Freiheit*; 뵈켄회르데(1992), 『국가와 사회의 헌법이론적 구별』, 김효전 역, 법문사 참조.

324. 『만세보』 1906년 9월 26일자. 김효전(2003) 역주, 앞의 책, p.32.

325. 제1장 「사회」 항목 및 小松綠(1936), 『明治外交秘話』, 千倉書房, p.441; 이 학교의 국가학 강좌는 浮田和民가 담당하였다. 姜克實(2003), 『浮田和民の思想史的研究: 倫理的帝國主義の形成』, 不二出版 참조.

326. 상세한 것은 김효전(2000), 앞의 책, pp.494~547 참조. 이 책은 번역의 텍스트를 밝히지 않고 있어서 그동안 궁금한 것이 많이 있었으나, 최근 쓰쿠바 대학의 고쿠분 노리코(國

접 헌법을 정의내리거나 설명은 하지 않고 있다. 다만 제17장 「입헌군주정체」에서 "군주의 권리는 헌법으로 종출從出한 바—아니오 헌법이 반反히 군주의 의사로셔 생生한 것이 명백한지라"고 한 후, 이처럼 군주는 헌법에 근거하여 통치하는 것이 아니라 헌법을 제정하는 자이며, 헌법은 국가 구성의 전부를 포괄한 자가 아니며 그 중대한 부분에 관한 장전일 뿐이라고 좁게 해석하고 있다.[327]

(4) 김상연 찬술, 『국법학』(1907)

이 책에서는 헌법이나 입헌주의에 관하여 직접적으로 서술한 부분은 없지만, 일본 헌법을 기준으로 하여 입헌군주제의 원리를 설명하고 있다(제5장 「국법」 참조).[328]

(5) 정인호 역술, 『국가사상학』(1908)

이 책의 원전은 독일의 정치학자이며 공법학자인 블룬칠리의 국가학 책 일부[329]를 요약한 것인데, 중국인 량치차오가 「국가사상변천이동론國家思想變遷異同論」[330]이라고 번역한 논설을 다시 우리말로

分典子) 교수는 일본 와세다대학 교수였던 다카다 사나에(高田早苗)의 『국가학원리』(1905)와 독일인 보른하크(C. Bornhak)의 『일반국가론』(菊地駒治 역, 1903)의 초역이라는 사실을 저자에게 알려주었다. 고쿠분 교수에게 감사를 드린다. 관련문헌은 猶原隆(1983), 「『國家學原理』における國家思想 〈高田早苗〉」, 『近代日本と早稲田の思想群像 II』, 早稲田大學出版部, pp.1~33; 內田滿(2000), 「早稲田政治學の先達 高田早苗: 國會開設期に果した役割を中心に」, 『早政』 第340號 参조.

327. 나진 · 김상연(1906) 역술, 『국가학』, p.124.

328. 이 책은 2004년 관악사에서 영인본이 발간되었다.

329. J. C. Bluntschli, *Allgemeine Staatslehre*, SS.64~68; 梁啓超, 『文集』 六, pp.13~15. 『국가사상학』 제2장 「甲 歐洲舊思想 乙 韓國舊思想 丙 歐洲新思想」에서 블룬칠리는 12개 항목을 열거하는데, 량치차오는 그중 11개 항목만 번역하였다. 또한 정인호는 량치차오가 '중국구사상'이라고 표현한 것을 모두 '한국구사상'으로 바꾸었다.

330. 『淸議報』 第94號 · 第95號(1901).

번역하여 단행본으로 만든 것이다.[331] 량치차오가 독일어 원서에서 번역한 것이 아니라 일본어 번역판에 의거한 것이며, 역자인 정인호는 한역본漢譯本을 다시 우리말로 바꾼 것이다. 따라서 독일어→일본어→중국어→한국어로 중역한 책자이다. 서양의 학술용어가 일본을 통하여 전래되기도 하였지만, 일본어를 알지 못하고 한문에 익숙한 세대로서는 한역본을 통해서 서구 문물을 접촉한 하나의 예이기도 하다.

헌법에 관하여는 앞서 보았듯이, 『국가사상학』 부록 『각국헌법약부』에서 설명하고 있다. 이 『각국헌법략』은 제9장 「법의 관념」이라는 제목 아래 애국하는 방법을 열거하고, 이 세계 각국에서 행복을 누리는 부끄러움 없는 국민은 국가사상으로 가득 차고 헌법정신으로 고무되어야 "시성천연일진是誠天演日進의 공리"라고 결론짓고 있다.

이상의 서술은 중국인 량치차오의 저술 『각국헌법이동론』(1899)을 중역한 것이다. 그의 저술은 당시 여러 개명 유학자로부터 일반 지식인들 간에 널리 읽혔지만, 그의 동정에 관한 국내의 신문보도는 별로 없는 편이다.[332] 국내의 급박한 상황과 신속한 정보를

331. 이 『國家思想學』과 함께 영인한 블룬칠리의 『國家學綱領』의 저본 역시 梁啓超(1902) 역, 『國家學綱領』(政治學小叢書之一) 上海: 廣智書局을 텍스트로 하여 번역한 것이다. 량치차오는 블룬칠리의 *Allgemeines Staatsrecht*를 한역한 吾妻兵治(1899) 역, 『國家學』, 善隣譯書館을 번역한 것이다. 상세한 것은 김효전(1996), 앞의 책, pp.440~446 참조.

332. 다음과 같은 『뎨국신문』의 기사가 발견되는 정도이다.
"청국 셔틔후가 칙유를 나리되 망명훈 강유위와 량계툐를 잡아 밧치는 쟈는 은 십만량 상급을 줄 터이오 돈을 원치 안는 쟈는 놉흔 벼술을 줄 터이오 그 두 사룸들이 지흔 글과 신문을 보지 못ᄒ게 엄금ᄒ라 ᄒ고 또 과거보이는 딕 서양 학문을 일졀 쓰지 말고 이젼 복구례만 ᄒ라고 ᄒ엿다는딕 강씨와 량씨는 광셔 황데를 도아 나라를 부강케 ᄒ랴다가 셔틔후당에게 좃겨셔 외국으로 달어는 사룸이더라."(1900년 3월 7일자)

수집하는 능력의 부족 등으로 중국의 급변하는 모습에 대해서는 보도가 느린 편이다.

5) 크레마지와 기본법

한국 법부의 법률고문으로 내한한 로랭 크레마지Laurent Crémazy 金雅始(1837~1910)[333]는 『대한형법』을 프랑스어로 번역하여 서구에 소개하는 가운데 제2편 제65조의 처벌대상의 행위 중 "국가의 기본법과 (대한)제국의 정치제도를 어지럽힌다든가, 공공의 질서와 평화를 해하든가" 하는 표현을 사용하고 있다. 그는 이 부분을 "les lois fondamentales de l'Etat et les institutions politique de l'Emipre"[334] 라고 번역하고 있다.

이처럼 '헌법'이란 용어 대신에 정치적 범죄에 관한 설명 중 '국가의 기본법'을 언급하고 있다. 이러한 성문의 '기본법'이란 표현은 이미 이전부터 유럽의 많은 국가들에 존재하였으며, 이를 토대로 미국 헌법을 모범으로 만든 유럽 최초의 헌법전은 1791년의 프랑스 헌법이다. 이 헌법은 유럽의 여러 국가들에 매우 광범위하게 영향을 미친 것이다.[335]

333. 상세한 것은 L. Crémazy(1908), *Coutumes, croyances, moeurs et usages en Chine, dans l'Annam et en Corée*, etc. 이 책도 2004년 관악사에서 영인 출판되었다. Sous la direction de Hyo-Jeon Kim(2004), *Coutumes, croyances, moeurs et usages en Chine, dans l'Annam et en Corée*, etc. par Laurent Crémazy, Seoul: Kwanaksa. 또한 김효전(2006), 앞의 책, pp.385~394, pp.957~968 참조.

334. L. Crémazy(1904), *Le Code Pénal de la Corée*, p.11. 이 책은 보충편인 *Texte Complémentaire de Code Pénal de la Corée*(1906)와 합본한 영인본이 2004년 관악사에서 출판되었다.

335. 기본법에 관하여는 G. Jellinek(1900 · 3.Aufl. 1914), *aaO.*, S.521; 옐리네크(2005), 앞의 책, p.425 이하; C. Schmitt(1928), *Verfassungslehre*, SS.42~44; H. Mohnhaupt und

크레마지는 당시 서울의 외국인 사회에서 매우 드물게 학식과 덕망, 그리고 고매한 인품의 소유자로 알려졌을 뿐만 아니라 자신의 조국인 프랑스의 헌정사에 대해서도 누구보다 더 잘 알고 있었을 것이 틀림없을 것이다. 그러나 우리는 아직까지의 기록에서 그가 헌법 제정의 필요성과 같은 정치적인 근대화를 상주한다거나, 적어도 그의 스승 브아소나드가 일본에서 태형의 폐지를 주장했듯이, 법제의 개혁에 적극적인 역할을 하였다는 기록을 발견하기 어려운 것이 사실이다.

같은 시기에 궁내부 고문관을 지낸 미국인 샌즈W. F. Sands(1874~1946)는 "르장드르와 그레이트하우스가 죽고 다이W. M. Dye가 물러난 뒤, 그레이트하우스의 법률 개혁은 그의 후임인 엄격한 프랑스인 법률가의 손에 의해 프랑스 식민지정책에 맞춰 재조정되었다"[336]라고 기술하는 한편, "나는 여전히 존재하는 고문 사례를 근절하기로 마음먹었지만, 프랑스의 그 식민지 법률가(황실의 프랑스인 법률고문을 말함-역주[김훈])는 그레이트하우스의 개혁안을 멋대로 뜯어고치고 있었다"[337]라고 증언하고 있다. 샌즈는 크레마지의 임명 과정에서 직접 고종의 측근에서 프랑스 측을 지지하였다고 하지만,[338] 그의 회고록에서는 이처럼 크레마지의 이름조차 거명하지 않고 있음

D. Grimm, *Verfassung*, S.36 ff.; H. Mohnhaupt, Verfassung(Ⅰ). Konstitution, Status, Lex fundamentalis, in: *Geschichtliche Grundbegriffe*, Bd.6, SS.831~862 참조.

336. W. F. Sands(1930), *Undiplomatic Memories. The Far East 1896~1904*, New York; 윌리엄 프랭클린 샌즈(1986), 『조선의 마지막 날』, 김훈 옮김, 도서출판 미완, p.158.

337. 샌즈(1986), 앞의 책, p.199.

338. 홍순호(1980), 「대한제국 법률고문 L. Crémazy의 임명과정분석」, 『한국문화연구원논총』(이화여대) 제36집, pp.337~338; 홍순호(1980), 「구한말 외국인 법률 · 외교고문의 외교사적 연구」, 『월간조선』 1980년 7월호 참조.

을 볼 때 두 사람의 사이는 좋지 않았던 것으로 보인다.

여하튼 외국인 고문을 통한 조선의 법제 개혁은 별로 성과를 거두지 못하고, 이들보다는 오히려 한국인의 손에 의해서 입헌정치의 중요성과 필요성이 강조되는 것이다. 일찍부터 우리의 선현들은 법제와 정치의 개혁 역시 자신의 피땀으로만 성공할 수 있다는 진리를 체험으로 터득한 것이다.

6) 기타 사전 등

헌법이라는 서구의 용어가 어떻게 근대 한국에 알려지게 되었는가 알기 위해 먼저 각종 영어 사전에서의 'constitution' 항목의 번역과 소개를 추적해 보는 것도 매우 유익할 것이다. 그러나 저자의 과문한 탓인지 아직 외국어 사전의 편찬사나 발달사에 관한 체계적이고 정리된 문헌을 발견하지 못했기 때문에 저자가 입수 가능했던 몇 가지 자료에 근거하여 간단히 소개하고 앞으로의 과제로 남겨 두려고 한다.[339]

1. 프랑스 파리외방전교회la société des Missions Étrangère de Paris 소속 신부들이 편찬한 『韓佛字典Dictionnaire Coréen-Français』(1880)

2. 언더우드H. G. Underwood의 『韓英字典A Concise Dictionary of the Korean Language』(1890); 이만열 · 옥성득 편역(2005~2010), 『언더우드 자료집』

339. 예컨대 이병근(2003), 「서양인 편찬의 개화기 한국어 對譯辭典과 근대화」, 권태억 외, 『한국 근대사회와 문화Ⅰ: 19세기 말에서 20세기 초를 중심으로』, 서울대학교출판부, pp.5~37에서는 『한불ᄌ뎐』(1880), 『한영ᄌ뎐』(1891) 그리고 『한영ᄌ뎐』(1897)을 소재로 분석하고 있다.
일본의 경우는 衫本つとむ(1981) 편, 『江戸時代 飜譯日本語辭典』, 早稲田大學出版部 참조.

제4권에 수록.

3. 게일J. S. Gale의 『韓英字典Korean-English Dictionary』(1897)

4. 이승만의 『신영한사전A New English-Korean Dictionary』(1903)에서는 'constitution'을 "조직, 설립, 본질, 헌법, 조직홈, 설립홈, 근본바탕, 헌법(나라히나 사회에 일뎡혼 법)"[340]으로 번역하고 있다.

헌법의 개념이나 입헌정치에 관한 문헌은 그 밖에도 각종 역사서를 비롯하여 여러 교과서에서 다루게 되며, 나아가 계몽잡지에서도 단편적으로 또는 체계적으로 전개되기 시작하는 것이다.

각종 계몽잡지의 논설

당시의 계몽잡지나 학술잡지에서 헌법이나 입헌주의를 체계적으로 언급한 것 가운데 가장 이른 시기에 발표된 것은 1897년 일본 유학생 친목회[341]의 기관지인 『친목회회보』에 게재된 김용제金鎔濟의 「입헌정체의 개론」이 아닌가 생각한다. 그는 다음과 같이 헌법을 소개하고 있다.

1) 김용제의 헌법론

헌법을 정의함에 있어서 그는 여러 학자들의 견해를 간단히 소개한다. 먼저 영국의 헌법학자 다이시A. V. Dicey(1835~1922)[342]에 의하면, 헌법은 주권의 분배와 사용방법을 직접 · 간접으로 규정한 규

340. 우남이승만문서편찬위원회(1998) 편, 『雩南李承晩文書』 제3권 이승만저작 3, 중앙일보사 연세대학교 현대한국학연구소, p.174.
341. 친목회에 관하여는 차배근(2000), 앞의 책, 참조.
342. 다이시의 헌법론은 A. V. Dicey(1885), *Introduction to the Study of the Law of the Constitution*; A. V. 다이시(1993), 『헌법학입문』, 안경환 · 김종철 공역, 경세원 참조.

칙이라고 하였고, 미국의 클레이Henry Clay(1777~1852)[343]는 주권에서 유래하여 집행하는 원칙과 조규의 일체라 하였고, 독일의 정치학자 몬데는 국체 및 원수와 신민의 법률상 관계를 규정한 것이라 하였으며, 영국의 배젓Walter Bagehot(1826~1887)[344]은 일국의 정권 장악에 관계된 법률을 제정하는 방법이라고 하였는데, 모두 타당하다고 전제한 후 이중 다이시의 견해가 가장 '명견한 헌법 정의'라고 한다. 여기의 다이시와 클레이 그리고 배젓은 쉽게 알 수 있으나 독일의 정치학자 '몬데'는 누구인지 확인하기가 어렵다. 다이시의 이론에 따라서 김용제는, 대체로 주권의 분배라 함은 국가의 전권이 한 사람의 독재에 있지 않으니, 그 이유는 국가는 권력의 집합에 있기 때문이라고 한다. 그러므로 권력이 집합하는 데에 인민을 통어하는 능력이 있는 것을 국가라고 하는데, 이러한 정의에서 당연히 유형과 무형의 구별이 생긴다고 한다.

다이시 외에 그는 미국인 리버Francis Lieber(1800~1872)[345]의 헌법론

343. M. D. Peterson(2000), "Clay, Henry(1777~1852)," in: L. W. Levy and K. L. Karst (eds.), *Encyclopedia of the American Constitution*, Vol.2, pp.423~425 참조.

344. 배젓의 헌법론은 W. Bagehot(1995), *The English Constitution*, 1867: Introduction by R. H. S. Crossman, Ithaca: Cornell Univ. Press 참조. 저작 목록은 Norman St. John-Stevas(1961), *Walter Bagehot*, London: Longmans, Green & Co.; Norman St. John-Stevas(1959), *Walter Bagehot: A Study of his life and thought together with a selection from his political writings*, Bloomington: Indiana Univ. Press; 월터 배젓(2001), 『롬바드 스트리트』, 유종권 · 한동근 옮김, 아카넷 참조.
일본에서 배젓은 1880년대에 집중적으로 주목을 받게 되고, 그의 『英國憲法論』(1867 · 1883, 高橋達郎 역)을 비롯하여 『英國憲法之眞相』(1887, 竹越與三郎 · 岡本彦八 역) 등 여러 가지 번역본이 발간된다. 특히 그의 『물리와 정치』(Physics and Politics)(1872)는 『格物政理學』(1882)이란 제목 아래 물리학의 원리로 정치를 파악하려는 것이 독특하며, 또 'physics'를 전통적인 용어인 '격물'로 번역한 점에서 그 의미를 찾을 수 있다.

345. 프랜시스 리버는 독일 베를린에서 출생하였으며, 1820년 예나대학에서 철학박사의 학위를 취득하였다. 1822년 그리스 혁명 시에 독일 의용군으로 참전하였으며, 독일 정부에 의

도 성문헌법의 이득이란 점에서 비교적 상세히 설명한다. 즉, 성문헌법은 인민의 정치사상이 결여된 경우에도 자치제도의 발달을 계도하는 단서를 열며, 정치가 활발하지 못하여 인민이 정부의 '침략'을 받는 때에도 이를 방어할 수 있으며, 권력자가 헌법을 무시하면 혁명을 일으킬 수 있으며, 또 성문헌법이 있으면 법률에 관한 사항은 매우 명백하게 규정함을 요구하기 때문이라는 네 가지의 이점을 열거하고 있다. 이어서 군주국에는 흠정헌법이 많고, 공화국에는 국약헌법이 많으며, 헌법 개정의 난이에 따라서 경성헌법과 연성헌법으로 나뉜다고 설명한다. 요컨대 오늘날의 헌법에 관한 설명과 거의 다를 바 없는 논리로 상설하고 있다.

리버의 헌법이론은 후술하는 천강 안국선 편술, 『정치원론』(1907)에도 간단히 소개되기도 하였다. 즉, 헌법을 적성헌법과 제정헌법으로 구별한 것이 바로 리버의 분류법이다.[346] 리버와 관련하여 미국으로 이민 간 독일계 법학자들은 다시 독일로 돌아가서 대륙법의 전통을 배우기도 하지만, 후일 미국 정치학의 원조로 추앙되기도 한다.[347]

해서 스파이 혐의로 두 번 체포되어 영국으로 갔다가 다시 1827년 미국으로 건너가 보스턴에 정착, 미국에 귀화하였다. 김나지움을 경영, 출판인 등으로 활동하다가 1835년부터 56년까지 사우스캐롤라이나 대학의 정치경제학 교수, 1857~1865년 컬럼비아N. Y. C. 등 교수를 역임하였다. 상세한 것은 Tatsuji Ohno(2008), Selbstverwaltung, Selbstregulierung und Freiheit: Franz Lieber und Rudolf Gneist in Deutschland und Japan, in: *Jahrbuch des öffentlichen Rechts der Gegenwart*, Bd.56, S.75~93; B. E. Brown (1951), *American Conservatives: The Political Thought of Francis Lieber and John W. Burgess*, New York: Columbia Univ. Press; Frank B. Reidel(1968), *Francis Lieber-Nineteenth-century Liberal*, Gloucester, Mass.: P. Smith 참조.
일본 문헌으로는 中谷義和(2002), 『草創期のアメリカ政治學』, ミネルヴァ書房, pp.1~31; 松隈清(1979), 南北戰爭と國際法學, 紀要(八幡大學), 第5號 참조.

346. 안국선(1908), 『정치원론』, p.71 이하.

347. Peter Schafer und Karl Schmitt(1993)(Hrsg.), *Francis Lieber und die deutsche-*

여기서 특히 김용제가 다이시에 주목한 점은 그가 유학하던 당시 일본 학계가 다이시의 영향을 많이 받았기 때문이며, 더구나 그가 재학한 도쿄전문학교에서는 다이시의 『헌법론』을 번역한 다카다 사나에의 강의를 들었기 때문에 그러한 주장을 펼친 것으로 보인다.[348]

결론에서 오늘날 세계 열국의 정체는 전제, 입헌, 공화의 세 가지가 있는데, 전제정체는 세계의 열국에 5분의 1이 못 되고 나머지는 입헌 및 공화정체인데, 이들은 반드시 헌법으로써 국가를 조직하며 경국안민經國安民의 근본 대법大法을 삼으니 어찌 강대치 아니하겠는가 하고 끝맺는다. 그러나 전술한 『친목회회보』란 잡지는 문자 그대로 재일조선인 유학생들의 친목을 도모하기 위해서 발간하였으나, 제2호의 경우는 500부 중 115부를 모국에 보내고, 『독립신문』에서는 회보의 주요 내용을 소개하기도 하였다.[349] 이와 같

amerikanischen Beziehungen im 19. Jahrhundert, Weimar: Bohlau; John G. Gunnell(1993), *The Descent of Political Theory* ; J. G. ガネル(2001), 『アメリカ政治理論の系譜』, 中谷義和 역, ミネルヴァ書房 참조.

348. 1897년(메이지 30년)도 법학부 제1년급 헌법(강사 다카다 사나에)의 시험문제는 1. 헌법이란 것은 어떠한 내력으로써 이 세상에 탄생하는가, 2. 제국헌법의 소위 통치권이란 무엇인가, 3. 의회는 입법권 외에 어떠한 권을 가지며 어떻게 이를 행사하는가.
다음에 방어정치과 제1년급의 제국헌법(강사 다카다 사나에)의 시험문제는, 1. 제국의회는 입법권 외에 어떠한 권을 가지는가, 2. 통치권을 설명하라, 3. 헌법의 유래를 설명하라. 국가학(강사 다카다 사나에) 시험문제, 1. 국가의 정의를 부여하라, 2. 국가의 이상이란 무엇인가, 3. 어떠한 정체가 가장 선하며 또 그 이유를 묻는다. 『早稻田學報』 第1號(1897), p.129, p.131.
와세다대학의 정치학과 다카다와의 관계는 內田滿(1999), 「早稻田政治學の先達 高田早苗: 國會開設期に果した役割を中心に」, 『早稻田政治經濟學雜誌』 第340號; 吉村正(1957), 「高田早苗: 實證的政治學の提唱と普及」, 早稻田大學創立75周年記念出版 社會科學部門編纂委員會編, 『近代日本の社會科學と早稻田大學』, pp.28~54 참조.

349. 『독립신문』 1896년 9월 22일자 및 10월 8일자 논설.

이 볼 때 회보는 간접적으로 국내의 식자층이나 일반 독자들에게 영향을 미친 것으로 생각된다.

필자인 김용제는 일본 도쿄전문학교[350] 방어정치과[351]를 졸업하였다. 그는 재학 중 『친목회회보』에 몇 가지의 논설을 썼으며,[352] 귀국 후에는 궁내부 제도국 이사를 지내고 한일합방 이후에는 군수, 중추원 촉탁 등을 역임하였다.[353]

350. 도쿄전문학교는 개교 20주년을 맞이한 1902년 9월 교명을 '와세다대학(早稻田大學)'으로 바꾸었다. 그러나 이것은 전문학교령(1903년)하의 명칭만의 대학이며, 제국대학과 동격의 대학은 아니었다. 와세다대학이 정규의 대학이 되는 것은 1918년의 대학령이 공포된 후인 1920년부터이다. 朴己煥(1997), 「舊韓末と併合初期における韓國人の日本留學」, 『近代日本硏究』(慶應大學) 第14卷, p.236. 와세다대학과 한국 헌법학과의 관련은 金孝全(2007) 강연, 「近代における韓國憲法學の潮流: 早稻田大學との關わりを通じて」, 金亮完 역, 『比較法學』(早稻田大學) 第41卷 第1號, pp.157~167 참조.

351. 당시 도쿄전문학교에는 정학부, 법학부, 문학부, 영어학부의 네 학부가 있었으며, 정학부에는 영어정치과와 방어정치과의 두 학과가 있었다. 영어정치과에서는 영어로 강의하고, 방어정치과에서는 일본어로 강의하였다. 1898년(메이지 31년)도 영어정치과에서는 영서를 독해하는 힘을 계발하는 동시에 영어 외에 독어나 불어도 수강케 하고 과목도 개량하는데, 여기에는 버제스의 『정치학』, 실리의 『영국팽창론』, 리치(Ewing Ritchie)의 『국가학』, 스몰과 빈센트(Small and Vincent)의 『사회학』을 추가하며, 다카다 사나에(高田早苗)와 우키다 가즈타미(浮田和民)가 강사로서 과목을 담당하였다. 『早稻田學報』 第18號(1898), p.75.

여기의 버제스의 『정치학』은 John W. Burgess(1890~1891), *Political Science and Comparative Constitutional Law*, 2 Vols., Boston; J. W. バーゼス(1908), 『政治學及比較憲法論』, 高田早苗 · 吉田已之助 공역이며, 실리의 『영국팽창론』은 R. Seeley(1895), *The Expansion of England*, London이다. 중국 최초의 정치학 책이라고 불리는 옌푸(嚴復)의 『政治講義』(1906)는 실리의 『정치학입문』(*Introduction to Political Science*, 1896 · 1923)의 번역인 것이 밝혀졌다(李曉東, 2005, 『近代中國の立憲構想』, p.45, p.273). 옌푸(2009),『정치학이란 무엇인가』, 양일모 역주, 성균관대학교 출판부 참조.

352. 예컨대 『國民之元氣銷磨方今大憂患』 제3호(1896), 『國民의 信用』 제4호(1896) 등.

353. 김용제는 1868년생이며 관은 경주. 한성사범학교에 재학하다가 일본에 유학한 것으로 생각된다. 처음에는 게이오의숙(慶應義塾)에서 일본어를 배우고 그 후 도쿄전문학교 방어정치과를 졸업하였다. 1898년 11월에 귀국하여 1900년에 개교한 광흥학교(光興學校) 교사를 역임하였다. 1904년 궁내부 통신사 사무, 1907년 칙임 이사(『황성신문』 1907년 6월 5일자), 1908년 궁내부 제도국 이사를 지냈다. 한일합방 이후에는 1918~1921년

2) 김성희의 헌법의 이익

한편 김성희는 헌법의 이익을 다음의 일곱 가지를 들어 설명한다. 첫째, 전제의 범위를 벗어나 민권을 보호하고, 둘째 종교를 떠나 자립적으로 다스림이요, 셋째 국가의 의지를 정하여 체제를 완비하고, 넷째 국민에게 참정권을 허용하여 사회 전체를 유지하고, 다섯째 민선의원을 설치하여 정무를 감독하고, 여섯째 자치제를 실시하여 단체를 조직하고, 일곱째 군주의 신성한 위를 높이고 책임은 지지 아니하는 것이라고 한다.[354]

이처럼 김성희는 국가의 의의를 설명하면서 헌법의 이익을 논하고 있다. 그는 이탈리아의 維哥(Vico)[355]나 喜郎熱利와 프랑스의 孟的斯鳩(Montesquieu)와 盧騷(Rousseau) 그리고 미국의 哈爾敦(Hamilton)[356] 등을 한자로 표기한 것으로 볼 때 량치차오나 그 밖의 다른 중국인의 저술을 참고하여 국가와 헌법의 의의를 설명한 것으로 보인다.

3) 안명선의 정체론

여기의 안명선은 후일 안국선으로 개명하기 이전의 이름이다.

경기도 이천 군수, 1921~1923년 진천 군수, 1923~1924년 충북 괴산 군수, 1931~1932년 중추원 촉탁 등을 역임한 것으로 기록되어 있다(안용식 편, 2001, 『일제 지방관록』, 연세대학교 사회과학연구소, p.60, p.82, p.87; 박은경, 1999, 『일제하 조선인 관료 연구』, 학민사, p.178). 그 후의 이력은 알 수가 없다. 문헌은 차배근(2000), 앞의 책, p.70; 왕현종(2003), 「대한제국기 입헌논의와 근대국가론」, 권태억 외, 『한국 근대사회와 문화』 I, 서울대학교출판부, pp.320~322 등 참조.

354. 松堂 金成喜, 「國家意義」(前號續), 『대한자강회월보』 제13호, p.41.

355. 비코(1668~1774)에 관하여는 G. Vico(1744), *Principj di Scienza Nuova*(이원두 옮김, 1997, 『새로운 학문』, 동문선) 참조.

356. 해밀턴(1757~1804)에 관하여는 A. Hamilton, J. Madison and J. Jay(1788), *The Federalist Papers*(김동영 옮김, 1995, 『페더랄리스트 페이퍼』, 한울아카데미 및 부분 번역으로 김성복 역(1960), 『연방주의론: 미국 헌정의 기초이론』, 을유 구미신서 (35) 참조.

그는 「정치의 득실」[357]이란 논설에서 정체를 입헌정체(대의정치)와 전제정체(군주독재정치)로 나눈다. 입헌정체는 '중치정부衆治政府'라고 하는데, 이는 인민의 자유를 공고케 하여서 인민 각자가 자유권을 가지기 때문에 불평하는 일이 없다. 이에 반하여 전제정체는 독단정부로서 여기의 인민은 자유를 얻지 못하고 위에만 의뢰하여 그 정치가 만일 포악하면 불평을 말하게 된다. 이렇게 볼 때 입헌정체와 전제정체는 그 우열을 논할 필요도 없다고 하여 입헌정치의 우수성을 강조하고 있다. 또한 안국선은 그의 『정치원론』(1907년, p.67)에서도 입헌정체를 설명하기도 하였다.

4) 최석하의 정부론

우양友洋 최석하[358]는 메이지 대학 법과 1학년 재학 중에 이미 「국가론」[359]을 비롯하여 여러 가지 정치적인 논설을 발표한 바 있으며, 또한 「정부론」[360]에서도 입헌정치의 중요성을 역설하고 있다. 즉, 입헌 문명국가에서는 자유사상, 국민의 인권권리 관념이

357. 安明善(1896), 「政治의 得失」, 『親睦會會報』 제3호, p.22; 차배근(2000), 앞의 책, p.645에 영인.

358. 최석하는 1898년 일본에 유학하여 고베(神戸)에서 보통과를 수료한 후 1904년 9월 메이지 대학 법과에 입학하여 1908년에 졸업했다. 같은 해 육군통역의 공로로 일본정부로부터 훈장을 받는다(『明治期外國人敍勳史料集成』, 1991, 第4巻 pp.454~455). 논설로는 「국가론」, 『태극학보』 제1호, 1906; 「국제교제론」, 『태극학보』 제2호; 「공채론」, 『태극학보』 제4호; 「조세론」 『태극학보』 제5호 및 제6호; 「한국이 갈망하는 인물」, 『태극학보』 제7호; 「평화회의에 대한 여의 감념」, 『태극학보』 제9호; 「한국 부흥은 영웅숭배에 재함」, 『태극학보』 제10호; 「천하대세를 논함」, 『태극학보』 제12호 등이 있다. 문헌은 細井肇(1910), 菊地謙讓 교열, 『現代漢城の風雲と名士』, 日韓書房, pp.227~231(復刻版ぺりかん社, 1997).

359. 崔錫夏(1906), 「國家論」, 『태극학보』 제1호, p.9.

360. 崔錫夏(1906), 「政府論」, 『태극학보』 제3호, pp.14~17.

발달하고, 국가가 이를 허용하여 애국심이 발휘되는 데 반하여, 전제국에서는 군주 한 사람 외에는 애국자가 없다는 것이다.

또한 일본은 메이지 유신을 단행하여 "내정을 혁신하여 헌법을 발포하여 국민에게 자유권리를 허許하고 외교를 쇄신하여 치외법권 철회하여 대등조약을 맺어 오손하였든 주권을 완전히 회복하여 천재千載의 위업을 수립하였도다"[361]라고 하여 메이지 유신을 극찬하고 있다. 일본의 보호국으로 전락한 한국의 지식인으로서 청일전쟁과 러일전쟁에서 승승장구한 일본을 선망과 존경의 염을 가지고 바라본 것은 자연스러운 일이라고도 하겠다.[362] 그러나 최석하가 한국의 현실에 비추어 헌법 제정이나 입헌정치에 대한 상세한 논리를 전개하지 못한 것은 이에 대한 지적인 축적이 빈곤하였다거나 경륜의 부족 또는 시대 상황의 제약 때문이라고만 보기에는 무엇인가 미진하고 안타까운 점들이 한둘이 아니다. 이 점은 후술하는 필자들의 논설에서도 마찬가지이다.

5) 곽한탁의 입헌국가의 근본

곽한탁[363]은 『태극학보』에 연재한 논설 속에서 헌법이란 입헌국가의 근본을 가리키며, "통치권 작용의 분류와 입헌국가에 필요한

361. 崔錫夏(1908), 「日本文明觀」, 『대한학회월보』 제8호, p.43.
362. 이와 비슷한 견해는 尹孝定(1906), 「專制國民은 無愛國思想論」, 『대한자강회월보』 제5호, pp.18~22; 특히 p.21 및 연설 「인권은 불가불존중」, 『대한매일신보』 1907년 2월 24일자 참조.
363. 곽한탁은 태극학회 회원이며, 일본 메이지(明治)대학과 니혼(日本)대학 법과를 마치고 1910년에 귀국하였다. 『황성신문』 1910년 7월 17일자. 일제시대에는 1911년 충북 충주군 서기, 1920~1924년 단양 군수, 1924~1925 괴산 군수, 1927~1932년 중추원 촉탁을 역임하였다. 안용식(2001) 편, 『일제지방관록』, p.82, p.85; 박은경(1999), 『일제하 조선인 관료 연구』, 학민사, p.156; 기타 『황성신문』 1906년 4월 25일자 참조.

기관조직(예컨대 의회, 재판소, 국무대신과 같은 것)의 권한을 규정하는 것"[364]이라고 정의를 내린다. 이어서 그는 헌법을 성문헌법과 불문헌법, 흠정헌법과 민정헌법, 그리고 고정헌법固定憲法과 부정헌법不定憲法으로 나눈다. 고정헌법은 헌법 개정의 절차가 보통 법률의 개정절차보다 복잡한 것이며, 부정헌법은 보통 법률의 개정절차와 동일한 절차로 개정하는 헌법을 말한다고 설명하고 있다. 오늘날의 용어로는 경성rigid헌법과 연성flexible헌법이다. 『대한학회월보』에서는 고정헌법과 '가동可動'헌법으로 구별한 것을 여기서는 '부정'헌법으로 표현한 점이 특이하다.

6) 곽한탁의 입헌국가와 전제국가

정체에 대해서 그는 입헌국과 전제국의 두 가지로 나눈다. 입헌국이란 주권의 행동을 각 개의 기관에 분배하는 것이며, 전제국이란 주권의 행동이 각 개의 기관에 분배치 않고, 오로지 한 사람의 수중에 있는 국가를 말한다고 정의를 내린다. 특히 전제권을 가진 사람(가령 군주)이 암우하거나 또는 보좌가 사람(가령 신臣)을 얻지 못할 때에는 왕왕 압제와 포학에 빠지게 되어 국민의 원성을 듣거나, 또는 전쟁이 일어나서 치욕을 당하게 된다고 하면서 오늘날 현저한 전제국은 조선과 청로清露 등이라고 한다. 특히 "러시아는 근년에 국민의 요구에 따라서 지난해에 겨우 의회를 열어 헌정을 선포하였지만, 아직 완비한 지경에 이르지 못하고 청국도 지난해에 입

메이지 대학은 원래 1881년 明治法律學校로 출발하였으며, 1903년 8월 메이지 대학으로 개칭하였다. 別府昭郎(1999), 『明治大學の誕生: 創設の志と岸本辰雄』, 學文社, p.170; 『明治大學百年史 1886~1994』 참조.

364. 곽한탁(1907), 「헌법」(속), 『태극학보』 제7호, p.24.

헌 준비할 상유上諭가 내렸으니, 그런즉 전제국은 아국뿐이 될 듯 하도다"[365]라고 하여 외국의 동향도 알리고 있다.

곽한탁郭漢倬은 어떤 텍스트에 근거하여 정체를 설명하는지 자세한 것은 알 수 없지만 그 내용보다도 '譯'이라고 밝힌 점에서 매우 성실하고 양심적인 사람이라고 생각된다. 당시에는 많은 필자들이 원전도 밝히지 않거나 출처도 불확실한 글을 더구나 남의 글을 찬동한다고 하여 자기의 이름으로 발표하던 시대이고 보면 더욱 돋보이는 데가 있다. 더구나 "전제국은 우리나라뿐이 될 듯하도다"라는 마지막 구절은 독자로 하여금 서글픈 마음을 넘어 비장함마저 느끼게 한다.

7) 조성구의 입헌정치론

법학협회는 1908년 6월 21일 야주현夜珠峴 관인구락부官人俱樂部에서 토론회를 열고, 정치문제로 국가의 정치는 「전제정체가 가호可乎아 입헌정체가 가호아」 하는 제목으로 토론회를 개최하였다.[366] 여기서 이면우李冕宇(1879~1925)[367]와 이기찬李基燦(1886~?)은 전제주의를 지지하고 김상연과 조성구는 입헌주의를 지지하였다. 전제주의를 지지한 이면우는 도쿄법학원을 졸업하고 법관양성소의 소장을 역임한 사람이며, 이기찬은 1907년 법관양성소를 최우등의 성적으로 졸업하고 함흥지방재판소 판사, 평양지방재판소 판사, 1912년 경성복심법원 판사 등을 역임하다가 1913년 변호사 개업을 하였

365. 곽한탁(1907) 역, 「헌법」, 『태극학보』 제6호, pp.27~28을 현대어로 옮긴 것이다.
366. 법학협회에 관하여는 최종고(1990), 『한국법학사』, 박영사, pp.391~428 참조.
367. 상세한 것은 김효전(2000), 「이면우의 생애와 저작」, 『시민과 변호사』, 2000년 8월호, pp.85~92 참조.

으며, 일찍이 『매일신보』는 "몸을 한미寒微에 일으켜 조야의 명망을 박득博得하는 청년변호사 이기찬"[368]이라고 소개하기도 하였다. 일제시대에는 '주호酒豪로 경향에 그 성명盛名이 자못 높던'[369] 변호사로 1936~1939년에는 중추원 참의를 지냈다.[370] 특히 일본 유학까지 한 당시의 최고 엘리트인 이면우가 전제주의를 지지한 점은 쉽게 납득이 가지 않는다. 입헌주의를 지지한 김상연과 조성구는 여러 곳에서 언급하였기 때문에 여기서는 소개를 생략한다.

한편 『법학협회잡지』 제1호에는 조성구의 글만이 실려 있다. 그는 국가의 정체를 입헌정체와 전제정체로 크게 나누고, 이를 상설한 후 전제정체의 폐해를 이렇게 지적한다. 즉, 군주 역시 일개의 자연인이어서 그 역량은 대개 동일하며, 설혹 영걸한 군주가 있다 하더라도 영구한 국가의 생존을 의뢰하기 어렵고, 또 군주 단독으로 권력을 수의로 행사하여 권력을 남용하는 일이 없지 않아 국민에게 악영향을 미친 것은 역사가 보여 주는 바이므로 오늘날 국가의 정치는 입헌제도가 우승하다고 결론을 내린다.

이 토론회에서는 정치뿐만 아니라 경제와 법률문제도 다루었으며, 무더운 여름날이었음에도 방청객이 많이 참석하여 성황을 이루었다고 당시의 언론에서 보도하고 있다.[371]

그 밖에도 당시의 각종 계몽 잡지에는 빠짐없이 헌법과 입헌정

368. 『매일신보』 1913년 7월 3일자.

369. 변영로(1953), 『명정 40년』, 서울신문사; 변영로(1977 · 2004), 『명정 40년』, 범우문고(020), pp.49~50.

370. 이기찬은 1940년 '安城 基'로 창씨개명(創氏改名)하였다. 『昭和人名辭典』 第4巻(1987), 「外地 · 滿支 · 海外 篇」, 日本圖書センタ―. 이 책은 谷 サカヨ(1943) 편 · 발행, 『大衆人事錄』 第14版을 저본으로 한 것이다.

371. 『황성신문』 1908년 6월 18일자 및 21일자.

치가 소개되고 있었다.

8) 「자유실주인」의 「헌법총론 서」 기타

『대한매일신보』에 실린 「자유실주인」의 「헌법총론 서序」는 다음과 같이 시작한다.[372] "무릇 헌법이란 것은 국가조직의 규구[373]이며, 국가 생존의 재료이다. 헌법을 가짐으로써 전 국인國人이 그 나라를 다스리고, 헌법이 없은즉 군주 한 사람이 그 나라를 다스리는 것이니 한 사람이 다스리는 것이 어찌 전 국인이 다스리는 것과 같을 수 있겠는가. 대한은 전제의 독이 만연하여 마침내 오늘날과 같은 참상에 이르렀으며, 그것은 헌법이 없기 때문이다"라고 주장한다. 당시 헌법 없는 대한의 참담한 실정과 처지를 극명하게 보여 주는 논설이라고 생각된다.

여기서 보듯이 입헌정치를 하는 국가는 부강하고 전제정치를

372. 「自由室主人」, 「憲法總論 序」, 『대한매일신보』 1909년 4월 9일자. 원문은 다음과 같다. 蓋憲法者ᄂᆞᆫ 國家組織之規矩오 國家生存之材料也라. 有憲法則以全國人으로 治其國ᄒᆞ고 無憲法則以君主壹人으로 治其國ᄒᆞ나니 以壹人治之가 孰若以全國人治之哉리오. 以故로 現世列邦이 鑑其害而務其利ᄒᆞ야 駸駸驅入於憲法之範圍而繼走屈服之ᄒᆞ나니 畢竟은 全世界가 同歸於憲法之壹幟下而乃○矣라. 惟我大韓은 數千年以來로 專制之氣焰이 勃勃長亘而雖或自一二聖君賢相之隆治나 此不過是壹時道德政治而季○以降으로 專制之毒이 日益蔓延ᄒᆞ야 遂致今日之慘狀ᄒᆞ니 然則今日韓國之至此者—壹則無憲法故也오. 貳則無憲法故也로다. (…) 近聞支那政府가 亦將以憲政施行事로 布諭於人民云ᄒᆞ니 其外數國專制之治—亦必同歸于憲法平和之域矣라. 天將以東셔諸國人民으로 不失自由之權利而共享福樂於憲法範圍之늬歟아. 日本志士東野梓君이 著國憲汎論於憲法未成之前而今其國憲法이 己成立ᄒᆞ고 淸志士周伯勛이 著萬국憲法志於憲法未成之前而今其國이 纔己布諭ᄒᆞ니 余亦慨然于此하야 竝將兩志士所著之書ᄒᆞ야 以泰셔諸國及日本憲法之成效者로 參互之而譯述之ᄒᆞ노니 凡我國民은 觀感而興起哉어다.

373. 「규구(規矩)」란 네모와 원을 만드는 기구이며, 『孟子』, 「梓匠輪輿章」 第五의 "梓匠輪輿, 能與人規矩, 不能使人巧"(목공과 수레를 만드는 장인은 남에게 규구는 줄 수 있어도 남을 기술이 좋아지게 만들지는 못한다)에서 유래한 말이다. 차주환(1964) 역, 『동양의 지혜』, 을유문화사 세계문학전집 (60), p.344.

하는 나라는 패약하다고 주장하면서 속히 입헌정치를 실시할 것을 권하고 있다. 특히 우리 대한이 오늘날 이러한 참상에 이르게 된 것은 첫째 헌법이 없기 때문이며, 둘째도 헌법이 없기 때문이라고 힘주어 말한다. 1909년이라는 뒤늦은 때의 마지막 후회라고 할 것이다.

이 논설에서 인용한 일본인 '東野梓'란 호가 동양東洋이며 이름은 오노 아즈사小野梓(1852~1886)[374]를 잘못 표기한 것으로 보인다. 그의 저서인 『국헌범론』(1882)[375]은 당시 일본에서 널리 읽히고 있었다. 청국인 주백훈周伯勛의 『만국헌법』도 요즘 용어로는 비교 헌법에 해당되는 것이다.

이 논설의 필자는 중국의 문헌을 통해서 서구와 일본의 헌법에 대해서 지식을 얻은 것으로 보인다. 당시의 지식인이 서구의 문물을 접하는 방법은 첫째로 이승만, 서재필, 윤치호 등과 같이 선교사를 통해서 영어를 배운 후 직접 서구의 문물에 접한 경우가 있고, 둘째로 대부분의 전통적인 개명 유학자들처럼 중국의 문헌을 통해서 접하는 경우가 있으며, 셋째로 일본어를 습득한 세대는 일본어를 통해서, 그리고 넷째로 유길준처럼 동서양의 문자를 모두 해득한 인사 등 다양한 방법과 형태로 서구의 사정을 알게 된 것이다. 이로 미루어 볼 때 당시의 지식인들은 지극히 한정된 정보와 자료를 가지고 헌법을 이해하였기 때문에 더 깊은 논지의 전개는 기대하기가 어려웠던 것이 아닌가 생각된다. 더구나 공개적으

374. 상세한 것은 『小野梓全集』 全5巻(1978~1982), 早稻田大學出版部 및 『小野梓の研究』(1986), 早大出版部; 出原政雄(1990), 『小野梓の研究』; 吉井蒼生夫(1996), 『近代日本の國家形成と法』, 日本評論社, 제2부 참조.

375. 『國憲汎論』은 『明治文化全集』 제28권으로서 1968년 日本評論社에서 발간되었다.

로 헌법의 제정을 주장하기 어려웠던 사정으로 볼 때 집필자의 이름마저 가명으로 한 것이 아닌가 하는 생각이 든다.

9) 설태희의 견해

다음에 헌법이란 용어를 헌장憲章이나 국헌國憲과 함께 사용하면서 전제국가의 헌법은 국헌으로 인정할 수 없다는 설태희薛泰熙(1875~1940)의 견해를 본다.

무릇 하나의 국가를 성립하고 유지하려면 반드시 헌장이 있어야 하는데, 이 헌장이 없으면 국가라고 칭하기 어렵다. 그러므로 동서양의 문명과 야만을 불문하고 성문이든 불문이든 국가라 칭하는 것은 반드시 헌법이 있으며, 유독 몇몇 국가에서 전제의 법을 행하는데 이를 국헌이 아니라고는 할 수 없으나, 헌법에 비교해서 논하면 공정한 국헌이라고 운위할 수 없다. 우리나라 역시 전제국가로 종래 헌법에 부합한 정치를 행한 성대聖代가 있었으나, 이는 추운 날 열흘에 하루 볕 난 것과 같았다. 이른바 전제를 국헌으로 인정할 수 없는 까닭은 국가의 보존은 원수 한 사람이 감당할 수 없으며, 부득불 국인이 공동의 힘으로만 가능하기 때문이다. 이러한 헌법은 이른바 인민의 국가에 대한 권리(참정권) 및 의무(납세 병역)인 것이다.[376]

이처럼 설태희는 '헌장', '헌법', 그리고 '국헌Staatsverfassung'이란 용어를 함께 사용하며, 또 '국인'과 '인민'의 용어도 함께 사용하는 점이 특이하다(제1장 「국민」 항목 참조). '헌장'과 '헌법'은 고유 의미의 헌법으로 이해하고, 전제국가의 헌법은 공정한 '국헌'이 아니

376. 설태희(1908), 「憲法緖言」, 『대한협회회보』 제3호, p.29.

라고 강조한다. 왜냐하면 헌법이란 국민의 정치에 대한 참여와 의무를 규정한 것이기 때문이라고 한다. 특히 앞으로 우리나라의 정세에서 볼 때 헌법 연구가 필요 없는 것 같으나 결코 그렇지 않은 것은 상술한 것을 숙람하면 반드시 크게 깨닫는 뜻이 스스로 일어날 것이라고 하며,[377] 국가가 있으면 반드시 헌법이 있어야 하기 때문에 보호국으로 전락한 한국이지만, 그래도 헌법을 연구할 필요가 있다고 강조하고 있다.[378]

한편 "현 세계 문명제국에 민주정체도 유有하나 기 보통 다수되는 자를 운할진된 즉 헌법이라. 연칙然則 헌법으로 현세대동법률現世大同法律이라 하야도 가可 한지라"[379]

필자인 설태희의 호는 오촌悟村이며, 1908년 갑산 군수, 1910년 영흥 군수를 지냈으며,[380] 이준, 오상규吳相奎, 유진호兪鎭浩 등과 함께 한북흥학회를 발기하였고, 서북학회 회원, 대한자강회 간사원 등을 역임하였다. 이준, 김명준, 윤효정 등이 만든 헌정연구회에 설태희가 직접 관여하였다는 기사는 보이지 않지만, 이준을 통해서 헌법 연구의 중요성과 필요성 등에 관하여 간접적으로 영향을 미쳤을 것으로 보인다.[381]

377. 설태희(1908), 앞의 논설, p.30.
378. 이 연재는 『대한협회회보』 제5호 pp.28~31, 제6호 pp.33~35에 계속된다.
379. 설태희(1906), 「法律上 人의 權義」, 『대한자강회월보』 제8호.
380. 안용식(1992) 편, 『한말지방관록』, 연세대학교 지역사회개발원, p.201, p.199.
381. 설태희의 논설로는 「法律上 人의 權義」, 『대한자강회월보』 제8호(1906), pp.16~19; 『대한자강회월보』 제9호, pp.11~13; 『대한자강회월보』 제10호, p.9, pp.11~13; 『대한자강회월보』 제12호, pp.39~46; 「헌법」(속), 『대한협회회보』 제6호(1908), pp.28~31, pp.33~35; 「헌법서언」, 『대한협회회보』 제3호(1908), pp.28~31 등이 있으며, 『황성신문』에 개인 광고(1904. 9. 1)와 연설, 「신구학문의 이해」(1906. 11. 9), 「단체의 효력」(1906. 12. 13), 건의(1906. 10. 19 및 12. 24) 등이 실려 있다. 저서로 『菜飯

10) 헌법상의 자유와 권리

한일합방이 되기까지 한국은 형법을 제외하고는 체계적인 성문헌법은 물론 민법, 상법 등 법령의 체계를 완비하지 못했다. 따라서 헌법상의 자유를 설명함에 있어서도 우선 헌법이란 무엇인가 하는 초보적인 설명에서부터 시작하지 않을 수밖에 없는 실정이었다. 그리하여 『서북학회월보』에 게재된 「법학소년」의 「헌법상 8대 자유」[382]에서는 헌법을 '국가의 조직 및 주권의 활동을 규정한 법률'이라고 정의내린다. 이어서 국가의 조직과 질서는 헌법에 의해서 비로소 보장되는 것이며, 원래 국가는 국민 상호 간의 의사 및 이익의 범위를 제한하여 각인의 이익 충돌을 제한할 뿐만 아니라 국가와 국민 간에서도 자기의 작용범위를 제한하여 개인이 국가에 대해서 요구하는 정도와 국가가 개인의 의사범위에 침입하는 한계를 스스로 정하여 특히 국가기관의 작용을 스스로 제한하는 자이다. 그러므로 국민의 권리는 이 헌법에 의해서 '표창表彰'하는 자이며, 따라서 국가가 있으면 반드시 헌법이 있으며, 여기에 성문법전의 유무와 같은 형식은 중요하지 않다고 한다. 요컨대 옐리네크G. Jelinek류의 고유의 의미의 헌법과 국가권력의 자기 제한을 강조한 점이 특이하다.[383]

또한 헌법상의 8대 자유로서는 신교의 자유, 집회결사의 자유, 신서비밀의 자유, 주소안전의 자유, 신체보전의 자유 등을 열거하

更嚼』(1939, 小梧山房)이 있다. 문헌은 박달규(1972), 「물산장려운동의 깃발: 설태희」, 『한국인물대계 7』, 박우사, pp.421~430 참조.

382. 法學少年, 「憲法上 八大自由」, 『西北學會月報』 제1권 제14호(1909), p.12.

383. Jellinek(1900 · 3.Aufl. 1914), *aaO.*, S.505, S.386; 옐리네크(2005), 앞의 책, p.412 및 p.317 이하.

고 있다.[384] 이 논설은 3회까지 연재되다가 중단되었다. 국권이 상실된 상황에서 개인의 자유를 운위하는 것은 지면의 낭비이며 불필요한 사치라고 생각했기 때문일까?

11) 법치국가의 헌법

『대한학회월보』는 「학해學海」라는 칼럼의 필자명을 밝히지 않은 글 「각국 헌법의 연혁 및 연대참고의 대략」[385]에서 헌법이란 법치국만을 말함이 아니라 전제국일지라도 특정한 헌장에 따라서 통치를 하면 모두를 말한다고 가장 넓은 의미로 헌법의 개념을 사용하고 있다. 그러나 오늘날 헌법이란 법치국가에서 국회의 협찬과 통치자의 재가를 얻은 후에 일정한 방식으로 공포하는 것이니 그 제정권의 소재와 성립된 성질 및 방식과 변경의 용이함 여부에 따라서 여러 종류의 명칭이 있다고 하여, 흠정헌법과 민정헌법, 성문헌법과 불문헌법, 고정헌법과 가동헌법을 설명하고 있다.

상고시대에는 세계의 어떤 나라를 물론하고 대부분 전제제도를 사용하더니 "오늘날에는 동양의 한청韓淸과 유럽의 러시아와 아프리카 토인의 수개 소국 외에는 전제국이 거의 절무絕無하니 문화의 일변함을 가지可知할지라. 그러나 각국의 헌법 제정한 역사가 매우 근세에 있으니 이에 따라 참고하기 위해서 그 연혁과 제정 연대를 표시하려고 한다"고 설명하고, 영국, 미국, 프랑스, 프로이센, 벨기에, 네덜란드, 스페인, 포르투갈, 오스트리아, 스웨덴, 작센, 바

384. 이 논설은 『서북학회월보』 제1권 제14호(1909), pp.12~16; 『서북학회월보』 제1권 제15호(1909), pp.33~36; 『서북학회월보』 제1권 제18호(1909), pp.31~33에 연재되다가 중단되었다.

385. 筆者未詳(1908), 「各國憲法의 沿革 及 年代參考의 大略」, 『大韓學會月報』 제6호, p.25.

이에른, 폴란드, 이탈리아, 노르웨이의 헌법을 열거하고 있다.

이 논설은 우리 한국과 중국, 러시아, 아프리카의 소국만이 전제국이며, 이렇게 타락하고 뒤떨어진 정치를 한탄하고 있다. 그러나 종래 입헌국이라고 표현하던 것을 '법치국'이란 용어로 바꾸어 쓴 점은 주목할 만하다(제1편 「국가」 항목 참조).

12) 헌법은 국가의 원기

흔히 개명 유학자라고 불리는 이기李沂(1848~1909)[386]는, 헌법이란 만세불역의 전헌典憲이며, 한 국가의 원기元氣[387]라고 이해하고 있다. 서양어의 원뜻도 원기이며,[388] 또 입헌정체는 유한한 권을 가진 정체이고 전제정체는 무한한 권을 가진 정체이니 군君, 관官, 민民 모두 유한권을 가진다. 그러므로 각국 헌법은 머리에 군주 통치의 대권과 황위 계승의 전례는 군주의 권한을 명백히 한 것이며, 그 다음에 정부와 지방정치의 직분인데, 이는 관인官人의 권한을 밝힌 것이며, 다음에 의회의 직분과 인민의 자유의 사건은 인민의 권한

386. 문헌은 박종혁(1995), 『한말 격변기 해학 이기의 사상과 문학』, 아세아문화사; 김도형(1982), 「해학 이기의 정치사상연구」, 『동방학지』(연세대) 제31집; 나종우(1982), 「해학 이기의 구국운동과 그 사상」, 『원광사학』 제2집 참조.

387. 원기에 대한 량치차오의 정의는 "사람이 이를 가지면 살고, 갖지 못하면 죽고, 나라가 이를 가지면 존립하고, 이를 갖지 못하면 망한다. 만일 이를 가지면 지금 사경을 헤매더라도 기사회생할 가능성이 있고, 반대로 만일 이를 갖지 못하면 지금 생존하고 있는 자도 죽게 된다. 이러한 것을 원기라고 한다"(梁啓超, 「國民十大元氣論」). 이에 찬동하는 것은 洪弼周(1909), 「國民十大元氣」, 『대한협회회보』 제12호, pp.22~23 참조. 기타 정당은 국가의 원기이며, 대한협회는 대한의 정당이라고 주장하는 사람도 있다. 黃道周(1908), (寄書) 「比天日氣不和一曝十寒伏惟」, 『대한협회회보』 제8호, pp.132~133.

388. 영어의 'constitution'은 구성, 제정, 설립 등에서 유래하는 헌법, 정체 등 외에 건강, 기질, 생동감에 관한 신체적 성질이나 특성을 의미하기도 한다. *Oxford English Dictionary* (2nd ed. 1989), Vol.Ⅲ, p.789.

을 명백히 밝힌 것이다. 이것은 중국인 량치차오의 「입헌법의立憲法議」(1901)를 한국식 한자로 번역한 것이다.

13) 입헌은 문명부강의 주물

끝으로 김진성金振聲은 헌법에 의한 정치, 즉 입헌적 사상을 다음과 같이 강조한다. 무릇 입헌이란 인민의 행복을 말하며, 또한 황실의 영구불변함을 말한다. 따라서 군주는 군주로서 특권을 가지며, 정부는 정부의 권한이 있으며, 인민은 인민의 권리가 있고, 인민은 정부의 명령에 복종하며, 정부는 인민의 권리와 자유를 보호하는 것이 일대 원칙이라고 한다. 그러므로 입헌은 국가 억만 년의 영원한 기초라고 할 수 있다고 한다.[389]

계속하여 김진성은 프랑스의 대혁명과 인권선언에 의해서 갈구한 것도 입헌이요, 터키의 혁명과 청국의 입헌준비, 일본의 문명과 부강도 모두 이 입헌에서 나왔음을 강조하고 있다. 따라서 입헌은 문명부강의 주물이며, 문명부강은 입헌의 종물이라고까지 극언하면서 입헌적 사상을 뇌리에 넣어 두고 이를 실시할 것을 웅변적으로 설파하고 있다. 우리 한국의 현하 급선무는 독립을 회복하는 것이지만, 이 입헌적 사상이 없고서는 독립도 쟁취할 수 없고, 독립을 회복하더라도 천추의 행복을 누릴 수 없다고 멀리 후대까지 내다보고 있다.

이러한 글들은 당시의 수많은 계몽잡지와 학술잡지의 발간에서 볼 때 헌법이나 입헌정치에 관한 논설로서는 매우 적은 양이라

389. 김진성(1909), 「입헌세계」, 『대한흥학보』 제4호, p.22.

고 하겠다. 따라서 일반 독자들의 계몽이라는 점에서도 그 영향력은 크지 않았으리라고 생각된다. 헌법이나 국가 또는 정치에 관한 기사보다는 양계나 과수 또는 위생에 관한 것이 더욱 시급한 당면 과제였는지도 모른다.

헌법 개념의 다양성

헌법의 개념은 학문적으로나 실정법적으로나 매우 다양하게 사용되고 있다. 먼저 학문적으로는 '국법'이란 개념이 포괄적으로 헌법을 나타내는 용어로 널리 사용되지만, 한편 단순히 국가의 모든 법을 총칭하는 '법률과 장정'의 의미로 표현하는 결과 헌법의 최고법으로서의 성격이나 정치적인 성격이 약화되는 결함을 지니게 된다. 뿐만 아니라 실정법상으로는 1894년의 홍범 14조를 비롯하여 1899년의 국제, 1919년의 대한민국임시헌장, 약헌 등과 같은 개념어에서 보듯이 국가의 기본법을 나타내는 용어의 다양성과 혼란성을 동시에 보여 주고 있다.

'공법'을 제외하고는 뒤에 다시 상술하기 때문에 여기서는 개념과 용어 사용법의 문제점만을 간단히 지적하기로 한다.

1) 공법

우선 '공법'이라고 하면 마틴의 신조어인 '만국공법'을 연상한다. 두루 아는 바와 같이, 마틴은 일찍이 휘튼의 국제법 책 *Elements of International Law*(1836)를 번역하고 책 제목을 『만국공법』(1864)[390]

390. 惠頓(1864), 『萬國公法』, 何勤華(2003) 点校, 丁韙良 역, 中國政法大學出版社. 마틴은 국제사회의 변천에 따라서 새로이 W. E. Hall의 "International Law"(1880 · 1895)를

이라고 붙였다. 이때부터 '만국공법'은 고유명사로서 또한 보통명사로서 널리 동아시아에서 유행하게 되었다.[391]

이보다 앞서 린쩌쉬林則徐(1785~1850)의 지시로 번역된 바텔의 *The Law of Nations*[392]는 『각국율례各國律例』(1839)란 제목이었으며, 마틴의 한역 『만국공법』은 일본과 한국에도 그대로 직수입되어 오랫동안 학술용어로서 확고한 지위를 차지하고 있었다.[393] 일본인들의 주장에 의하면, 그러다가 미쓰쿠리 린쇼箕作麟祥(1846~1897)가 울지Th. D. Woolsey(1801~1889)의 *Introduction to the Study of International Law* (1860)[394]의 일부를 번역하고 『國際法, 一名萬國公法 上篇』(1873)이라고 이름 붙인 이후부터 만국공법 또는 공법이란 표현은 점차 쇠퇴하기 시작하여 마침내 국제법으로 통일되기에 이르렀다고 한

번역하고 그 제목으로 '만국'이란 표현 없이 단순히 『공법신편公法新編』(1903)이라고 하였으며, 용어대조표에서 '공법'이란 "Public Law of Nations; International Law"라고 풀이한다.

391. 상세한 것은 김용구(2008), 『만국공법』(한국개념사총서1), 도서출판 소화; 강동국(2006), 「동아시아에 있어서의 국제법학과 국제정치학의 분화: Balance of Power의 개념사」, 한국법제연구원; 최종고(1989), 「한국 개화기의 국제법용어 수용」, 『법학』(서울대) 제30권 제3호 · 제4호, pp.80~101 참조.

392. Emer de Vattel(1863), *The Law of Nations*, Philadelphia: T. & J. W. Johnsen.

393. 일본의 경우는 高原泉(1998), 「清國版 『萬國公法』の刊行と日本への傳播」, 法學研究科편, 『大學院研究年報』(中央大) 제28호, pp.277~288; 高原泉(2000), 「開成所版 『萬國公法』の刊行: 万屋兵四郎と勝海舟をめぐって」, 中央大學大學院 『研究年報』 제29호, pp.299~309; 베트남의 경우는 武山眞行(2003), 「ベトナム版 丁韙良 『萬國公法』: 植民地化進行過程下での飜刻」, 『法學新報』 제109권 제5호 · 제6호, pp.217~240 참조.

394. 울지의 생애와 국제법이론에 관하여는 김효전(2000), 앞의 책, pp.439~461; 김용구(2008), 앞의 책, pp.14~15 참조. 그의 저서 『공법편람』은 1899년 1월 1일의 전병훈(全秉薰)의 상소문(『리조실록』 394권, 고종 18년, p.198)과 『陰晴史』에서도 인용하고 있다(김세민, 2002, 『한국근대사와 만국공법』, 경인문화사, p.5, p.9). 울지의 이론은 기독교의 전파에 입각하고 있으며, 실정 국제법이론이 지배적인 시대에 자연법론을 주장한 점이 특색이다. 그의 정치학에 관하여는 中谷義和(2000), 『草創期のアメリカ政治學』, ミネルヴァ書房, pp.33~56 참조.

다.[395] 또 어떤 학자는 청일전쟁에서 일본이 승리한 이후부터 중국식 표기 대신에 일본식 한자어가 자신감을 가지고 학계에 등장하기 시작했다는 견해도 있다.[396]

한국에서는 만국공법, 공법, 국제공법, 국제법 등의 개념이 사용되고 있다. 예컨대 1886년의 육영공원의 교과목에는 만국공법, 1898년의 한성의숙(뒤에 낙영의숙)에서는 국제법, 1899년의 시무학교에서는 각부各部 현행장정現行章程, 각국통상조약, 공법과 법률과 산술 등으로 세분화하였고,[397] 1905년 1월의 한성법학교는 국제공법, 1905년 2월의 양정의숙은 국제공법, 국제사법, 1905년의 보성전문에서는 국제공법대의, 평시국제공법, 1908년의 대동전문학교에서는 국제공법과 국제사법으로 나누고 있다. 1895년 4월에 설립된 법관양성소는 처음에는 공법 관계 과목이 없었고, 1904년의 교과목 개정에서 국제법, 헌법, 행정법의 과목이 들어갔다.

전통적으로 한국의 선비들은 한서漢書를 자유자재로 읽었기 때문에 번역의 필요성을 느끼지 않았지만, 1883년경에 나온 『이언易言』의 한글판은 한국 최초의 국제법 번역서인 동시에 일반 국민에게 국제법의 중요성을 크게 일깨우는 계기가 된 것이다. 그렇지만 1896년이란 시점에서도 학부에서는 편집국장 이경직李庚稙의 서문만을 붙여 『공법회통公法會通』[398]을 그대로 찍어 발간하였으며, 1906

395. 松隈清(1979), 「南北戰爭と國際法」, 『八幡大學紀要』 第5호 참조.
396. 佐藤愼一(1996), 『近代中國の知識人と文明』, 東京大學出版會.
397. 『황성신문』 1899년 1월 20일자.
398. 이 『공법회통』의 저본은 J. C. Bluntschli(1868), *Das moderne Völkerrecht der civilisirten Staten*을 C. Lardy가 프랑스어로 번역한 *Le droit international codifié*(3éd. 1881)인데, 몇 판인지는 확인하지 못했다.
이에 대해서 전복희(1996), 『사회진화론과 국가사상: 구한말을 중심으로』, 한울아카데

년 석람石藍 김광제金光濟는 로렌스의 국제법 책을 알렌이 한역漢譯한 『만국공법요략萬國公法要略』(1903)을 추서追書 하나만 써 붙여 중간重刊하기도 하였다. 그들의 국제법 이해는 매우 소박한 것이며, 중국인의 국제법 수준을 넘지 못하는 실정이었다.[399] 그러나 이 책들은 각급 학교의 시상식에서 애용하는 품목의 하나였을 정도로 널리 전파되고 있었다.[400]

국법 또는 국가의 기본법이라는 관념과 관련해서는 1905년의 이른바 보호조약의 체결을 전후로 하여 국가로서의 주권과 국제법의 중요성이 강조되는 한편, 국권을 수호하고 민권을 보호하면 바로 만국공법도 저절로 실현된다는 지극히 낭만적인 국제법관을 보여 주는 논설도 발견된다. 물밀듯이 밀려오는 서구 열강의 침략 앞에 맞서 투쟁하려면 국가의 기본 법제를 정비하고 교육과 무력 증강을 도모하는 것이 상식이거늘 조선은 너무 때가 늦었고, 이제 자신의 나약함을 비로소 깨달은 다음의 자구책은 고작해야 풍뎅이처럼 죽은 척하는 것이었다.

국가 간의 법으로서 출발한 공법의 개념은 서서히 국내 공법으로서, 즉 오늘날 우리들이 흔히 말하는 헌법과 행정법을 포괄하는

미, p.87, p.158에서는 블룬칠리의 『일반국법』이 『공법회통』의 저본이라고 하면서 A. A. Bennett(1967), *John Fryer: The Introduction of Western Science and Technology into Nineteenth-century China,* Cambridge: Harvard Univ. Press, p.122를 그 전거로 들고 있는데, 이것은 베네트의 저술을 그대로 신뢰한 때문에 생긴 오류이다.

399. 이경직의 서문과 김광제 추서의 번역은 김효전(2000), 앞의 책, pp.478~481, pp.734~736 참조.

400. 예컨대 『공법회통』은 시무에 마땅한 서책(『뎨국신문』 1898년 11월 2일자)으로 소개되고, 외국어학교(『독립신문』 1899년 7월 7일자)와 낙영학교(『뎨국신문』 1900년 5월 25일)에서 각각 시상품으로 사용하였다.. 또 『황성신문』 1899년 1월 14일의 논설에서 『공법회통』을 길게 인용하는가 하면 각종 상소문에서의 인용 등 다양하다.

법 개념으로 바뀌기 시작하는 것이다. 실정 헌법이 없던 당시의 용어로는 막연히 '국법' 또는 '법률과 장정'이라는 개념이 바로 그것이다.

2) 국법

국법이란 말도 예전부터 존재했지만, 근대적인 의미로 사용된 것은 앞에서 본 마틴의 한역 『만국공법』(1864)에서 비롯한다. 이 책 4권 67r에서 영어 'constitution'의 번역어로서 사용되기 시작하였다.[401]

독일식의 국법 개념에 의하면 국법의 연구범위는 헌법Verfassung의 범위를 초월하며, 이 경우 형식적 의미의 헌법은 범위의 측면에서는 국법보다 좁기도 하며 국법보다 넓은 것도 있다. 여하튼 국법은 국가기관의 조직에 관한 법인 동시에 국법에 고유한 목적과 문제를 지니며, 또한 국가와 시민관계, 국가와 사회관계와 같은 근본적인 관계에 의해서 규율되는 것이다.[402] 이러한 국법 이해에서 본다면 근대 한국에서 각종 신문의 논설이나 계몽잡지에서 말하는 국법과 크게 다를 바가 없는 것이다. 이처럼 동양에서는 원래 국가의 모든 법률을 단순히 '국법'이라는 표현으로서 사용한 점은 중국이나 한국이나 일본이나 모두 공통된다. 그러나 서구식의 국법 개념이 동아시아에 전파된 과정은 역시 서구의 국법학 또는 헌법학이 알려지는 과정과 궤를 같이하는 것이다.

국법이 오늘날의 헌법과 같은 의미로 사용된 것은 일본에서 네

401. 마시니(2005), 앞의 책, p.255.
402. Ernst-Wolfgang Böckenförde(1991), *Staat, Verfassung, Demokratie*, SS.11~13; 뵈켄회르데(2003), 『헌법과 민주주의』, 김효전 · 정태호 옮김, pp.4~6.

덜란드를 통한 이른바 난학蘭學을 거쳐 독일 국법학을 수입하면서 동아시아에 체계적으로 전파하게 된 것에서 비롯되었다고 보겠다. 일본에서는 전술한 네덜란드인 피세링이 구술한 『태서국법론』이 1868년 쓰다 마미치津田眞道에 의해서 발간된 이후에 국법학이란 명칭이 사용되기 시작하였다. 국법학의 체계적인 강의는 독일인 라트겐Karl Rathgen(1856~1921)[403]이 1882년부터 1887년까지 도쿄대학에서 실시하였으며, 라트겐 이후에는 스에오카 세이이치末岡精一(1855~94), 이치키 기토쿠로一木喜德郎(1867~1944)와 미노베 다쓰키치美濃部達吉(1873~1948)[404] 등에 의해서 소개되었다.[405]

다음에 한국에서 최초로 국법학을 체계적으로 소개한 문헌은 1907년에 출간한 김상연 찬술, 『국법학』이라고 생각된다. 이 책은 국법학의 의의나 연구범위에 관한 설명은 없으며, 총론 국가편제의 기원에서 시작하여 원수, 군주, 추밀고문, 정부, 제국의회, 제2편 관청, 관리, 제3편 자치체로 나누어 설명하고 있다. 찬술자는 저본을 밝히지 않고 있으나 일본의 국법학 책을 번역 또는 발췌한

403. 라트겐의 강의록인 『정치학』은 유길준의 정치학의 원전으로 알려져 있다. 김용구(1997), 『세계관 충돌의 정치학』, 나남출판, p.247; 정용화(2004), 『문명의 정치사상: 유길준과 근대 한국』, 문학과지성사, p.306; 김학준(2000), 앞의 책, pp.62~63; 고쿠분 노리코(國分典子)(2000), 「한국에서의 서양법수용과 유길준」, 『한일관계사연구』, 제13집, pp.126~132 참조.
라트겐에 관한 일본 문헌으로는 勝田有恒(1977), 「カール・ラートゲンの『行政學講義錄』: ドイツ型 官治主義の導入」, 『明治法制史 政治史の諸問題: 手塚豊教授退職記念論文集』, 慶應通信, pp.125~163; 武內博(1995), 『來日西洋人名事典』, 日本アソシーツ, p.522에 문헌 소개가 있다.

404. 상세한 것은 國分典子(1994), 「美濃部達吉の'國家法人說': その日本的特殊性」, 『法學研究』(慶應大學) 제66권 10호 및 김창록(1994), 「일본에서의 서양헌법사상의 수용에 관한 연구: 대일본제국헌법의 제정에서 일본국헌법의 출현까지」, 서울대학교 박사학위논문 참조.

405. 상세한 것은 김효전(2000), 앞의 책, pp.597~598 참조.

것으로 보인다.

한편 신문 잡지를 비롯하여 도처에서 '국법'이란 단어는 자주 사용하고 있지만, 헌법이란 의미로 사용하고 있는 경우는 많지 않은 편이다. 논설로는 예컨대 채수현蔡洙玹의 '국법상 국무대신의 지위'[406]와 해관海觀 남정훈南廷薰의 '국법상 국가와 국제공법상 국가의 차이'[407] 정도이며, 그 밖에는 모두 문자 그대로 국가의 법률 또는 나라의 법률 일반을 가리키는 소박한 의미로 사용하고 있다. 예컨대 독립협회에서 토론회의 의제로 "국법을 튼튼히 지키기는 백성에게 있다"[408]라는 문제를 가지고 토론한다거나, "…어떤 재판관이 법률과 규칙을 어길 것 같으면 그 재판관은 즉 나라 법률과 황제폐하의 칙령을 범한 것이니…"[409] 하는 표현 등이 그러한 것이다.

다음에 종교법과 대립적인 의미에서 국법을 사용한 예가 있다. "…설혹 참으로 서교를 하는 자라도 만일 국법에 범한즉 교는 교요 법은 법이라."[410] 여기의 '서교'란 西教를 가리키는 것으로 보인다. 종교에 의탁하여 국가의 실정법을 위반해서는 안 된다는 경고를 하고 있는 것이며, 특별히 헌법이나 국가의 기본법을 칭하는 것은 아니라고 생각한다.

3) 홍범

홍범洪範이란 용어 역시 『상서尙書』에서 유래한다.

406. 『西友』 제9호(1907), pp.18~21. 이 논설은 김효전(2000), 앞의 책, pp.53~54에 재수록.
407. 『大韓俱樂』 제2호(1907), pp.11~12.
408. 『독립신문』 1898년 6월 18일자.
409. 『독립신문』 1897년 11월 6일자 논설.
410. 『독립신문』 1898년 7월 2일자(「화셩 군쳠」).

한국에서는 1895년 1월의 홍범 14조를 통해서 국가의 기본법 또는 정치제도의 기본 원리 등과 같은 개념으로 알려지기 시작하였다.

북한에서 발행한 『리조실록』 391권(고종 15년)의 번역에서는 홍범을 '큰 규범'으로 번역한다.[411] 따라서 홍범 14조를 '14개 조목의 큰 규범'(315면)이란 설명식의 번역을 하고 있어서 고유명사와 보통명사의 구별을 인정하지 않는 결과 커다란 혼동을 일으키고 있다(후술 제5장 헌법 개념의 법전화 참조).

4) 국제

국제(國制)는 잘 알고 있듯이, 영어의 'constitution,' 독일어의 'Verfassung'을 번역한 말이다. 독일의 경우 'Verfassung'은 18세기 이래, 그리고 19세기 내내 'Konstitution'을 단순히 독일어로 변형한 것에 불과하며, 이 말은 18세기의 프리메이슨 비밀결사단의 집합소에서 생겨났다고 한다. 그리하여 인권이라든가 권력분립, 입헌주의의 신화를 창조하였다고 보는 견해도 있다.[412]

한국에서는 1899년에 반포한 대한국 '국제'에서 보듯이 대한제국의 국가기본법의 명칭이다.

북한에서 발간한 『리조실록』 394권(고종 18년)에서는 '국제'를 '나라의 제도'(341면)로 풀어서 직역하고 있다. 이러한 번역은 국제가 지니는 국가의 최고법이나 근본법으로서의 성격이나 의미를 약화시킬 뿐이다. 원문을 대조해야만 비로소 의미를 알 수 있는 번역

411. 『리조실록』, 1991, 사회과학출판사, pp.316~317.

412. C. Schmitt(1940 · 3.Aufl. 1994), *Positionen und Begriffe*, S.229; 슈미트(2001), 『입장과 개념들』, 김효전 · 박배근 옮김, pp.330~331.

은 번역이 아니다.

한편 해학海鶴 이기李沂는 1899년경에 저술한 「급무팔제의急務八制議」에서 독특한 '국제'의 제정을 주장하기도 하였다('국제'에 관하여는 제5장 참조).[413]

5) 헌장

'헌장憲章'이란 표현은 앞에서 본 『대한학회월보』의 논설[414]에서도 나왔고, 실정법상으로는 대한민국임시정부가 1919년에 제정한 임시 '헌장'[415]이 대표적인 것이다.

역사적으로 볼 때 이 '헌장'이란 표현은 1814년의 프랑스 헌장 Charte constitutionnelle du 4 juin 1814[416]에서 유래하는 것이다. 이 헌장에서는 1789년부터 1814년까지의 시대 전부가 무시되고 왕은 '오랜 공위의 후' 신민의 희망에 따라 자유로운 국왕의 전권에서 유래하는 헌법을 국민에게 부여한다는 관념으로 일관하고 있다.[417] 여기에는 두 개의 새로운 중요한 원리가 있다. 즉, 헌법은 국왕 측의 자유의사에 근거하여 승낙으로서 만들어졌다는 것과, 헌장은 영국의 상황들을 모범으로 삼았다는 것이다.[418] 즉, 입헌국가의 원형으로

413. 『海鶴遺書』 卷2(1955), 국사편찬위원회, pp.20~21.
414. 필자 미상(1908), 「각국 헌법의 연혁 급 연대참고의 대략」, 『대한학회월보』 제6호, p.25.
415. 대한민국국회도서관(1973), 『대한민국임시정부 의정원문서』, p.3.
416. 원문은 M. Duverger(9éd. 1981), *Constitutions et documents politique*, pp.122~126. 이 헌장은 전문 76조로 구성되어 있다. 허영(2008), 『한국헌법론』, p.33에서는 '헌법전'이란 표현을 사용하는데, 이것은 오역이다. 그는 1647년의 영국의 '인민협약(Agreement of the People)'을 '국민합의서'로, 또 흠정헌법(oktroyierte Verfassung)을 '君定 헌법' 등 자신의 신조어를 사용하는데, 기존의 통일된 학술용어를 자의로 바꾸는 것은 매우 위험한 일이며 개념의 혼란을 초래할 우려가 있다.
417. G. Jellinek(1900 · 3.Aufl. 1914), *aaO.*, S.469; 옐리네크(2005), 앞의 책, p.383.
418. M. Duverger(17éd. 1982), *Institutions politiques et droit constitutionnel, 2/Le Systém*

삼은 것은 낡은 왕제의 영국이며, 따라서 옐리네크에 의하면 의식적으로 헌법Konstitution이라는 표현이 거부되고 낡은 자유특허장을 상기시키는 '샤르뜨'라는 술어가 선택되었다고 한다.[419]

그러나 한국의 경우 프랑스 헌법의 영향이라기보다는 지리적인 관계상 당시 중국의 영향을 받은 것으로 생각된다.

6) 약헌

'약헌約憲'은 대한민국임시정부의 헌법 중의 하나이다. 임시정부는 1927년 3월 5일의 제2차 개헌에서 명칭을 대한민국임시'헌법'에서 대한민국임시 '약헌'으로 바꾸었다. 이에 대해서는 '독립운동을 위한 조직규범으로서의 지위'로 내려올 수밖에 없는 현실적인 이유를 드는 견해[420]도 있지만, 임시정부가 중국 상하이에 있던 관계로 중화민국임시약헌의 예를 모범으로 삼은 것으로 보는 것이 타당할 것이다. 특히 임시정부의 마지막 헌법인 1944년의 개헌에서는 대한민국임시'헌장'으로 복귀하였다. 이 '약헌'이란 표현은 광복 후 '남조선과도약헌안'[421]에서 다시 부활한다.

politique française, p.45 ff.; 김병규 역(1980), 『정치제도와 헌법 제2권 프랑스정치체계』, 삼영사, p.46 이하.

419. G. Jellinek(1900 · 3.Aufl. 1914), *aaO.*, S.526; 옐리네크(2005), 앞의 책, p.429. 상세한 것은 M. J. Prutsch(2008), Die Revision der französischern Verfassung im Jahre 1830. Zur Frage der Bewährung des Verfassungssystems der *Charte constitutionnelle* von 1814, in: *Der Staat*, Bd.47, Heft 1, SS.85~107 참조.

420. 김범주(1988), 「대한민국임시정부 헌정사」, 한태연 외, 『한국헌법사』(상), 한국정신문화연구원, p.289.

421. 김수용(2008), 『건국과 헌법: 헌법논의를 통해 본 대한민국건국사』, 경인문화사 참조.

3. 권리사상의 발전

근대의 헌법전은 보통 두 개의 주요 부분으로 구성되어 있다. 그것은 권리장전 또는 권리선언으로 시작하며, 이어서 통치의 구상 또는 구조에 관한 규정이 계속된다.[422]

이 권리선언의 최초의 제정 형태는 흔히 1776년의 버지니아 권리장전에서 발견되며, 이것은 미국의 독립선언에도 그대로 옮겨지고, 아메리카 각주의 권리선언은 1789년, 1791년의 프랑스 헌법의 제정에도 커다란 영향을 미쳤다.[423] 특히 1791년의 헌법은 스페

422. G. Jellinek(1900 · 3.Aufl. 1914), *aaO.*, S.518; 옐리네크, 앞의 책, p.422.

423. 프랑스 인권선언은 미국 각주 헌법의 권리장전을 모델로 하고 있다는 옐리네크의 주장에 대해서 프랑스의 에밀 부트미(Emile Boutmy)는 프랑스의 독창적인 선언이라고 주장한다. 이 두 사람의 논쟁에 대해서는 G. 옐리네크(1991), 『인권선언 논쟁』, 김효전 역, 법문사 참조.

인, 포르투갈, 노르웨이, 벨기에 등 유럽의 여러 국가들에 매우 광범위하게 영향을 미쳤는데, 그것은 민주적 원리를 기초로 하는 군주제 헌법의 모든 원형이 되었다.

그러나 프랑스 혁명의 헌법들보다 더 영향이 넓고 큰 것은 전술한 1814년의 헌장이다. 헌법은 국왕 측의 자유의사에 의한 승낙으로서 만들어진 것으로 군주제 원리가 법적으로 정식화되고 영국식 의원내각제가 모범적인 것이 되고 있다. 이 헌장은 남독일의 여러 헌법과 빈 최종의정서에 의해서 결정적인 것이 되었다.

다시 권리장전 또는 권리선언이란 관점에서 본다면, 미국 헌법의 규정이나 프랑스의 인권선언이 그대로 유럽에 전파된 것은 아니다. 독일의 경우에도 1848년 12월 28일의 「독일 국민의 기본권에 관한 법률」은 실시되지 못하였고, 1849년의 바울교회 헌법에도 기본권에 관한 규정은 있었지만 효력을 발생하지 못하였다. 1850년의 프로이센 헌법에서는 권리선언을 두고 있으나, 이것은 형식적이며 공민의 국가 내적인 권리로 규정되었을 뿐이다. 또한 아시아 최초의 근대적인 헌법전이라고 할 수 있는 일본의 메이지 헌법에도 권리선언에 관하여는 형식적인 규정이 있을 뿐이다.

한국의 경우에는 미국이나 프랑스에서와 같은 체계적인 권리선언의 목록을 작성하지는 않았지만, 근대에 이르러 인권의식이 싹트고, 이후 점차로 권리사상이 보급되기에 이른다. 비록 인권이나 기본권이란 용어[424]는 물론이고, 인간이 태어나면서부터 가지

424. 프랑스에서는 인권(droit de l' homme)과 기본권(droits fondamentaux) 외에 '공적 자유(libertés publiques)'를 구별하여 사용하기도 한다. 인권은 자연법상의 인간의 권리로서, 기본권은 1848년 이래 독일식의 표현방법으로서 나타났다면, '공적 자유'는 프랑스에서 1793년 산악당헌법 제9조에서 최초로 사용되었다. 프랑스에서는 인권, 기본권, 공

는 구체적인 자유와 권리의 내용도 알지 못하였고, 또 통치자들이 기본권을 '통치의 기본과 기초basis and foundation of government'로서 파악하지 못하였을지라도 피치자들은 자유롭고 하늘이 내려 준 인간으로서의 권리가 있다고 생각하기 시작하였으며, 이 생각은 급속히 전파되었다. 자유와 권리의 목록화나 법전화의 시도 없이도, 또 시간과 공간적인 차이를 넘어서 한국인들도 인권이란 동일한 이념사적 기초와 정신을 공유하기에 이른다. 따라서 근대적인 헌법의 개념을 권리의 보장과 권력분립이란 두 가지 기본 요소의 결합이라고 이해할 때에 그것은 당연히 권리 개념이나 권리사상의 분석에서 출발해야 할 것이다. 이에 관하여 저자는 이미 『근대 한국의 국가사상』[425]에서 상세하게 다루었기 때문에 여기서는 헌법의 개념과 관련하여 간단하게 서술하기로 한다.

동아시아에서의 권리 개념

1) 마틴의 업적

우리가 오늘날 아무런 의식 없이 사용하는 '권리'란 말 역시 전술한 휘튼의 국제법 책을 마틴이 번역한 『만국공법』(1864)에서 유래한다. 역자인 마틴은 영어의 'right'를 번역하는 과정의 어려움을

적 자유라는 용어가 혼합되어 사용하기도 하지만 전통적으로 기본권을 일컬을 때 '공적 자유'란 표현을 사용하며 대학의 강좌나 저서명에서도 그대로 사용한다. 예컨대 G. Burdeau(4^{e} éd., 1972), *Les libertés publiques*, Paris: LGDJ; 성낙인(1995), 「기본권의 개념과 범위」, 『기본권의 개념과 범위에 관한 연구』, 헌법재판소; 전학선(2008), 「국제인권법과 헌법재판」, 『미국헌법연구』 제19권 제1호, p.172의 주1 및 浦田一郎(2005), 『立憲主義と市民』, 信山社, pp.163~201 참조.

425. 제1편 제4장 「권리사상의 발전」(2000, 철학과현실사) 참조.

후술하는 『공법회통』에서 말하고 있다.

이 『만국공법』에서의 권리는 주로 국제법상 국가의 권리에 관한 것이며, 사인私人의 권리에 대해서는 간단히 언급하였을 뿐이다. '자유'라는 번역어가 최초에 '자주'라고 이해되던 당시에는 국가의 autonomy와 freedom에 역점을 두거나 적어도 중요한 것으로 생각하였듯이, '권리'의 이해도 처음에는 국제사회에서 국가의 지위에 중점을 두었을 것이다.[426] 이것은 점차 사인의 권리로 생각하게 된 경우, 권리라는 말이 자유라는 말보다도 더 곤란한 문제에 직면하게 되었다. 왜냐하면 중국의 고전에서 '권리'라는 말은 이기적인 이익추구를 함의含意하는 것이기 때문이었다.

2) 일본에서의 혼란

그리하여 일본에서는 오해를 피하기 위하여 '權理'라는 말이 사용되기도 하였다. 예컨대 니시무라 시게키西村茂樹(1828~1902)나 후쿠자와 유키치가 대표적이며, 후쿠자와는 권리權理 외에 권리통의權理通義, 또는 줄여서 권의權義라고도 하였다. 오자키 유키오尾崎行雄(1858~1954)는 스펜서H. Spencer의 Social Statics를 초역하고 'right'를 『권리제강權利提綱』(1882)이라고 번역하였다.[427] 그 밖에 니시 아마네는 단순히 '權'이라고 하였고,[428] 나카에 조민中江兆民(1847~1901)은 루소의

426. 石田雄(1976), 『日本近代思想史における法と政治』, 제2장 「西歐政治諸觀念の攝取と特質: '自由'と '權利'を中心にして」, 岩波書店, pp.94~95 참조.

427. 스펜서는 다윈과 함께 진화론으로 19세기와 20세기 전반 동안 전 세계에 영향을 미친 학자이다. 한국에 대해서는 김효전(1996), 『서양 헌법이론의 초기수용』, 철학과현실사, pp.164~169, 일본에 대해서는 山下重一(1984), 『スペンサーと日本近代』, 御茶の水書房. 미국에 대해서는 B. Crick(1964), *The American Science of Politics*, pp.37~48 참조.

428. 일본의 한 책자에서는 권리는 영어의 right의 번역어가 아니라 독일어의 Recht를 번역한

『사회계약론』을 번역한 『민약역해民約譯解』(1882)에서 droit를 권權, 의義, 도리道理 등으로 번역하기도 하였다. 루소의 이 책은 밀John Stuart Mill의 『자유론』과 함께 근대 일본인의 권리사상을 신장하는 데에 크게 기여한 책이다.[429] 여하튼 한자의 '權'에는 전래하는 뜻, 즉 '힘'이라는 뜻과 그 번역어로서의 right의 의미가 혼재하고 있음을 주의해야 한다. 즉, 개개인의 '권'은 후자이며, 군주가 맡는 '권'은 전자의 의미이다.[430]

권리와 관련하여 특히 '민권民權'이란 말은 일본의 경우 1870년 미쓰쿠리 린쇼箕作麟祥가 프랑스어의 'droit civil'을 번역한 것이라고 한다.[431] 이 용어는 이른바 자유민권시대라고 불리는 1874~1889년 기간에는 하나의 유행어가 되었으며,[432] '국권'이란 한 쌍의 말과 함께 정치적인 관념에 중점을 두면서 이후 중국과 한국에도 커다

것이라고 이렇게 주장한다. 즉, "번역어로서의 '권리'를 생각하는 경우, 이것을 당연한 것처럼 영어의 right의 譯語라고 생각해서는 안 된다. '권리'는 무엇보다도 독일어의 Recht에서 유래한다. 왜냐하면 '권리'는 예링의 『권리를 위한 투쟁(*Der Kampf ums Recht*)』(1872)의 번역을 통해서 확립했기 때문이다. 많은 학술용어와 마찬가지로 이것도 철학의 아버지인 西周의 업적이었다."(堅田剛, 2003, 「權利と義務」 항목, 石塚正英 · 柴田隆行 감수, 『哲學 · 飜譯語事典』, p.102).

그러나 西周는 피세링의 강의록인 『만국공법』을 번역할 때 당시 이미 널리 읽히고 있던 마틴의 한역 『만국공법』을 참고했다고 서술하고 있다. 거기서 이미 '권'이란 번역어가 사용된 것이다(야나부 아키라, 2003, 앞의 책, p.159). 따라서 가타타 다케(堅田剛)는 전술한 마틴의 한역 『만국공법』이 일본에 전파되고 번각된 사실을 모르고 하는 말이다.

429. 상세한 것은 横田力(1997), 「日本における近代法原理の特徵と權利實現の公共性(2): 日本近 · 現代法把握のためのモデル設定をめぐって: 憲法學からのアプローチ」, 『法學新報』(中央大學) 제103권 제6호, pp.135~160.

430. 야나부 아키라(2003), 앞의 책, p.163.

431. 松尾章一(1965), 『自由民權思想の硏究』, 柏書房, p.33; 石田雄(1976), 『日本近代思想史における法と政治』, 岩波書店, p.87 이하 참조.

432. 이 민권운동은 인민의 정치적 자유를 요구하는 「국회의 개설」이 최대의 초점이었으나, 동시에 국민 대다수가 농민인 관계로 그들의 요구는 「地租의 경감」과 「조약개정」의 실현

란 영향을 미치면서 퍼져 나가게 된다.[433] 중국의 경우에는 '권리'를 일본에 가르쳐 주고, 다시 '민권'이란 말을 일본으로부터 재수입하게 된 것이다.

중국에서는 예전부터 자유라는 말이 사용되고 있었으나 서구식의 개념과는 다른 것이었으며,[434] 권리의 개념도 근대에 이르러 보급되었다. 루소의 『사회계약론』은 1898년 초 『민약통의民約通義』라는 이름으로 상하이의 대동역서국大同譯書局에서 간행하였는데, 이것은 일본인 나카에 조민의 『민약역해』를 번각한 것이다.[435] 이어서 량치차오의 「노사학안盧梭學案」이 1901년에 소개되고, 한국에서는 단편적으로 루소가 소개되다가 1909년에 『황성신문』에 「노사盧梭 민약民約」으로 연재하였다.[436] 첫 문장은 "세계상 민권을 창도함은 노사씨를 수굴首屈할지라"로 시작하며, 비록 일부분이지만 루소의 민약론이 체계적으로 알려지는 계기가 되었고, 중국과 한국뿐만 아니라 터키 등에도 영향을 미쳤다.[437]

그 후 1903년 량치차오가 칸트의 'Recht'를 '權理'로 번역하였고,

도 중요한 목표였다고 한다. 色川大吉(1981), 『自由民權』, 岩波新書, p.10.

433. Rune Svarverud(2001), "The Notion of 'Power' and 'Rights' in Chinese Political Discourse," in: M. Lackner, I. Amelung and J. Kurtz, *New Terms for New Ideas. Western Knowledge and Lexical Change in Late Imperial China*, Leiden: Brill, p.136.

434. 자유주의와 유교의 가치가 합치될 수 있다는 견해는 W. Theodore de Bary(1983), *The Liberal Tradition in China*, The Chinese University of Hong Kong; 시어도어 드 배리(1998), 『중국의 자유 전통』, 표정훈 옮김, 이산 참조.

435. 민두기(1973), 앞의 책, p.289.

436. 『황성신문』 1909년 8월 4일부터 9월 8일까지 연재 김효전(1997) 편, 「盧梭 民約」, 『동아법학』 제22호, pp.529~555; 김효전(2000), 앞의 책, pp.651~677에 재수록.

437. 宮村治雄(2001. 12.), 「東洋のルソー索隱兆民そしてトルコ · 朝鮮 · 中國」, 『思想』 No.932, 岩波書店 참조.

나중에 1907년 옌푸嚴復(1853~1921)[438]가 'right'를 '直'으로 번역하자 이에 찬성하기도 하였다.[439]

3) 한국에서의 수용

한국에서 중국의 국제법 문헌이 일반인에게 본격적으로 소개된 것은 정관잉鄭觀應(1841~1923)의 『이언易言』(1871)이 1883년에 복간되고, 또 한글판까지 나오게 되면서부터라고 보겠다.[440] 이 책에서는 당연히 권리의 관념이 자세하게 소개되었다. 뿐만 아니라 『황성신문』은 논설에서 여러 나라가 사신을 서로 파견하고 정약통상訂約通商을 하니 국제정치를 익히고 『이언』을 배우도록 강조하지만, 말하기는 쉬우나 실제로 행하기는 쉽지 않다고 하였다.[441]

또한 1896년 학부에서는 블룬칠리伯倫知理의 『공법회통』(중국판 1880년)에 이경직李庚稙의 서문을 붙여 그대로 발간하였다. 이 책의 일러두기에서 마틴은 이렇게 적고 있다.[442]

438. 옌푸에 관하여는 양일모(2008), 『옌푸(嚴復): 중국의 근대성과 서양사상』, 태학사; 郭正昭撰(1978), 嚴復, 『中國歷代思想家』(八), 臺灣商務印書館, 民國 67年, pp.5273~5410; 李曉東(2005), 『近代中國の立憲構想: 嚴復・楊道・梁啓超と明治啓蒙思想』, 法政大學出版局, pp.31~75; 石田雄(1976), 「J. S. ミル『自由論』と中村敬宇および嚴復: 比較思想史的試論」, 『日本近代思想史における法と政治』, 岩波書店, pp.1~46 参조.

439. Fo-Ch'uan Chang, *Freedom and Human Rights in Modern Chinese Political Theory*, 謄寫印刷. 石田雄(1976), 앞의 책, p.95에서 재인용.

440. 상세한 것은 이광린(1985), 「『이언』과 한국의 개화사상」, 『한국개화사 연구』, 일조각, p.27 참조.

441. 『황성신문』 1899년 9월 28일자.

442. 원문은 다음과 같다.
公法旣別爲一科 則應有專用之字樣 故原文偶有漢文所難達之意 因之用字 往王似覺勉强 卽如一權字 書內不獨指有司操操之權 亦指凡人理所應得之分 有時增一利字 如謂庶人本有之權利云云 此等字句初見多不入目 屢見方知爲不得已而用之也.

> 공법은 이미 따로 하나의 과목이 되었다. 그러니 마땅히 오로지 공법만을 위하여 사용하는 문구가 있을 것이다. 그래서 원문에 이따금씩 한문으로써는 드러내기가 어려운 뜻이 있다. 따라서 사용한 글자들이 억지로 끌어 맞춘 듯이 보이기도 할 것이다. 곧 예를 들면 權이라는 글자는 책 속에서 다만 관리가 쥐고 있는 권력을 가리킬 뿐만 아니라, 널리 사람이 이치적으로 마땅히 얻어야 할 몫을 가리키기도 한다. 그래서 때로는 利라는 한 글자를 더하기도 하였다. 예를 들면 사람들이 본래 가지고 있는 權利라고 한 것이 그것이다. 이러한 글자들은 처음 볼 때에는 눈에 (잘) 들어오지 않겠지만, 여러 번 보면 어쩔 수 없었기 때문에 그것을 사용하였음을 알 수 있을 것이다.

인용한 부분은 이미 마틴의 번역서인 『공법편람公法便覽』(1878)의 범례에도 들어 있는 것인데,[443] 블룬칠리의 『공법회통』에서도 반복하고 있다.

이 책은 고종의 황제 등극과 조선의 국호를 대한제국으로 고치는 문제에서부터 1905년의 이른바 을사보호조약 체결의 무효화에 이르기까지 널리 원용되었기 때문에 권리 개념은 자연스럽게 일반에게도 보급되었을 것이다.[444]

이와 같이 서구식의 권리라는 용어는 국제법 문헌에서 비롯하

443. 丁韙良(1878) 역, 『公法便覽』, 「凡例」, pp.2b~3a. 이 부분은 Svarverud(2001), 앞의 글, p.134에서도 한문 그대로 인용하면서 영역을 하고 있다. 스바르베러드는 마틴의 『公法會通』의 저본이 블룬칠리의 *'Geschichte des allgemeinen Staatsrechts und der Politik'* 이라고 잘못 기록하고 있는데(Svarverud, 2001, 앞의 글, p.135), 원전은 *Das moderne Völkerrecht der civilisirten Staten als Rechtsbuch dargestellt*(1868)을 토대로 하여 C. Lardy가 프랑스어로 번역한 *Le droit international codifié*(3.éd. 1881)이다.
444. 상세한 것은 김효전(1996), 앞의 책, pp.57~58 참조.

여 당시의 『독립신문』이나 『데국신문』 또는 『황성신문』 등을 통해서 널리 일반적으로 보급되어 한국인의 권리의식의 함양에 크게 기여하게 된다.[445] 통감부는 한국인의 국가사상은 물론이고, 권리 관념의 강화에 대해서도 매우 예민하게 과잉 반응을 보일 정도였다.[446]

권리 개념의 체계화와 정착

그러면 권리 개념이 어떻게 한국에 보급 전파되었는가를 문헌학적으로 추적한 후에 실제로 한국인의 규범생활을 어느 정도 지배하였는가를 검토해 보기로 한다.

1) 불역의 통의

먼저 한국에서 기본권 사상을 최초로 소개한 것은 『한성순보』 제14호(1884년)의 「미국지략속고美國誌略續稿」[447]라고 할 수 있다.

> 대체로 하늘이 사람을 낼 때에는 바꿀 수 없는 공통된 義가 있어 억조창생이 모두 같다. 이른바 공통된 의란 자유를 추구하고 생명을 보호하는 것인데, 이 이치는 인력으로 제한할 수 없으며 귀신도 빼앗을 수 없는 것이다.[448]

445. 상세한 것은 김효전(2000), 앞의 책, pp.312~409 참조. 기타 최종고(1990), "The Asian Conception of Right and Duty," 무애서돈각박사고희기념 『동서의 법철학과 사회철학』, 법문사, pp.369~379 참조.

446. 예컨대 법관양성소의 후신인 법학교의 탐방기사 속에서 "(조선인은) 由來 의론을 좋아하는 국민으로 법률은 그들에게 가장 흡족한 학문이며 성적도 아주 양호한데 (…) 누구든지 몰래 *권리의무*를 진작하는 경박한 才子가 나오지 않도록 우리들은 특히 당사자에게 희망하여 둔다"(『朝鮮』 제29호, 1910년 7월호, pp.78~79 雜纂)고까지 보고하고 있다.

447. 『한성순보』 1884년 3월 8일자의 원문.「蓋天之生斯人也 賦以不易之通義 億兆皆同一轍. 所謂 通義者 求自由各保生命 其理人力不可制 鬼神不可奪」.

448. 『한성순보』(1983) 번역판, 관훈클럽 신영연구기금, p.267.

이것은 일본인 후쿠자와 유키치의 『서양사정西洋事情』(1866) 초편 권1의 「아미리가합중국사기亞米利加合衆國史記」를 알기 쉽게 소개한 글이다.[449] 여기에서의 "불역不易의 통의通義"란 영어의 Right를 번역한 것이며, 오늘날의 권리를 의미한다.[450] 이러한 표현은 박영효朴泳孝(1861~1914)의 상소문인 「조선내정개혁에 관한 건백서」(1888)에도 보이며,[451] 특히 유길준의 『서유견문』에서는 인민의 권리에 관하여 다음과 같이 상세하게 서술하고 있다.

> 自由와 通義의 權利는 普天率土億兆人民의 同有共享ᄒᆞ는 者니 各人이 各其一身의 權利는 其生과 俱生ᄒᆞ야…自由와 通義는 人生의 不可奪不可撓不可屈ᄒᆞ는 權利나…天授ᄒᆞᆫ 權利를 保有ᄒᆞ야 人世의 樂을 享受ᄒᆞᆯ디니…人의 生世ᄒᆞᆫ 後에 占有ᄒᆞᆫ 地位는 人作의 區別이오 享存ᄒᆞᆫ 權利는 天授ᄒᆞᆫ 公道니 人의 人되는 理는 天子로브터 匹夫에 達ᄒᆞ야 豪釐의 差殊가 本無ᄒᆞᆫ 故로…人이 天地間에 生ᄒᆞ야 各其 人되는 理로 視ᄒᆞ면 人上人도 無ᄒᆞ고 人下人도 無ᄒᆞ니 天子도 人이오 匹夫도 人이다.[452]

그러나 『노동야학독본』(1908)[453]에서는 '통의'는 삭제되고 바로

449. 전봉덕(1981), 『한국근대법사상사』, 박영사, p.82.

450. 후쿠자와의 권리론은 松岡浩(1992), 「福澤諭吉における「法」および「權利」に關する一考察」, 『法學研究』(慶應大) 제65권 제12호, pp.217~241 참조.

451. 번역은 김갑천(1990)역, 「박영효의 건백서: 내정개혁에 대한 1888년의 상소문」, 『한국정치연구』(서울대) 제2호, p.263 이하; 문헌은 유병용 외(2004), 『박영효연구』, 한국정신문화연구원; 전봉덕(1978), 「박영효와 그의 상소 연구 서설」, 『동양학』(단국대) 제8집 및 앞의 책, pp.119~187 참조.

452. 『서유견문』(1971), 제4편 인민의 권리. pp.109~114.

453. 문헌은 이훈상(1987), 「구한말 노동야학의 성행과 유길준의 『노동야학독본』」, 두계이병도박사구순기념 『한국사학논총』, 지식산업사, pp.743~778 참조.

권리라는 용어만을 사용하고 있다.

> 사람의 권리ᄂᆞᆫ 곳 사람의 세력이니 아我의 하는 일은 남의 방해홈을 밧지 아니ᄒᆞ고 나의 가진 물物은 남의 침범홈을 허許지 아니 ᄒᆞ나 이ᄂᆞᆫ 일온바 사람의 권리라. 정도正道로써 직히고 나라의 법을 범치 아니ᄒᆞᆫ 연후에 보젼ᄒᆞ나니라.[454]
>
> 질셔ᄂᆞᆫ 사람의 사는 도리라. 아랫 사람이 되거든 웃사람을 경敬ᄒᆞ오 사람 되는 권리에 상하가 잇심은 아니로되 기其 지위에ᄂᆞᆫ 우아래가 잇나니…사람이 셰상에 나매 하날에 바든 권리가 쳐음에ᄂᆞᆫ 비록 평등이라 ᄒᆞ나 그 자란 뒤에 각기 뎨 손으로 만그는 디위ᄂᆞᆫ 사람마다 달으니 귀ᄒᆞᆫ 쟈가 잇슨즉 천ᄒᆞᆫ 쟈도 잇심이며 부자가 잇심으로 빈ᄒᆞᆫ 쟈도 잇심이라. 이 갈은 사회의 평등치 아니홈이니 또한 사람 살기에 자연ᄒᆞᆫ 도리니라.[455]

이처럼 타고난 권리는 평등하지만 그들의 지위에는 차등이 있다고 한다. 유길준은 천부인권의 관념을 도입하고 있으나, 국민주권과 저항권에 관하여는 언급을 회피하고 있으며, 기본권은 법률의 범위 내에서 보장되어야 한다고 주장한다.

한편 「민권」의 관념이 이른 시기에 나타난 것은 유창희가 "만인이 공정한 의무를 각자 애호ᄒᆞ야 국세를 공고ᄒᆞ고 민권을 확장ᄒᆞ야 자주독립을 확건홈이 국민의 공정한 의무로다"⑥라고 한 데에서 보이며 이어서 각종 신문에서 사용하여 보편화하기 시작한다.

454. 『유길준전서 II』(1971), 『노동야학독본』, 제3과 人(사람)의 권리. p.3.
455. 『유길준전서 II』(1971), 『노동야학독본』, 제45과 질서. p.80.

2) 신문에 나타난 권리 개념

(1) 『한성순보』와 『독립신문』

권리 개념은 시간적으로는 먼저 『한성순보』 제14호의 논설 「미국지략속고」에서 그 맹아를 찾아볼 수 있지만, 이 신문이 관보의 성격을 띠고 있었고, 또 순한문으로만 제작된 탓으로 일반인들이 쉽게 접근하기 어려웠던 점 등으로 미루어 볼 때 영향력은 그다지 크지 않은 것으로 보인다.

본격적으로 권리라든가 자유의 사상을 전파한 것은 『독립신문』으로, 거기에서는 일찍부터 논설에서 천부인권天賦人權 사상을 강조하고 있다. "백성마다 얼마큼 하나님이 주신 권리가 있는데, 그 권리는 아모라도 빼앗지 못하는 권리요 그 권리를 가지고 백성이 백성 노릇을 잘 하여야 그 나라 님군의 권리가 높아지고 전국 디테가 높하지는 법이라"[456]하였고, 「언권자유言權自由 텬생권리」[457]라는 논설에서도 '하늘이 주신 권리'라고 표현하고 있다. 또한 '권리'라는 표현 대신에 '권權'을 사용하기도 하였다. "…사나이만 권을 가지고 여편네는 사람의 권을 가지지 못하고…"[458] 운운 하는가 하면 남녀의 권리가 동등함을 수차 강조하고 있다.

무엇보다 「민권이 무엇인지」[459]라는 논설에서는 불란서의 민변이 날까 염려하는 사람에 대해서 대한은 '민권' 이름도 모르다가 근일에 와서 겨우 말이나 듣고 자유와 권리를 어떻게 사용하는지

456. 『독립신문』 1897년 3월 9일자.
457. 『독립신문』 1899년 1월 10일자.
458. 『독립신문』 1898년 1월 4일자 논설.
459. 『독립신문』 1898년 7월 9일자.

를 모르기 때문에 우선 애국심과 문견을 넓힐 것을 주장하고 있다. 또 독립협회의 상소문에서는 "민권이 성한즉 군권이 반드시 들리리라 하오니 사람의 무식함이 누가 이에서 심함이 있사오리까"[460] 하였고, 또 "…당초에 독립협회 토론회의 목적을 모르고 다만 민권당이라 하였더니 이제 자세히 안즉 민권이 아니라 그네들이 백성의 직분과 권리를 지키려 함이니…"[461]라고 변호하고 있다. 한편 "법부 검사국장 리회구 씨는 무삼 권리가 얼마나 있었는지…"[462]에서 보듯이 권리와 '권한'을 혼동하기도 하였다.[463]

(2) 『뎨국신문』

『뎨국신문』 역시 천부인권을 강조하고 있다. 예컨대 "…백셩마다 얼마큼 하늘이 주신 권리…"[464]라든가 "사람마다 하늘이 품부하야 주신 권리"[465]라 하였으며, 자유와 권리에 관하여 자주 논설에서 강조하고 있다.[466] 또한 논설 「권리」 가운데에서는 권리는 그 성질상 의무와 서로 대립관계에 있음을 강조하며,[467] "민권이 즉 국권이라 하는 말이 참 학문 있는 말이라"[468]고 한다.

460. 『독립신문』 1898년 10월 25일자.
461. 『독립신문』 1898년 7월 27일자.
462. 『독립신문』 1898년 9월 6일자.
463. 정용화(2003), 「서구 인권사상의 수용과 전개: 『독립신문』을 중심으로」, 『한국정치학회보』 제37집 제2호, pp.67~86; 이나미(2000), 「『독립신문』에 나타난 자유주의사상에 관한 연구」, 고려대학교 박사학위논문 참조.
464. 『뎨국신문』 1898년 11월 8일자.
465. 『뎨국신문』 1900년 11월 6일자.
466. 예컨대 『뎨국신문』 1890년 8월 17일자, 1898년 10월 6일자, 1900년 8월 1일 및 2일자, 1901년 5월 24일자 등.
467. 『뎨국신문』 1899년 5월 12일자.
468. 『뎨국신문』 1898년 10월 6일자.

특히 1902년에는 「미국 백성의 권리론」[469]을 연재하여 다른 어떤 신문보다도 국민의 자유와 권리에 관하여 상세하게 소개하여 당시의 한국인을 크게 일깨우고 있다. 이 논설에서는 헌법을 '총장정總章程'으로 표현하고 있다(제3장 『뎨국신문』 항목 참조).

권리와 관련해서는 『독립신문』과 마찬가지로 '권'으로 이해하기도 한다. 예컨대 "의회원이라 하는 것은 재가를 물어내는 권이 있거늘 상소하는 것은 권리를 잃는 거시라"[470] 하였으며, 또 "아라사에서는 일본의 권리가 강대하야 한국에 대한 권리가 온전치 못하는 것을 걱정이오…"[471]라고 하였다. 그 밖에 "일본이 새로이 청국을 침범하는데 이 침범하는 것인즉 군사로 함이 아니오 계책으로 함이라. 힘으로써 승부를 겨루는 대신에 롱락하는 재조와 지혜로써 군사를 대신하며 학문과 사업경영으로써 군기를 삼아 완고하고 쇠미하여 들어가는 청국을 제어하고 일본이 동양에 제일 *권리*를 잡으려 하나니 근래 형편으로 사업상 권리로 돌아가는 것을 볼진대…"[472]에서 보듯이, 권리를 힘(power)으로 이해하기도 한다.

요컨대 "권리라 하는 것이 영어의 뜻은 정당하다는 말이니…성현에게 질문할지라도 조금도 틀릴 것이 없이 정당한 것이오 의무라 하는 것이 영어의 뜻은 책임이라 함이니, 즉 소위 담부라"[473]고 소개하고 있다. 또한 『뎨국신문』은 1907년에는 『국민수지』를 한글

469. 『뎨국신문』 1902년 10월 30일자부터 11월 4일까지 5회에 걸쳐 연재하고 있다. 첫회에는 「미국 *백성*의 권리론」이란 제목이었으나 2회부터는 「미국 *인민*의 권리론」으로 바뀌었다.
470. 『뎨국신문』 1898년 9월 27일자.
471. 『뎨국신문』 1900년 5월 18일자.
472. 『뎨국신문』 1902년 10월 27일자 논설.
473. 『뎨국신문』 1907년 7월 17일자.

로 요약하여 연재하면서 국민의 권리의식을 일깨웠다.[474] 이 신문은 계속하여 공평한 법률의 집행과 장정의 실시를 여러 차례 반복해서 강조하고 있다.[475]

(3) 『황성신문』

『황성신문』은 『독립신문』이나 『뎨국신문』과는 달리 한문을 많이 사용하여 당시에도 식자층만이 구독하는 한계성을 지니고 있었다. 그러나 천부인권을 주장한 점에서는 동일하다. 몇 가지 예를 들어본다. "부夫 자유권이란 자는 상천上天이 균부均賦하시고 인인人人이 공득共得한 바라. 인人의 권權을 탈奪하는 자는 천天을 역逆함이오 기其 권權을 인人에게 양도하는 자는 천天을 망忘함이니 실로 대계신大戒愼 대공구大恐懼할 바로다."[476] 또한 「국민의 평등권리」라는 논설에서는 "국가의 국민치평하는 의무는 국민의 권리를 균일히 보호하는 데 재在할 것이오 국민의 국권 복종하는 의무는 국가의 보호를 평등이 균수均受하는 데 재할지니"[477]라고 하여 의무의 관점에서 권리를 설명한 것이 독특하다.

그 밖에 권현섭權賢燮의 기서寄書(투고)인 「독헌법유감讀憲法有感」에서도 "천부의 인권을 보유하고 국민된 자격을 불추不墜할 지어라"[478] 하였고, 이상직李相稷의 투고문인 「국민불가부지법률國民不可不知法律」[479]

474. 『뎨국신문』 1907년 7월 21일부터 8월 9일까지 16회 연재.
475. 김숙자(1998), 『대한제국기의 구국민권의식』, pp.46~79 참조.
476. 『황성신문』 1898년 2월 17일자.
477. 『황성신문』 1900년 1월 19일자.
478. 『황성신문』 1906년 12월 12일자.
479. 『황성신문』 1900년 5월 7일자. 같은 내용의 글이 1903년 4월 9일자에도 실려 있다.

에서는 권리의 종류로서 생명, 신체, 재산, 명예, 자유의 권리를 열거하고 있다. 이처럼 권리사상을 강조한 것은 중국인 량치차오의 「신민설新民說」 중 제8절 「논권리사상論權利思想」의 영향이며, 이 글은 당시의 잡지 『조양보朝陽報』에도 「인인당주의어권리사상人人當注意於權利思想」[480]이란 제목으로 소개되기도 하였다.[481]

이상직은 또한 「권리는 국민의 당행할 의무」를 『대한협회회보』 제4호(1908)에 발표하기도 하였다. 이 역시 량치차오의 「논권리사상」을 토대로 한 것이다.

자유와 권리, 그리고 권리와 의무의 관계 등에 관하여 『황성신문』은 자주 논설이나 기고문 등에서 소개하였으며,[482] 특히 권리란 용어를 '權義'란 말과 함께 사용하기도 한다.[483]

480. 제1권 제6호 · 제7호(1906).

481. 상세한 것은 佐々充昭(2002), 「韓末における「强權」的社會進化論の展開—梁啓超と朝鮮愛國啓蒙運動」, 『朝鮮史研究會論文集』 No.40, pp.183~213; 鈴木敬夫(2005), 「梁啓超の人權思想」, 『札幌學院大學法學』 제22권 제1호, pp.41~107 참조.

482. 예컨대 1904년 9월 1일자, 1905년 2월 14일자, 1906년 5월 8일자의 「일본유신삼십년사」 및 1907년 1월 19일자, 1907년 9월 5일자 논설 등 참조.

483. 예컨대 설태희(1906), 「法律上 人의 權義」, 『대한자강회월보』 제8호, pp.16~19. 이 논설에 대해서 유영렬 교수는 "자강회 회원들은 천부인권도 법률의 뒷받침 없이는 보호될 수 없다는 견지에서 法賦人權을 크게 강조하였다"(1997, 대한제국기의 민족운동, 일조각, p.135)고 한다. 그가 말하는 '法賦人權'이란 造語는 법학에서는 일반적으로 '법실증주의'(Rechtspositivismus)라는 한마디로 통용되는 용어이다. 설태희의 견해는 그의 독자적인 주장이라기보다는 당시 유럽에서 지배적인 학설이었고 또 이를 그대로 수용한 일본과 청국의 학문적인 경향을 반영하는 것이다. 설태희를 비롯하여 자강회 회원들에게 법실증주의라는 시대적 장벽을 넘어서 자연법론(Naturrechtslehre)의 부활이나 재생 또는 도래를 기대하는 것은 무리한 주문이다. 위의 '法賦人權' 이란 용어를 그대로 따르는 몇몇 학자가 있다(예컨대 왕현종(2003), 『한국 근대국가의 형성과 갑오개혁』, 역사비평사, p.97; 김봉렬(1998), 『유길준 개화사상의 연구』, pp.72~77).
일본의 개명기에는 서양의 天賦人權, 民賦國權에 대해서 '일본의 國賦人權, 天賦國權', 서양인의 人格에 대해서 '일본인의 國格'이란 표현으로 왜곡하여 일본의 국수주의를 정당화하려는 사람도 있었다(예컨대 河上肇(1911), 日本獨特の國家主義).

(4) 『대한매일신보』

『대한매일신보』는 영국인 베텔Ernest Thomas Bethell 裵說(1872~1909)[484]이 창간하였으며, 항일의식이 투철한 신문으로 권리사상과 자유관념을 고취하기 위해서 여러 차례 논설에서 권리를 위한 투쟁과 법령 연구의 필요성 등을 강조하고 있다. 몇 가지만 예시하기로 한다.

먼저 「국민의무」라는 논설 속에서 권리란 무엇인가 라고 자문한 후 "사람마다 그 안전을 자보自保함이오"라고 정의를 내리고 있다.[485]

독자 투고인 노병익盧秉翼의 「권리는 국민의 당행할 의무」에서는 "독일학자 (이린구)씨 왈 부夫 권리를 행사함은 국가에 대한 의義라 하니 하칙何則고"[486]라고 시작한다. 여기의 '이린구'는 물론 독일의 법학자 예링Rudolf von Jhering(1818~1892)을 가리킨다. 그의 저서 『권리를 위한 투쟁Der Kampf ums Recht』(1872)은 당시 전 세계적으로 영향을 미치고 있었다. 같은 『대한매일신보』에서는 긔서(투고)의 형식으로 열능구悅陵具, 「권리경쟁론역요權利競爭論譯要」[487]가 소개되기도 하였으며, 신문과 학술잡지 등에도 자주 예링의 이름이 등장하였다.

권리사상의 강조와 관련된 논설로서는 「법령을 반드시 연구할 일〔法令研究의 必要〕」,[488] 「세 가지 자유의 큰 공〔三大自由의 功〕」에서는 언론,

484. 문헌은 정진석(1987), 『『대한매일신보』와 배설』, 나남출판; 小川原宏幸(2000), 「日本の韓國保護政策と韓國におけるイギリスの領事裁判權—ベッセル裁判を事例として」, 『駿台史學』(明治大) 第110號 참조.

485. 『대한매일신보』 1905년 11월 7일자.

486. 『대한매일신보』 1906년 11월 20일자.

487. 『대한매일신보』 1909년 7월 29일자.

488. 『대한매일신보』 1908년 11월 11일자. "근일에 한국 사람의 머리 위에 법령이 비오듯 하거늘 한국 사람들은 이를 연구치 아니하고 이를 원망만 하며, 이를 피할 줄은 모르고 이를

저술, 출판의 자유를 열거하며,[489] 긔셔(투고)로 「민권을 부르는 글(招民權文)」,[490] 「인민은 법률을 자지自知하야 권리를 자호自護함이 가함」,[491] 「세계에는 강권이 첫째」,[492] 「국권이 없고서 민권을 생각하는 어리석은 무리」[493]에서는 "오호—라. 지옥에 앉아서 천당으로 믿는 제군이여. 제군이 아무리 민권 민권 민권 하여도 국권을 찾아오지 못하면 민권도 돌아오지 아니하나니 정신 좀 차리시오"[494]라고 끝맺고 있다.

이 논설은 국권과 민권의 불가분성을 강조한 것으로 당시 말로만 민권을 주장하거나 스스로 인민의(또는 지역의) 대표라고 주장하는 자들을 반박한 것이다.[495] 이후에 나온 논설로는 「국민의 권한」[496]과 「권리의 사상」[497] 단 두 편뿐이다. 통감부의 검열이 노골적으로 강화되었기 때문이다.

(5) 『경향신문』

그 밖에 1906년에 발간된 『경향신문』에서는 「법률문답」이라는 고정 칼럼을 두어서 1905년에 반시된 형법대전을 쉽게 풀어서 해설하고 있다. 또 『대한민보』에서도 국민의 자유와 권리에 관한 논

겁만 내는도다. … 제반 법령을 일일이 연구하야 준행할 자는 준행하고 피할 자는 피하여 지옥을 벗어나고 낙지로 향할 지로다."

489. 『대한매일신보』 1909년 3월 10일자.
490. 『대한매일신보』 1909년 3월 17일자.
491. 『대한매일신보』 1909년 3월 21일자.
492. 『대한매일신보』 1909년 7월 21일자.
483. 『대한매일신보』 1909년 10월 26일자
494. 『대한매일신보』 1909년 10월 26일자.
495. 대표에 관해서는 『대한매일신보』 1909년 10월 26일자 논설 참조.
496. 『대한매일신보』 1910년 6월 19일자.
497. 『대한매일신보』 1910년 7월 2일 및 3일자.

설들이 약간 발표되었으며,[498] 1906년의 『만세보』에서는 「신문권리」 한 편이 발견될 뿐이며, 인민의 권리에 관하여 계몽하거나 강조한 논설은 별로 찾아볼 수가 없다.

이상의 국내 신문들과는 달리 『공립신보』와 『신한민보』는 해외의 교포신문으로 주로 미주 지역의 정치와 법제에 관하여 소개하거나 계몽하는 글들을 게재하고 있다. 또 블라디보스토크의 『해조신문』은 광고에서 자주와 평등을 강조하는가 하면 통감부의 정책을 비판하여 국내에 반입이 금지되기도 하였다.[499] 『국민신보』의 경우는 자유언론에 관한 논설이 검열 시에 말살되었다는 간접적인 보도[500]가 전하고 있을 정도이다.

3) 권리사상을 고취한 서적

자유와 권리사상을 고취한 책자는 비단 법률과 정치적인 저작에만 한정되는 것이 아니라 역사와 문학작품, 종교서적 등에서도 널리 찾아볼 수 있다. 여기서는 우선 법학통론과 헌법 교과서 등 체계적인 법률 책을 비롯하여 몇 가지의 관련 서적을 열거해 보기로 한다.

(1) 『법학통론』과 『헌법』 서적

한국 최초의 체계적인 서구식의 『법학통론』 교과서는 유성준의 저술로 당시 가장 많이 읽히고, 또 영향력도 대단하였다. 권리사상

498. 예컨대 1909년 9월 24일 및 25일자 논설 「법률사상」 및 1909년 11월 3일자 논설 「지식은 권리의 基」 등.
499. 『황성신문』 1908년 3월 3일자.
500. 『황성신문』 1907년 2월 11일자.

에 관하여는 이 책 서문에서 강조하고 있으며, 신민의 권리는 공권과 인권의 두 가지로 나누어 설명하고 있다. 그는 "인권은 범凡 국가의 통치를 수受ᄒᆞᄂᆞᆫ 자가 일반으로 유有ᄒᆞᆫ 권리니"(62면)라고 정의를 내린다.

또한 주정균은 그의 『법학통론』에서 "신민은 국가에 대하여 복종할 의무가 있을 뿐이며 권리를 주장하기 불능하다"[501]고 하면서 신민의 권리는 부인하고 복종의 의무만을 강조하고 있다. 그러나 주정균과 유옥겸俞鈺兼이 공저한 『정선법학통론』은 한일합방 직후인 1911년에 발간된 것으로 전체 152면의 작은 책자이지만 권리와 의무에 관해서는 상술하고 있다. 즉, 권리는 법률이 인정하는 힘이며, 권리는 각인 의사의 힘이며, 권리는 각인의 이익을 충실케 하기 위한 힘이라고 설명하고 있다.[502] 이러한 『법학통론』 교과서에서 공통된 것은, 신민의 권리를 한결같이 통치권의 목적으로 이해하며 권리 개념을 부인하거나 또는 천부인권에 관한 설명마저 생략하고 있는 점이다.

다음에 헌법 교과서로서 대표적인 유치형의 『헌법』에서는 역시 신민을 통치의 객체로 이해하고, 인민의 천부인권을 부인하며, 권리는 국가에 의해서 부여되는 것이라고 강조한다. 요컨대 신민의 권능은 복종관계에서 발생하며, 복종은 본本이요 권리는 말末이라고 한다.[503] 또한 조성구 역시 그의 『헌법』에서 "국가는 통치권을 유한 고로 신민은 차에 대한 복종의무가 유함이라"[504]고 하며, 신

501. 주정균(1908), 『법학통론』, pp.205~206.
502. 주정균 · 유옥겸(1911), 『정선법학통론』, pp.19~21.
503. 유치형(1907), 『헌법』, p.40, p.42. 인권의 용례는 p.37.
504. 조성구(1907), 『헌법』, p.55.

민의 국가에 대한 공권은 행위청구권, 자유권 및 참정권의 세 종류로 나눈다.

또한 김상연은 공권 개념의 역사적 발전을 독일의 슈탈F. J. Stahl(1802~1861)과 게르버v. Gerber의 이론을 중심으로 소개한 후 조성구와 마찬가지로, 신민의 공권이란 국가라는 공동체에 대하여 신민이 그 단체의 일원이 됨으로써 가지는 권리로 이해한다.[505] 공권의 분류 역시 행위청구권, 자유권, 자동작권自動作權 즉 참정권의 세 가지로 나눈다.

정인호가 역술한 『헌법요의』에서도 신민의 권리는 모두 법률에 따라서 규정된다고 전제하면서, 비록 상세하게 조문을 두어 국민의 권리를 보호하지만 국민이 자중自重치 아니하면 헌법이 있더라도 허문虛文이며, 겨우 지상의 조례條例에 불과하며, 헌법의 실천 여부는 곧 '국민의 지력 여하'에 달렸다고 하여 헌법의 규범력을 강조하고 있다.[506]

다음에 정인호 역, 『국가사상학』의 부록인 『각국헌법략』에서도 신민의 권리와 직분을 규정하는 것이 헌법의 '요단要端'이라고 하며, 언론저작의 자유, 집회결사의 자유, 행위의 자유, 거주의 자유, 소유권과 청원권을 열거하고 있다.[507]

이상 열거한 헌법 책들은 대부분 일본 교과서를 토대로 편술한 것이며, 이들 기본 텍스트가 모두 당시 독일을 풍미하던 형식적이며 법실증주의적인 권리 이해에 근거한 것을 그대로 도입하였기 때문에 같은 결론에 도달할 수밖에 없는 운명이었다. 그러나 당시

505. 김상연(1908?), 『헌법』, p.106.
506. 정인호(1908) 역술, 『헌법요의』, p.24.
507. 정인호(1908) 역, 『국가사상학』 부록 『각국헌법략』, p.18.

에도 『독립신문』과 『데국신문』뿐만 아니라 이승만의 옥중 저술인 『독립정신』 등에서도 천부인권이나 미국 헌법상의 자유와 권리 등이 상세하게 소개되고 있었던 점에 비추어 볼 때, 이들 헌법 교과서의 권리에 관한 기술은 너무 독일 헌법 일변도로 허술하게 설명되고 있었다고 보겠다.

(2) 『국민수지』 및 기타 서적

그 밖에 법학 교과서는 아니지만 구한말 당시 국민의 개화와 계도를 위해서 널리 보급된 책자인 『국민수지』는 불과 26면의 소책자에 불과하지만 그 영향력은 대단하였다. 현채玄采는 자신의 『유년필독』 속에 『국민수지』의 일부를 전재하였기 때문에 교과서와 같은 역할을 하였다.

이 책은 제8장 「국민의 권리」에서 '권리'라 하는 것은 '천수天授한 정리正理'라고 하며, 인민의 권리를 가장 존중하는 자는 영국이므로 천하 만방에 최강최부한 자는 역시 영국이라고 결론을 내린다.[508] 이처럼 당당히 천부인권설을 주장하였으나, 『황성신문』에 연재될 때에는 제8장은 삭제되었다.[509] 이는 발행자 스스로의 결정으로 삭제하였거나, 아니면 통감부의 검열 때문인 것으로 추측된다.

이와는 달리 가토 히로유키加藤弘之가 저술하고 김찬金欑이 번역한 『인권신설』에서는 '권리'의 기원과 발달을 논하고, 국가 성립 이전의 사회에서는 인민의 권리는 없으며 국가의 발생이 개개인의 권

508. 『국민수지』, pp.24~26.

509. 『황성신문』 1905년 7월 15일자부터 8월 3일자까지.

리를 초래했다고 설명하며, 우자는 권리를 얻어 존속하며 열자는 권리를 상실하여 패배해 간다는 것이다. 요컨대 '생존경쟁 · 우승열패'에 의한 '진화주의'의 입장에서 천부인권론을 '망상'이라고 비판한다.[510] 또 같은 저자의 책을 유문상이 역술한 『강자의 권리경쟁론』 역시 천부인권설을 부인한다.[511]

자유와 평등과 관련해서는 상당上黨 유호식劉鎬植이 역술한 『국민자유진보론』이 량치차오의 자유론과 '신민설'에 근거하여 설명하고 있다. 또한 역자를 알 수 없는 『남녀평권론男女平權論』과 김병만金秉萬이 역술한 『민권자치제民權自治制』, 그리고 전항기全恒基가 번역한 량치차오의 『음빙실자유서飮氷室自由書』, 육정수陸定洙(1882~1949)의 『송뇌금松籟琴』, 이해조李海朝의 『자유종自由鍾』(1910) 등이 한국인의 권리사상과 권리의식을 고취하는 데 크게 기여한 책자들이다.[512]

이론과 현실의 불일치

자유와 권리의 관념은 대체로 1895년을 전후로 하여 요원의 불길처럼 급속히 전파되고 있었다. 일부에서는 자유를 방종으로 오해하기도 하고, 권리를 사익의 추구 정도로 이해하기도 하였다. 또한 정규학교의 법학교육으로부터 야학에 이르기까지, 일간 신문지로부터 계몽잡지와 전문학술서적에 이르기까지, 신식교육을 받은 개명인사로부터 천민에 이르기까지 자유와 권리의 관념은 전

510. 『강자의 권리경쟁론』(1908, 義進社)과 함께 2004년 관악사에서 영인본 출간.

511. 김도형(2007), 「가토 히로유키 사회진화론의 수용과 번역양상에 관한 일 고찰—『인권신설』과 『강자의 권리경쟁론』을 중심으로」, 『대동문화연구』(성균관대) 제57집, pp.171~201.

512. 상세한 것은 김효전(2008), 「번역과 근대한국: 법학과 국가학문헌을 중심으로」, 『개념과 소통』(한림대학교 한림과학원) 2008년 여름 창간호, pp.25~78 참조.

통 사회의 기초를 근저로부터 뒤흔들고 있었다. 봉건사회의 잔재가 무너지는 실제 모습의 일단을 몇 가지만 예시하기로 한다.

1) 노비와 인신매매

우선 조선의 전통적인 신분제도는 쉽게 붕괴되지 않았으며, 또 일본 제국주의자들은 이를 악용하기도 하였다. 당시 노비와 인신매매가 여전히 횡행하였으며, 언론에서도 그 실상을 자주 보도하고 있다. 그리하여 『독립신문』에서도 "사람이 사람을 팔고 사고 할 권리가 없는 것은 천한 사람이나 귀한 사람이나 하나님께로부터 받은 사람의 권리가 다 같은 까닭이라"[513] 하였으나, 실제로는 관노官奴, 기생妓生, 비자婢子 같은 명칭의 노비는 여전히 존재하고 있었다. 뿐만 아니라 권세 있는 자들 사이에서 공공연히 또는 사인간에 비밀리에 매매가 이루어지기도 하고, 또 이것이 탄로가 나서 크게 사회적 물의를 일으키기도 하였다.[514] 인신매매는 한일합방이 될 때까지 끊이지 않고 크고 작은 기사로서 사회문제가 되고 있었다. 특히 『황성신문』의 논설 「노비를 의호석방宜乎釋放」[515]이나 『대한매일신보』의 「노예해방의 대자비」[516] 등 논설에서는 심각하게 노비문제를 제기하고 있다.

이들 논설에서는 전국 남녀 노비의 적籍을 계산하면 기만 명에

513. 『독립신문』 1897년 10월 16일자.
514. 예컨대 『독립신문』 1896년 10월 8일자(「법부 주사」), 1899년 1월 12일자(「경성 폐막」); 『뎨국신문』 1899년 1월 11일자(「동관 농포」), 1899년 10월 18일자, 1900년 5월 7일자, 1900년 5월 11일자; 『황성신문』 1906년 8월 10일자(「매매만행」), 1910년 5월 19일자(「인물유인자피소」), 1910년 4월 7일자(「유인거간자피착」) 등.
515. 『황성신문』 1908년 2월 12일자.
516. 『대한매일신보』 1908년 12월 10일자.

이를 것으로 추산하며, 이들을 석방하여 평등 자유의 권리를 부여하고 국가 발전에 이바지할 것을 강조하고 있다. 그리하여 사회 지도계층인 학무국장 장세기는 자신의 노비를 값없이 속량하였으며, 학부대신 이용직도 솔선수범하였다.[517] 그러나 일반 평민들 사이에는 여전히 수많은 인신매매가 이루어졌고, 또한 묵인되고 있었다고 보아야 할 것이다. 또 속전贖錢을 주고도 자유인이 되지 못하는 경우도 있고, 해방되어도 갈 곳이 없고 생계가 막연하여 원주인의 집에 다시 기거하는 등 심각한 사회문제가 되고 있었다.

2) 여성의 법적 지위

자유와 권리의 관념이 하나의 혁명적인 사상으로서 급속히 한국의 전통사회에 침투하고 전파되었으나, 국내외의 여러 가지 제약으로 현실적인 면에서는 봉건질서가 그대로 유지되고 있었다. 특히 여성(부인)은 공민 중에 들어가지 아니하며,⑦ 그 법적 지위는 조혼早婚 문제, 개가법改嫁法, 인신매매, 내외법內外法 등으로 자유와 평등의 사상과는 거리가 먼 실정이었다.

먼저 조혼의 폐풍에 관한 논설은 일찍부터 신문과 잡지마다 게재되었으며, 식자마다 이를 강력하게 계몽하였으나 쉽사리 근절되지는 아니하였다. 그리하여 정부는 1907년 8월 14일 조혼금지에 관한 조칙詔勅을 반포하여, 남자는 만 17세, 여자는 만 15세 이상으로 정하였다.[518] 그러나 조혼을 금지하는 훈령과 혼인 연령을 정한

517. 『대한매일신보』 1909년 3월 3일자; 『대한민보』 1909년 10월 26일자; 『황성신문』 1909년 11월 14일자, 1910년 8월 28일자 등.

518. 대한민국 국회도서관(1971), 『한말 근대법령자료집』 IV, p.10.

조칙이 반포된 이후에도 지금까지 내려온 조혼의 인습과 폐풍은 쉽사리 사라지지 않았다.

또한 청상과부의 개가를 허용하자는 주장은 일찍이 전봉준全琫準의 '폐정개혁조건 12조弊政改革條件12條'에도 나타나 있으나,[519] 실제의 사회생활에서는 관습상 금지된 것과 마찬가지였으며, 심지어 심야에 과부를 강제로 포박하여 업어 가는 사례도 빈번히 발생하였다. 마침내 법부에서 과부의 겁탈을 엄금하는 훈령을 각 부군에 발령하였다. 이 훈령이 발포되었지만 여전히 문제는 끊이질 않았다.

과부를 업어 가거나 동여 가는 야만적인 관습은 없어지지 않고 일제시대에도 지방에서는 간혹 존재하고 있었다. 이러한 구습은 서양에서의 약탈혼의 현대판이라고 할 수 있다.[520] 청상과부의 개가를 엄금하던 실정법의 가혹함에서 탈출하려는 백성들의 몸부림은 겁과라는 극단적인 관습법으로 변질되었으며, 낡은 법질서에 대한 파행적인 도전이었던 것이다. 물론 형법대전에서도 겁과는 엄금하였으며, 그 미수도 처벌한 기사가 관보에 자주 게재되었다.[521]

그 밖에 일부다처제一夫多妻制의 폐지와 첩妾제도의 폐지는 『독립신문』의 논설[522]을 비롯하여 도처에서 강조되었으나, 일부다처제는 여전히 존속하였고, 또 실제로 첩은 매매되기도 하였다. 또한 내외법의 철폐를 비롯하여 연좌제連坐制의 폐지 등 전근대적인 인습과 불법으로부터의 해방을 강조한 신문의 논설은 부지기수이다.

519. 캉유웨이는 『대동서』(1901)에서 과부의 개가금지는 사람을 해하는 것이라고 비판하고 있다. 강유위(2006), 『대동서』, 이성애 옮김, 을유문화사, p.383.

520. August Bebel(1879), *Die Frau und der Sozialismus*; 아우구스트 베벨(1987), 『여성론』, 이순예 옮김, 도서출판 까치 참조.

521. 예컨대 『관보』 제3947호 1907년 12월 12일자.

522. 『독립신문』 1896년 6월 16일자.

이와 같이 권리의 관념은 자유의 관념과 한 쌍을 이루어 추상적이며 이념적인 성격으로부터 시작하여 그 후 민권, 인권, 그리고 기본권과 같은 관념으로 구체화되기에 이른다.

또한 지배자로서 일본인들이 이 땅에 군림하게 되자 '국國'이나 '권權'과 같은 글자마저 사용하지 못하게 하며,[8] 마침내 개인의 권리를 뒷받침하는 국가권력의 뿌리는 근저에서부터 흔들리게 되었다. 지금까지 내부의 지배계층을 향한 민권운동은 외세의 배격, 즉 국권회복을 위한 투쟁으로 그 대상과 범위를 확대하기 시작하는 것이다.

다음에는 근대 헌법의 기본원리의 하나인 권력분립의 원리가 어떻게 한국인들에게 알려지고 법적 개념으로서 구체화되는지의 과정을 살펴보기로 한다.

4. 권력분립제의 원리

권력분립론의 전파

서양에서 발달된 권력분립의 관념[523]은 이것을 중국에 최초로 소개한 『연방지략聯邦志略』과 마틴의 한역 국제법 책인 『만국공법』에서 비롯한다.

일본에서는 메이지 초기에 소에지마 다네오미副島種臣와 후쿠오카 다카치카福岡孝弟 두 사람이 『정체서政體書』를 초안하면서 그 자료로서 『연방지략』, 『만국공법』, 『서양사정』 등을 참고하였으며,[524] 입법立法,

523. Ernst-Wolfgang Böckenförde(1958 · 2.Aufl. 1981), *Gesetz und gesetzgebende Gewalt*, Berlin; Rausch(1969) (Hrsg.), *Zur heutigen Problematik der Gewaltentrennung*, Darmstadt; M. J. C. Vile(1967), *Constitutionalism and the Separations of Powers*, Oxford Univ. Press 참조.

524. 소에지마의 「정체서」는 미국 헌법의 권력분립의 원리를 부분적으로 모방한 것이다. 長尾

행법行法, 사법司法의 3권이란 말은 『연방지략』의 입법권병立法權柄, 행법권병行法權柄, 심판총권審判總權, 『만국공법』의 제법지권制法之權, 행법지권行法之權, 사법지권司法之權의 번역어에서 취한 것이라고 한다.[525]

중국에서 현재의 의미로 사용되는 사법司法은 일본어에서 차용한 것이라고 하며, 허루장何如璋[526]의 『사동술략병잡영使東述略並雜詠』(1877) 105면, 황쭌센黃遵憲의 『일본국지日本國志』(1890) 617면, 황경징黃慶澄의 『동유일기東遊日記』(1894) 336면을 열거하고 있다.[527]

한국에서는 『한성순보』를 통해서 권력분립의 원리가 1883~1884년경에 알려지고, 1905년을 전후로 하여 본격적으로 학술적으로도 전파되기 시작하였다. 신문에서는 『독립신문』, 『데국신문』, 『황성신문』, 그리고 『만세보』 등에서 자주 보도하고 있으며, 구체적인 내용은 뒤에서 보는 바와 같다.

입법권과 국회(의회)

국회라는 말이 중국에서 처음으로 나타난 것은 1844년 린쩌쉬林則徐가 『사주지四洲志』에서 사용하기 시작한 때라고 한다. 그 후 마틴은 휘튼의 번역서 『만국공법』(1864)에서 영국의 parliament의 번역어로서, 또는 미국 congress의 번역어로도 사용하고 있다.[528] 마틴은 미국 의회의 'Senate/Upper House(상원)'와 'House of Representatives/

龍一(1996), 『日本憲法思想史』, 講談社文庫, p.14.

525. 泰西國法論』(1868) 巻1, 20장과 21장에서는 몽테스키외의 『법의 정신』(11권 6편)에 따라서 국권을 제법, 행법, 사법의 3종으로 나눈다. 기타 稻田正次(1960), 『明治憲法成立史』上卷, 有斐閣, p.27.

526. 송병기(1981), 「주일 청국 공사 何如璋의 '主持朝鮮外交議'에 대하여」, 『동양학』(단국대) 제11집 참조.

527. 마시니(2005), 『근대 중국의 언어와 역사』, p.274.

528. 마시니(2005), 앞의 책, p.255.

Lower House(하원)'를 각각 '상방上房'과 '하방下房'으로 번역하기도 하였다.[529]

또한『만국공보萬國公報』에서는 1889년 이후에야 일본의 의회를 '의원議院' 이란 명칭으로 언급하였다. 1880년 이전에 발간된『교회신보』에서는 일본의 대의기관 설립에 관한 기사에서 의회를 여전히 신어인 '공의당公議堂'으로 표현하였다.[530] 특히 정관잉鄭觀應의『이언易言』(1880)[531]과『성세위언盛世危言』(1894)은 근대 한국에도 많은 영향을 미친 저서 중의 하나인데, 이『성세위언』의 '의원議院'에서 그는 "서양의 의원은 백성의 의견을 모아 백성에게 더욱 많은 이익을 가져다주고, 그들 중에서 인재를 선발하여 국가를 관리하게 하는 등 모든 곳을 공정하게 처리한다. 따라서 공법으로 국가를 유지하려거든 먼저 의원을 설립하고 민심을 안정시켜야 한다"[532]고 하여 의회의 중요성을 강조하고 있다. 이 책 역시 한국의 지식인들에게 커다란 감명을 주었을 것이다.

일본에서는 마틴의『만국공법』등을 통하여 서양의 법률 용어들이 자연스럽게 전래되었을 것이다. 1874년(메이지 7년) 소에지마 다네오미, 고토 쇼지로後藤象二郎, 이타가키 다이스케板垣退助의「민선의원설립건백서民選議院設立建白書」가 좌원左院에 제출되었을 때, 가토 히로유키는 독일인 비더만F. K. Biedermann의 견해에 따라서 시기 상조론으로 반대 의견을 내기도 하였다. 이처럼 '의원議院'이란 용어가 사용되는가 하면, 후쿠자와 유키치의『국회론國會論』(1879)[533]이나 나카에

529. 마시니(2005), 앞의 책, p.89.
530. 마시니(2005), 앞의 책, p.170.
531. 이광린(1985), 앞의 글, pp.19~30 참조.
532. 정관잉(2003),『성세위언: 난세를 향한 고언』, 이화승 옮김, 책세상, p.31, p.34.
533. 福澤諭吉著作集(2003) 第7巻 慶應義塾出版會, p.273 이하 참조.

조민의 저서명에서는 『국회론國會論』(1888)이란 제목을 붙이기도 한 것을 볼 때, 이미 국회란 말이 널리 사용되고 있었음을 알 수 있다. 그리하여 1879년경부터 이미 '국회'라고 부르는 것이 유력하게 되었다는 보고도 있다.[534]

한국에서는 『한성순보』 제2호(1883)의 논설 「구라파주」에서 군민동치와 민회(의회)가 유럽을 부강하게 만든 요소라고 소개한 이래 민회라든가 의회 그리고 국회 등의 용어가 널리 전파되기 시작한 것으로 보인다. 『한성순보』는 의회를 민회로 이해하고, "전국 국민에게 의원을 선거하게 하여 모두 정부에 모이게 해서 법률을 의정케 하는데, 이를 민회라고 한다"[535]고 소개하고 있다. 계속하여 『한성순보』는 1883년 12월 20일자에서도 의회를 소개하였다.

또한 앞에서 본 1884년의 「역민주여각국장정급공의당해譯民主與各國章程及公議堂解」에서 의회에 관하여 다음과 같이 설명한다.

> 의법의원議法議員을 나누면 상원과 하원이 있는데, 합해서 공의당이라 한다. 그 상원 가운데 대원大員은 영국에서는 나라의 親王(왕자)이나 작위 있는 사람, 또는 조정에서 파견한 사람으로 충당하고, 미합중국은 각 연방에서 파견한 사람으로 충당한다. 하원 가운데 대원은 국민이 직접 선거해 선출한 사람들로 충당하는데, 특별히 전량錢糧과 나라 재정을 관장한다.[536]

534. 前田英昭(2006), 「國會論序說」, 『駒澤法學』 제5권 제4호, p.66.
535. 『한성순보』 1883년 11월 10일자. 『한성순보 · 한성주보』(번역판 1983), 관훈클럽신영연구기금, p.26.
536. 『한성순보』 1884년 2월 7일자. 번역판, pp.194~195.

또 여기서 각국의 장정(헌법)이나 공의당(의회) 등의 문제를 다룬 것은 이를 변론하거나 장단점을 다투려는 것이 아니라 단지 상세히 알리려는 의도뿐이라고 조심스럽게 의견을 비치고 있다.

그 밖에 1887년의 외보外報에서는 일본의 국회 설립에 관하여 보도하기도 하였다.[537]

이와 같이 『한성순보』에서는 국회와 의회란 용어를 동시에 사용하고 있음을 알 수 있다.

다음에 유길준의 『서유견문』(1895)에서는 영국의 의회를 의사원議事院(의정부議政府)으로, 의원을 의사원의 관인官人으로 소개하고 있다.[538]

한편 『독립신문』에서는 「하의원은 급지 안타」라는 논설에서 이렇게 말한다.

> 어느 나라이던지 하의원을 셜시ᄒᆞ랴면 먼저 백성을 흡족히 교육ᄒᆞ야 무삼 일이던지 총명ᄒᆞ게 의론하며 대소 사무에 나라 일을 자기 일 같이 자미를 들이게 ᄒᆞ여야 낭패가 업거늘… 일본 사람은 서양 개화를 모본ᄒᆞ기 전에도 우리 보다 백배나 문명ᄒᆞᆫ 사람들이요 서양 정치와 풍속을 배우고 시작ᄒᆞᆫ 후에 주야로 힘써서 삼십년 동안에 세계가 놀라게 진보ᄒᆞ엿으되 명치 원년에 샹하 의원을 배설ᄒᆞ지 않고 겨우 명치 이십 삼년에서야 민회를 시작ᄒᆞ고 또 상하 의원 셜시ᄒᆞ기 전에

537. 『한성순보』 1887년 7월 11일자. 번역판, p.983 「국회초안」. "일본은 메이지 유신 이래로 국회가 없는 것을 흠결로 여겨 메이지 23년을 국회 창립 연도로 정하였다. 현재 윤4월 16일자 『改進新聞』에 의하면, '헌법 초안은 이미 완료되었는데, 그중에 국회의 제도는 각 府縣에서 10만 인구를 1개구로 하여 매 구마다 1명의 의원을 선출하기로 하였으나, 구민들이 불편하다 하여 인구 수효에 관계없이 각 부현에서 1명씩 선출하는 것이 좋다고 개정하였다'고 하였다."

538. 유길준(1971), 앞의 책 I, 『서유견문』, p.270.

> 오히려 미흡ᄒᆞᆫ 일이 있을까 ᄒᆞ여 극히 총명ᄒᆞᆫ 위원들을 구미 각국에 파송ᄒᆞ야 샹하 의원의 제도와 장정과 사정을 자세히 관찰ᄒᆞ야 채용ᄒᆞ였으니 일본으로도 이같이 삼가서 하의원을 배설ᄒᆞ였거늘….[539]

이와 같이 독립협회는 하의원의 설립이 급하지 않다고 주장한다.

그러나 독립협회 회원 윤치호 등이 상소한 대개 속에는 의회 설시에 관한 언급이 있다.

> …쏘 근일에 구라파 각국셔 비록 젼뎨專制 정치라도 샹하 의원을 셜시ᄒᆞ야 써 국시國是를 무르며 말길을 넓히 렬엇스니 이ᄂᆞᆫ 죠칙 즁에 ᄒᆞᆫ 샹과 ᄒᆞᆫ 벌을 혹 넘쳐 베플미 업고 다 공번된 의론에 붓치라 ᄒᆞ신 디의가 함홍 광대 ᄒᆞ옵셔 외탕ᄒᆞ옵신 셩덕이 샹고 질융의 다ᄉᆞ림이 문합ᄒᆞ시고 만국 통용의 규모에 부합ᄒᆞ오시니….[540]

라고 하여 의회 설시를 주장하고 있다. 그 상세한 내용은 오히려 『뎨국신문』에서 보도하고 있다.[541]

또한 『독립신문』의 한 기사에서는 서양 각국을 돌아보고 귀국한 민영환閔泳煥(1861~1905)[542]도 국회에 관하여 언급하고 독립협회가 일정한 역할을 해줄 것을 기대하는 듯한 보도를 하고 있다. 즉, "각국은 다 국회가 있어서 나라 일을 의론하야 각기 저의 나라들을 이롭게 하는데, 우리 대한국은 국회가 아직 없으나 독립협회가 충군

539. 『독립신문』 1898년 7월 27일자.
540. 『독립신문』 1898년 7월 5일자.
541. 『뎨국신문』 1898년 10월 18일자.
542. 민영환(2007) 『해천추범: 1896년 민영환의 세계일주』, 조재곤 편역, 도서출판 책과함께.

애국하는 목적으로 공평 정직하고 점잖히 처사들을 하고….”[543]

이처럼 민영환과 같은 당시 조선 정치의 주역들은 국회의 중요성과 필요성은 인식하고 있었음에도 불구하고 실제로 국회개설을 주장하거나 이러한 주장에 대한 경청마저도 소홀히 하고 있었음을 엿볼 수 있는 대목이다.[544]

이와 함께 '서반아 국회'[545]라든가 또는 '미국 국회'[546] 또는 '미국 의회'[547]라는 표현에서 보듯이, 국회란 말은 의회란 말과 함께 동시에 사용되었으며, 또한 이미 보편적으로 사용되고 있는 것처럼 보인다.

한편 『뎨국신문』에서는 의회제도를 다음과 같이 소개하고 있다.

외국에는 국회와 민회와 상의원과 하의원이 잇셔 님군이 무슨 령을 발ᄒᆞ든지 졍부에셔 무슨 일을 행ᄒᆞ든지 반다시 그 일을 샹하 의원에게 먼저 반포ᄒᆞ야 의관들이 각각 ᄌᆞ기의 소견대로 ᄌᆞ기의 지혜대로 란만히 의론ᄒᆞ야…들은즉 정부에서 중추원에 장정을 실시ᄒᆞ여 의관 오십명을 선뎡ᄒᆞᆫ다 ᄒᆞ니 이 일도 또한 오백여 년에 처음 있는 바라.

543. 『독립신문』 1898년 9월 22일자.

544. 이와 관련하여 신용하 교수는, 독립협회는 전제군주제를 입헌대의군주제로 개혁하여 삼권분립을 실현하려고 주장하였으며 이것은 권력의 분할과 상호견제에 의한 민주정체의 실현이며, 요컨대 '전제군주제의 근본적 부정'이라고 이해한다(신용하, 2006, 『신판 독립협회연구』, 일조각, p.789). 그러나 하의원의 개설에도 부정적이었던 독립협회였다는 점을 고려할 때 이러한 견해는 독립협회 회원들의 내면적인 이상을 강조한 하나의 희망적인 해석은 되겠지만 현실을 무시한 무리한 해석이라고 보겠다. 『뎨국신문』 1898년 11월 12일자 논설(본서 주583)도 참조.

545. 『독립신문』 1898년 9월 14일자.

546. 『독립신문』 1899년 1월 6일자.

547. 『독립신문』 1897년 8월 7일자.

우리는 전국 동포를 위ᄒᆞ여 대단히 깃분지라.[548]

어제 죠칙이 나리시기를 외국에도 협회도 잇고 국회도 잇는디 협회란 것슨 ᄉᆞᄉᆞ로 모혀 강론ᄒᆞ는 것시오 국회란 것슨 나라에 리히를 의결ᄒᆞ는 거시라. 우리나라에 민회가 ᄀᆡ명 진보에 유죠ᄒᆞ나 졍부를 평론ᄒᆞ는 것슨 본리 규칙이 쳐소를 써나 봉장ᄒᆞ고 디궐을 직희고 큰 관원을 구박홈이 방한이 업스니 비록 국회라도 이런 권이 업거든 함을며 협회리오.[549]

이처럼 국회를 협회와 구별하여 소개하는가 하면, 중추원⑨에서 하의원을 설시하자는 주장에 대해서는 비관적으로 보도하며,[550] 중추원 의관을 의회원으로 실시하려 하였으나 의회 규칙이 마련되지 못하고 이를 위해서 의정부 참무 르장드르가 관여하는 기사[551] 등이 발견된다. 그 밖에 중추원에서 연좌법의 부활을 상소하기도 하여 『뎨국신문』을 비롯하여 주한 외교사절들의 비판을 받기도 한다. 즉, "당초 의회원이란 것은 무슨 일이든지 회의하여 많은 수를 따라 결정한 후 위에 아뢰어 재가를 물어내는 권이 있거늘 상소하는 것은 의회 권리를 잃는 것이라"[552]고 하여 비판하고 있다.

요컨대 대한제국은 국회개설에 대해서 심도 있게 여론을 수렴한다든가 제대로 논의조차 한 번 해보지 못하고 일본의 보호국이

548. 『뎨국신문』 1898년 12월 3일자.
549. 『뎨국신문』 1898년 10월 22일자.
550. 『뎨국신문』 1899년 2월 24일자.
551. 『뎨국신문』 1898년 8월 11일자.
552. 『뎨국신문』 1898년 9월 27일자 논설.

되고 마침내 식민지로 전락하게 된다.

한국에서의 권력분립론

한국에서의 권력분립 이론은 역시 『한성순보』를 비롯한 신문의 논설에서 먼저 알려지고 이어서 각종 저술과 법학 교과서에서 상세하게 설명되기 시작한다.

1) 신문의 논설

(1) 『한성순보』

예컨대 『한성순보』 제10호(1884)는 「구미입헌정체」[553]라는 논설 속에서 다음과 같이 서술하고 있다.

> 구미 양주는 건국은 비록 많아도 치국의 요점은 다만 2단이 있을 뿐이니, 즉 군민동치와 합중공화인데 모두가 이를 입헌정체라고 부른다. 대체로 입헌정체는 3대권이 있으니, 첫째는 입법권으로서 법률을 제정하며 입법부로 하여금 이를 관장하도록 한다. 둘째는 행정권으로서 입법관이 제정한 법률에 의거하여 정치를 행하는 것인데, 이는 행정부로 하여금 관장하도록 한다. 셋째는 사법권으로서 입법관이 제정한 법률에 의거하여 형법을 시행하고 송옥訟獄을 처결하는 일을 사법

553. 『한성순보』 1884년 1월 30일자 원문.
歐米兩洲建國雖多而治國之要只有二端曰君民同治曰合衆共和而皆稱立憲政體蓋立憲政體有三大權一曰立法權制定法律令立法府掌之二曰行政權依立法官所定以行政治令行政府掌之三曰司法權亦依立法官所定行刑法斷訟獄令司法府掌之也然三大府之組織國各不同故概論於左以供採擇如.

부로 하여금 관장하도록 한다. 그러나 3대부의 조직이 나라마다 각기 다르기 때문에 다음과 같이 개론하여 채택에 이바지할까 한다.[554]

이어서 입법권, 행정권, 그리고 사법권의 내용을 상세히 설명한 후 "대저 3대부의 권리를 확정하고 3대관의 조직을 담당하여 국전國典으로 삼는 것이 곧 헌법"이라고 정의를 내린다. 그러나 인민의 슬기가 없으면 입헌정치는 할 수 없기 때문에 일본이 서구의 입헌정체를 모방하려다가 중단하고 백성들을 교도하면서 통치한 예를 설명하고 있다.

(2) 『뎨국신문』

미국의 권력분립에 관하여 『뎨국신문』에서는 다음과 같이 상세하게 소개하고 있다.

무론 어늬 나라이던지 무론 무슴 정치던지 그 근본인즉 다 헌법으로 위쥬ᄒᆞ야 되ᄂᆞ니 이는 곳 장졍이라. 미국의 셜립ᄒᆞ던 처음 정치 본의가 ᄒᆞᆫ 총장졍이 잇셔셔 즁앙 정부에서 쥬장ᄒᆞ고 기하 각 고을에는 난호어 쟝졍을 뎡ᄒᆞ되 총쟝졍의 본의를 싸라 뎡ᄒᆞ며 ᄆᆡ 장졍 ᄒᆞᆫ 조목에 밋헤 쥬를 ᄂᆡ어 그 장졍의 ᄯᅳᆺ과 인민권리의 방한을 말ᄒᆞ고 ᄯᅩ한 정법 ᄉᆞ법 행법의 세 가지 관원을 분별ᄒᆞ야 기록ᄒᆞ고 그 다음은 관원을 선뎡ᄒᆞ며 돈을 슈합ᄒᆞ여 공회를 설시ᄒᆞ고 교육을 흥왕식히ᄂᆞᆫ 모든 관계의 조목을 다 ᄌᆞ세히 장졍ᄒᆞ여 놋ᄂᆞ니 이 모든 일을 다 장졍에 실어 그 장졍이 심히 권세가 잇ᄂᆞ니 그 장졍 잡은 이가 임의로 가감을 못ᄒᆞᆷ

554. 『한성순보』 (번역판 1983), p.166.

은 여러히 만들어 ᄉᆞ법 ᄒᆡᆼ법 간에게 난호어 맛겻ᄉᆞᆫ즉 그 맛흔 관원이 임의로 문란치 못ᄒᆞ는 연고ㅡ라.[555]

이와 같이 헌법과 권력분립 그리고 의회제도에 관하여 상설하고 있다.

(3) 『황성신문』

권력분립의 이론은 「일본유신 30년사」를 연재하는 가운데 사법사를 설명하면서 간단히 언급하고 있다.[556]

(4) 『만세보』

한편 『만세보』에 연재된 「국가학」[557]에서도 권력분립의 원리를 다음과 같이 소개하고 있다.

555. 『뎨국신문』 1902년 11월 1일자 「미국 인민 권리론 련속」(三).
556. 『황성신문』 1906년 11월 7일자.
557. 『만세보』 1906년 9월 30일자 원문.

舊說, 分立法, 行政, 司法, 爲三權而使各獨立. 一時則風靡于歐洲之政治社會. 然. 此. 非究國家之實理本體而立者也. 惟以防權力之專握而完人民之自由. 爲目的. 其實則. 不合于理. 司法之裁判. 不過爲行政一部. 盖定裁判所之種類. 位置. 及職制. 皆屬行政上事務. 而只其裁判一事. 不以行政擎肘. 使之獨立而已. 如此者. 非獨司法. 如教育. 亦然. 夫所謂學問其物. 爲教育本體. 而此. 非政府之所關. 唯其教育之手段. 如學校之編成. 教育之書一等事. 皆行部之事業也. 國家分權之法. 當依國家之本義而定. 而國家之本義. 不可徒以法律. 爲足. 盖法律. 只以國家自顯之目的. 爲標準而定之. 而國家其物. 爲外界事物之所包圍. 不計其事情而適合之. 不得達其目的. 貫旨趣. 故. 立法機關之外. 要別有定其實施手段之機關. 而其實施手段. 於不遠法律之範圍內. 使得以獨立之權力. 定之可也. 樹太仁氏. 曰法律. 乃悠久之物. 然. 其施行方法. 不可不隨外界事情之變而共變. 故. 要與立法之權力. 別立云. 是其以行政. 不曰行法. 而曰行政. 使有各自獨立之權而毋相侵越. 元首. 以最上之權. 立於二權之上而執其權衡. 并爲國家之三權也.

구학설에서는 입법 · 행정 · 사법을 삼권으로 나누어 독립시켰다. 이 학설은 한때 유럽의 정치 사회에 유행하였다. 그러나 이 삼권분립은 국가의 실리와 본체를 궁구하여 설정된 것이 아니다. 다만 권력의 독점을 막아서 인민의 자유를 완전하게 할 것만을 목적으로 하였다. 그러나 그 내용은 이치에 맞지 않다. 사법의 재판은 행정의 한 부에 지나지 않는다. 재판소의 종류 · 위치 · 직제를 정하는 일은 모두 행정상의 사무에 속한다. 다만 사법부의 재판 한 가지만 행정으로 간섭하지 않고 독립시켰을 뿐이다. 이러한 점으로 보면 사법은 독립된 것이 아니다. 교육도 그러하다. 학문이란 것이 교육의 본체이다. 이것은 정부에서 관계할 것이다. 그러나 다만 학교의 편성 · 교육의 획일 등과 같은 교육의 수단은 모두 행정부의 사업이다.

국가에서 권력을 나누는 방법은 국가의 근본 의의에 따라서 정해져야 한다. 그러나 국가의 근본 의의는 단지 법률만으로는 충분할 수 없다. 대개 다만 국가 자체의 목적만을 표준으로 하여 법률을 정한다. 그러나 국가는 외계 사물에 둘러 싸여 있으므로 외계사정을 헤아려 적합하지 않으면, 국가의 목적이나 취지를 달성할 수 없다. 그러므로 입법기관 이외에 법률의 실시수단을 정하는 기관이 반드시 별도로 있어야 한다. 그리고 법률에서 멀지 않은 범위 안에서 독립된 권력으로 실시수단을 정할 수 있게 하는 것이 옳다. 슈타인 씨는 "법률은 바로 유구한 것이다. 그러나 그것의 시행방법은 외계 사정의 변화에 따라 변하지 않을 수 없다. 그러므로 반드시 입법의 권력과는 별도로 설정하여야 한다"라고 하였다. 이것이 바로 행정을 행법行法이라 하지 않고 행정이라고 하는 이유이다. 그리고 각자 독립된 권력을 가지게 하고 서로 침범하지 못하도록 한다. 원수는 최상의 권리로써 입법 · 행정의 위에 서서 이 두 권력의 균형을 잡는다. 이상의 삼자가 합쳐

국가의 삼권이 된다.[558]

이와 같이 몽테스키외의 이론을 구학설이라고 하면서 권력분립의 원리를 비판하고 있다. 이것은 뒤이어 나오는 슈타인樹太仁, Lorenz von Stein(1815~1890)[559]의 이름을 보거나 이 연재물 전체의 성격으로 볼 때 당시 독일의 지배적인 학설을 반영하는 것이다.

558. 김효전(2003) 역, 『국가학』, p.38.

559. 슈타인에 관하여는 김효전(1996), 『서양 헌법이론의 초기수용』, pp.306~310 외에 다음의 문헌 참조.

신율(1995), 「Lorenz von Stein의 사상에 관한 연구: Lorenz von Stein의 사회국가이론(Sozialstaat)과 행정철학의 독자성에 관한 연구」, 『한국행정학보』 제29집 제4호, pp.1257~1273; 박응격(1995), 「Lorenz von Stein의 학문적 생애와 행정사상」, 『한국행정학보』 제29집 제4호, pp.1401~1412.

일본 문헌은 森田勉(2001), 『ローレンツ・シュタイン研究: 憲法-憲政論・國家-社會學說・法哲學』, ミネルヴァ書房; 瀧井一博(1999), 『ドイツ國家學と明治法制』, ミネルヴァ書房; 星健一(1977), 「Lorenz von Stein 關係文獻」, 國立國會圖書館 参考書誌部, 『参考書誌研究』 제15호, pp.36~31; 上原貞夫(1994), 「戰前日本におけるシュタイン思想の受容動向: 特にその教育行政に注目して」. 권말에는 슈타인의 저작목록과 슈타인 관계 일본의 중요 문헌이 자료로 첨부되어 있다. 기타 清野幾久子(1997), 「福田德三の生存權論と '社會王制論': 大正期におけるL.v.シュタイン '受容' 問題」, 『法律論叢』(明治大學) 제69권 제3호 · 제4호 · 제5호 합병호, pp.59~82; 宇都宮純一(1998), 「西洋法繼受と立憲國家の形成(1)~(3): ローレンツ・フォン・シュタインの資料的研究を通じて」, 『愛媛法學會雜誌』 제24권 제1호 · 제2호 · 제4호.

번역으로는 石川三義 · 石塚正英 · 柴田隆行(1990) 역, 『平等主義と社會主義: 今日のフランスにおける社會主義と共産主義』, 法政大學出版局(*Der Socialismus und Communismus des heutigen Frankreichs: Ein Beitrag zur Zeitgeschichte,* Leipzig, 1842) 참조.

2) 각종 저술과 헌법 교과서

(1) 유길준의 『서유견문』(1895)

권력분립의 이론은 유길준도 알고 있었다. 그는 정부의 종류를 설명하는 가운데 군민공치 즉 입헌정체가 가장 좋은 것이며, 그러므로 이 정체가 실상은 의정, 행정 및 사법의 삼대강三大綱으로 나뉘니 군주는 이 삼대강의 원수라고 설명하고 있다.[560] 또 영국에서 사법, 행정 및 의정 대신大臣에 귀족을 많이 사용하는 것은 귀족이 주장하는 풍습이 있기 때문이라고 하나, 이 권력분립의 원리를 주장하지는 않는다. 이처럼 유길준은 삼권을 '총람하는' 국가원수로서 군주를 파악하고 군주는 통치의 대권을 일신에 집중 귀일하는 초연적 존재라고 주장한다.[561]

(2) 조성구의 『헌법』(1908)

당연한 것이지만 헌법 교과서에서는 빠짐없이 존 로크John Locke(1632~1704)와 몽테스키외C. Montesquieu(1689~1755)의 이름을 열거하고 있다. 예컨대 조성구는 그의 『헌법』에서 로크와 몽테스키외의 권력분립이론을 소개한 후 다음과 같이 비판적으로 기술하고 있다. 즉, 근래에는 일국에 독립 평등의 권력을 분립케 하여 입헌국가의 진리라 함은 일국의 통일을 파괴하고 국가의 인격을 감각減却하는 것이라는 학설이 일어나 지난 세기에 성행하던 삼권분립

560. 유길준(1971), 앞의 책 I, 『서유견문』, p.145, p.151.

561. 이에 대해서 유길준은 일본 헌법론의 영향을 받은 일제식 군주주권 사상을 포지하고 있었다는 견해(전봉덕, 1981, 앞의 책, p.226)도 있다. 그러나 군주제가 세계적인 추세였던 시대적 상황을 염두에 두어야 할 것이다.

이론은 이를 창도하는 자가 드물게 되었다고 한다.[562]

그 밖에 유치형의 『헌법』[563]이나 김상연의 『헌법』[564]에서도 자세한 설명은 하지 않고 있으나 권력분립의 원칙에 따라서 국가의 각 기관을 설명하고 있다.

(3) 『각국헌법략』(1908)

이 책은 제3장 「행정과 입법과 사법의 삼권이라」는 장에서 권력분립의 원리를 설명한다.[565] 즉 몽테스키외孟的斯鳩의 이론에 따르면 오늘날 입헌국가는 반드시 세 개의 대권으로 나누는데, 행정권은 정부대신이 군주를 보좌하여 관장하며, 입법권은 군주와 국회가 함께 관장하며, 사법권은 법원에서 군주의 명령을 받들어 관장하니 삼권이 다 군주에서 통일이라고 한다. 또 몽테스키외가 말하되 행정권이 행법권이라 하는데, 이는 모두 군주와 정부의 전제와 자의를 징계하여 권력을 억제하고자 하는 데에 있다고 한다.

그 밖에 콩스탕B. Constant 康士湯竟(1767~1830)과 블랑Jean-Joseph Louis Blanc 弗郎(1811~1882)이 병마권兵馬權을 추가하여 네 개의 대권으로 분류한 것도 소개하며, 독일의 블룬칠리가 권력분립설을 논박하여 삼권이 분리되면 국가는 장차 통일이 불가능할 우려가 있으므로 삼권은 결코 분립할 수 없으며, 또 나누지 않을 수도 없으니 오로

562. 조성구(1908), 『헌법』, pp.210~211.
563. 유치형(1907), 『헌법』, pp.85~86. 유치형은 "삼권분립설은 권력 자체를 분할하는 취지가 아니라 일정한 통치의 동작은 일정한 기관을 경유해야 한다는 것을 창도한 것"(p.48)이라고 설명한다.
564. 김상연(1908?), 『헌법』, p.32는 오늘날 삼권분립설은 오류이며 국권은 단일이라고 주장한다.
565. 『각국헌법략』, pp.4~6.

지 통일한 후에 나누는 것이 좋다는 학설도 함께 서술하고 있다.

이 글은 중국인 량치차오가 1899년에 같은 제목으로 『청의보清議報』에 쓴 글을 우리말로 옮긴 것이다. 그의 『음빙실문집飮氷室文集』에도 수록되어 있으며, 또한 1908년에는 정인호 역술, 『국가사상학』의 부록 『각국헌법략』[566]으로 번역되기도 하였다.

3) 논설

다음에 권력분립론에 관한 논설 중 한국에서 가장 체계적으로 다룬 최초의 것은 전영작全永爵[567]의 「입법 사법 급 행정의 구별과 기 의의」[568]라는 논문이다. 여기서는 독일 학자들의 견해를 빌려서 몽테스키외의 이론에 대하여 강력한 비판을 전개하고 있다. 즉, 몽테스키외의 이론에 많은 오류가 있으며, 이에 대한 비판으로 첫째 분류가 불완전한 점, 둘째 영국의 제도를 오해한 점, 셋째 실행하기 어려운 점, 넷째 이 학설을 그대로 실천하면 국가의 통일이 파괴될 것이라고 한다. 이러한 독일 학자들의 비난은 타당한 것이지만, 이들 결점을 가지고 삼권분립설의 기초되는 정신의 진리마저 가릴 수는 없다는 것이다. 또한 그 근본 사상은 실로 근세 입헌주의의 기초가 되며, 그 영향은 미국과 프랑스 헌법에 나타났으며,

566. 2003년 관악사에서 발간한 영인본 및 김효전(1996), 앞의 책, pp.440~442 참조.

567. 전영작은 평양 사람으로 1902년 일본으로 건너가서 正則豫備校에서 수학한 후 1903년 9월부터 1905년 7월까지 도쿄상공학교 실과를 졸업하였다. 같은 해 9월 메이지대학 법과에 입학하여 1908년 6월 崔錫夏와 함께 졸업하였으며, 태극학회의 평의원이었다(『태극학보』 제22호, p.58). 이 논문 외에 몇 가지의 경제 논문이 보인다. 예컨대 「經濟의 恐慌狀態를 論함」, 『태극학보』 제3호, pp.20~26 및 「學術上觀察노 商業經濟의 恐慌狀態를 論함」, 『태극학보』 제4호, pp.17~21 등.

568. 『태극학보』 제8호(1907), pp.13~16; 제10호, pp.24~27; 제12호, pp.18~22.

유럽 대륙의 헌법은 이 주의를 채택하지 않은 것이 없으며, 여러 가지 비판에도 불구하고 삼권의 분립은 근세 입헌국가의 보통 원칙이 된 것이다. 따라서 삼권분립이란 국권을 대등 독립한 삼종 권력의 분할이 아니라 권한의 분배인 것이라고 주장한다.

그리하여 권한의 분배는 군주국과 공화국이 서로 같은 것이 아니며, 공화국은 입헌군주국에 유사한 점이 적기 때문에 제외하고 오늘날 입헌군주국의 예를 상세하게 전개하고 있다.[569]

또한 권력분립에 대한 논설로는 오정선吳政善의 「입법 사법 급 행정의 구별 급 의의」[570]가 있다. 그 중요 부분은 다음과 같다. 즉, 몽테스키외가 『법의 정신』을 저술할 당시의 프랑스는 바로 왕권전제의 폐단이 극에 달한 시대이므로 그가 자국의 전제정치와 영국의 자유정치를 비교하여 자국의 폐정을 구하려면 영국의 제도로써 그 모범을 삼지 않을 수 없기 때문에 영국의 제도를 상세히 서술한 것이라고 한다.[571]

그 밖에 권력분립의 원리 자체를 상세하게 다룬 문헌은 많지 않으며, 몽테스키외나 『법의 정신』을 언급하는 경우에 간단히 언급할 뿐이다.[572]

행정권의 개념

행정은 종래의 전제주의에서도 존재했겠지만, 근대적 의미의 행정의 관념이 한국의 문헌에 처음으로 나타난 것은 역시 『한성

569. 『태극학보』 제8호, pp.13~16.
570. 『대한학회월보』 제9호(1908), pp.24~28.
571. 『대한학회월보』 제9호, p.25.
572. 프랑스 헌법이론과 몽테스키외에 관하여는 김효전(1996), 앞의 책, 제4장 참조.

순보』 제6호(1883)에 게재된 논설 「영국지략英國誌略」이라고 생각된다. 여기서 "정체는 군민동치를 주지로 한다. 군주의 자리는 세습제인데, 남녀가 모두 왕위를 잇는다. 정령을 출납하는 데는 삼권三權이 있으니 입법권은 상원과 하원 양원에 있고, 행정권과 사법권은 모두 내각에 있는데, 총재는 국왕이 된다"[573]라고 하여 삼권을 소개하고 있다.

또한 같은 『한성순보』 제10호(1884)의 「구미입헌정체」에서도 행정의 관념이 알려지게 되었으며, 또한 유길준은 『서유견문』 제5편에서 정부의 종류를 설명하면서 군민동치 또는 입헌정체 가운데서 "그러므로 이 정체가 실상은 의정, 행정 및 사법의 삼대강三大綱에 나누니 군주는 삼대강의 원수러라"[574]라고 하여 삼권과 행정을 언급하고 있다.

행정의 관념은 이후에도 각종 신문과 잡지의 논설을 통해서, 또는 법률교과서를 통해서 학술적인 외관을 갖추고 체계적으로 소개되기 시작했다. 특히 몽테스키외의 이론은 독일 학자들에 의해서 많은 비판을 받았으며, 이러한 독일의 이론을 모방한 일본 학자들의 설명은 그대로 조선에도 전파되었다.

논설 중에서는 전술한 전영작의 「입법 사법 급 행정의 구별과 기 의의」(『태극학보』)[575]가 가장 상세하며, 또 학술적인 체제를 갖추고

573. 『한성순보』 제6호 1883년 12월 20일자. 『한성순보』 번역판 1983, 관훈클럽 신영연구기금, p.94. 원문은 다음과 같다.
其 政軆以君民同治爲主旨君位世襲男女皆得嗣位惟出納政令有三大權一曰立法權在上下兩院二曰行政權三曰司法權右二權皆在內閣其總裁側國王也盖是國說有上下兩院凡制度政刑皆得議定.

574. 유길준(1971), 앞의 책 I, 『서유견문』, p.145.

575. 『태극학보』 제8호(1907), pp.13~16; 제10호, pp.24~27; 제12호, pp.18~22.

있다.

저술 중에서는 정인호 역술 『국가사상학』의 부록인 『각국헌법략』에서는 몽테스키외와 권력분립의 이론을 상세하게 서술하고 있는데, 행정을 '행법권行法權'이라고 본 것은 앞에서 살펴보았기에 생략한다.[576]

그러나 실제에 있어서 행정권과 사법권을 구별하지 못하는 실례는 행정의 영역에서 종종 나타났으며, 다음의 『독립신문』 기사가 이를 증거하고 있다.

> 젼라 어ᄉ 리승욱씨가 양부 양자 간 뎐답 송ᄉ로 락안 사는 양시화를 슌텬군으로 이슈ᄒ엿더니 양시화의 ᄋ둘이 고등재판쇼에 졍ᄒ딕 그 무죄홈을 알고 재판소에셔 광쥬부에 훈령ᄒ야 양시화를 방숑ᄒ라 혼즉 광쥬부는 그 훈령을 드듸여 슌텬군계 이훈ᄒ고 슌텬군슈는 광쥬부 훈령을 드듸여 양시화를 방송ᄒ엿더니 칠팔일 젼에 리승욱씨가 슌텬군 츌도ᄒ야 군슈의 보호 병뎡 ᄉ명을 잔혹히 따린 후 칼을 씌워 가두엇다 ᄒ니 리승욱씨가 군명을 칭탁ᄒ고 행졍권과 ᄉ법권을 쳔단히 ᄒ야 관민을 괴롭게 ᄒ더니 지금은 군부권까지 범ᄒ니 가외로다 ᄒ고 이 편지를 엇더혼 친구가 신문샤에 혼엿는딕 만일 이 말이 실샹일 것 곳ᄒ면 리승욱씨의 권리는 죠션에 뎨일일너라.[577]

오늘날 같으면 행정으로 표현할 현상을 당시에는 정사政事니 정政이니 하는 말로 나타냈으며(제1장 「정치」 항목 참조), 아직 '집행the executive'

576. 정인호(1908), 『각국헌법략』, pp.4~6.
577. 『독립신문』 1897년 9월 25일자.

의 개념은 알지 못한 것 같다.

행정과 관련하여 1899년에 개교한 시무학교에서는 교과목 속에 행정학과 정치학이 들어 있으며, 1906년에 개정된 법관양성소 교과목 속에도 행정학 등 과목이 신설되고 있는데, 그 구체적인 내용이나 담당 교강사 등 자세한 것은 알 수가 없다.

사법권의 개념

다음에 사법司法이란 말은 입법, 행정과 함께 권력분립을 나타내는 기본적인 국가기관이다. 주지하듯이 사법이 행정으로부터 분리된 것은 몽테스키외의 『법의 정신』에서 유래하기 때문에 서구에서도 그리 오래된 일은 아니다.

일본에서는 메이지 초기에 전술한 소에지마 다네오미와 후쿠오카 다카치카 두 사람이 『정체서』를 초안하면서 그 자료로서 『연방지략』, 『만국공법』, 『서양사정』 등을 참고하였으며, 입법, 행법, 사법의 삼권이란 말은 『연방지략』의 입법권병立法權柄, 행법권병行法權柄, 심판총권審判總權,과 『만국공법』의 제법지권制法之權, 행법지권行法之權, 사법지권司法之權의 번역어에서 취한 것이라고 한다.[578]

중국에서 현재의 의미로 사용되는 사법은 일본어에서 차용한 것이라고 하며, 허루장何如璋의 『사동술략병잡영使東述略並雜詠』(1877) 105면, 황쭌셴黃遵憲의 『일본국지日本國志』(1890) 617면, 황경징黃慶澄의 『동유일기東遊日記』(1894) 336면을 열거하고 있다.[579]

한국에서의 사법권의 관념 역시 앞에서 본 『한성순보』 제6호

578. 稻田正次(1960), 『明治憲法成立史』(上), 有斐閣, p.27.
579. 마시니(2005), 앞의 책, p.274.

(1883)의 논설 「영국지략」에서 보이며, 이어서 제10호(1884)의 논설 「구미입헌정체」 속에서 상세하게 알려지게 되었다.[580] 이 논설에서는 입법권, 행정권, 그리고 사법권의 내용을 자세히 설명한 후 헌법에 관하여 설명한다.

그 밖에 여러 신문의 논설이나 잡지에서도 사법권의 개념이 상세하게 알려졌으나,[581] 『만세보』가 연재한 「국가학」에서는 "사법의 재판은 행정의 한 부에 지나지 않는다. 재판소의 종류, 위치, 직제를 정하는 일은 모두 행정상의 사무에 속한다. 다만 사법부의 재판 한 가지만 행정으로 간섭하지 않고 독립시켰을 뿐이다. 이러한 점으로 보면 사법은 독립된 것이 아니다"[582]라고 하여 사법을 소극적으로 이해하고 있다.

사법권이 집행권으로부터 분리되기 시작한 것도 역시 갑오경장 이후의 일에 속한다. 1894년 6월 28일 군국기무처는 종전의 형조를 폐지하고 법무아문을 설치하여 모든 범죄인에 대한 사법관에 의한 재판권이 법무아문에 있음을 공표하였다. 같은 해 12월 16일 의금사(議禁司)를 법무아문 권설재판소로 개명하고, 지방재판 이외의 종래 법무아문이 맡았던 모든 재판을 관장하였다. 1895년 법률 제1호로 재판소구성법을 공포하고 지방재판소, 한성 및 개항장재판소, 순회재판소, 고등재판소, 특별재판소의 5종으로 하였다. 그러나 지방재판소는 구성되지 않았으며, 같은 해 5월 한성재판소가

580. 신우철(2008), 『비교헌법사』, 법문사, p.170에서는 1881년 박정양과 엄세영의 조사시찰단의 일본방문보고서가 최초라고 한다.

581. 예컨대 일본의 사법사에 관하여는 『황성신문』 1906년 11월 7일자 「일본유신삼십년사」. 상세한 것은 김효전(2000), 앞의 책, pp.82~98 참조.

582. 『만세보』 1906년 9월 30일자. 김효전(2003) 역, 『국가학』, p.38.

설치되면서 비로소 사법관에 의한 재판이 가능하게 되었다.[583]

그러나 사법권의 독립이 미처 확립되기도 전인 1905년 이른바 을사보호조약에 의해서 통감부가 설치되면서부터 한국의 통치권은 일본의 직접적인 영향 아래 들어가게 된다. 1907년에는 최초의 근대적인 변호사[584]를 선발하여 외관을 갖추기 시작했지만, 통감부는 일본인을 한국의 판검사로 임명하는 한편, 1909년에는 사법권을 일본 정부에게 위임하는 각서에 따라서 법부를 폐지하기에 이른다.[585] 이처럼 이론에서뿐만 아니라 실제에서도 아직 사법권의 개념은 일반 한국인의 법 생활과는 거리가 먼 것이었다.

여하튼 한일합방이 될 때까지 한국의 사법권은 그 개념조차 확립되지 못한 상태였다고 결론내리지 않을 수 없을 것이다. 왜냐하면 한국의 사법권을 좌지우지한 일본이 서구의 제도를 수입한 지 불과 15년도 안 된 일천한 연륜과 미숙한 경험을 가지고 다른 국가의 사법제도를 개선하겠다고 나선 것 자체가 무모한 일이었고 실현 불가능한 일이었기 때문이다. 이것은 비단 사법제도 하나에 그치는 것이 아니라 일본의 한국에 대한 식민지통치 전체가 시행착오의 연속이었음을 보여 주는 좋은 예가 되는 것이다.

583. 박병호(1973), 『한국법제사고』, 법문사, p.311; 정종섭(2008), 『헌법학원론』, 박영사, p.1209.
584. 김효전(2009), 「근대적 변호사제도의 도입」, 『서울지방변호사회100년사』, pp.43~91.
585. 문헌은 森山茂德(2004), 「保護政治下韓國における司法制度改革の理念と現實」, 淺野豊美 · 松田利彦 편, 『植民地帝國日本の法的構造』, 信山社, pp.278~317 참조.

5. 헌법 개념의 법전화

이상과 같이 헌법이나 입헌주의의 관념은 먼저 신문을 통하여, 다음에는 각종 교과서와 계몽잡지를 통해서 급속히 일반에게 보급되기 시작하였다. 그러나 조선에도 경국대전經國大典을 비롯하여 국가의 기본법이 존재하였으나 이것들은 체계화되거나 근대화되지 못한 채 개화법이나 서구법과 갑자기 만나게 된다. 이와 함께 통치자의 입장에서도 국가 통치의 기본이나 대강을 성문으로 명확히 해둘 필요성을 느끼게 되었다. 그리하여 조선 정부는 헌법에 유사한 몇 가지의 법령을 공포하기에 이른다. 다음에 전통법과 근대법의 만남과 대결을 간단히 묘사해 본다.

경국대전의 의미

조선 정부는 일찍부터 체계적인 법전으로서 경국대전, 대명률大明律, 대전회통大典會通 등을 가지고 있었으며,[586] 여기에는 오늘날 우리들이 '헌법'이라고 부르는 국가통치의 기본에 관한 규정들이 마련되어 있었다. 특히 경국대전에 대해서는 '조선 왕조의 헌법전'[587]이라고 성급하게 결론을 내리는 사람도 있으며, 경국대전을 '불문헌법'으로 보는 견해[588]도 있다. 더구나 헌법재판소가 신행정수도의건설을위한특별조치법위헌확인 결정에서 조선시대의 도읍지 개념을 소개하면서 경국대전에 대해서 새로운 조명과 의미를 부여한 점은 높이 평가되어야 할 것이다.[589] 주지하듯이 경국대전은 중국의 법전인 주례周禮 육전六典의 형식에 따라서 이吏, 호戶, 예禮, 병兵, 형刑, 공工의 육전으로 구성되어 있으며, 오늘날의 헌법에 해당되는 조문들도 일부 내포하고 있다. 문제는 경국대전의 헌법적 성격의 여부가 아니라 기능과 역할의 문제라고 하겠다. 경국대전뿐만 아니라 대명률, 대전회통 모두 조선 왕조가 유지되는 동안 계속되었으나 법으로서의 권위상실이나 규범력의 약화라는 현상은 특히 근대 서구법과 법사상의 유입으로 현저하게 드러났다. 『독립신문』을 비롯한 『뎨국신문』, 『황성신문』, 『대한매일신보』의

586. 대명률과 대전회통을 언급한 논설은 『뎨국신문』 1901년 4월 25일자.
587. 김재문(2007), 『경국대전의 편찬과 법이론 및 법의 정신』, 아세아문화사, p.10. 이 책에서는 조선왕조를 '자랑스런 500여 년간의 법치주의 국가'(p.9)라고 정의 내리는데, 이는 형식적 법치국가는 되겠지만 실질적 법치국가는 아니라는 기본전제를 망각한 오류를 범하고 있다.
588. 김형남(2007), 「조선왕조 경국대전의 헌법적 의미」, 『법학논총』(단국대) 제31권 제2호, p.152, p.158.
589. 헌재 2004. 10. 21. 2004헌마554 · 566(병합) 전원재판부, 『헌법재판소판례집』(2004) 제16권 제2집(하), pp.1~75(4)

논설의 상당수는 법률 장정을 잘 지키고 시행하는 것을 강조하였을 뿐이며,[590] '헌법'의 필요성이나 '총장정'의 제정에 대해서 적극적으로 주장한 일은 별로 없으며, 논설 중에서도 헌법이나 입헌정치의 중요성을 설파한 것은 이른바 보호조약을 체결한 이후의 일에 속한다.

또한 경국대전과 근대적 서구법과의 관계는 만국공법에서처럼 '충돌'하는 현상은 비교적 적다. 그러나 "개화법이니 타국법이니 하여 가며 시비도 하고 비웃기도 하고, …법률이란 것은 옛적과 지금이나 우리나라와 다름이 없고…"[591]라는 표현에서 보듯이, 법률과 장정의 개념은 대부분 형법과 민사법에 집중되고 있으며, 정치적 법으로서의 헌법이란 개념은 시대적인 힘이나 운동으로서 다이내믹하게 전개되기 어려운 상황이었다. 그것은 근대적 의미의 헌법은 무엇보다 군주권한의 제한이나 약화를 의미하기 때문에 '헌법'이나 '입헌주의'란 말조차 조심스럽게 또는 위험을 무릅쓰고 조그맣게 말할 수 있을 뿐이었다. 더구나 국민주권이나 공화정치는 발설조차 하기 어려웠다.[592] 그러나 인간은 본성상 자유를 갈망하며 역사는 진보한다는 시대의 커다란 흐름은 누구도 막을 수 없었기 때문에 어떤 형태로든 조선의 정치개혁은 불가피하였

590. 『데국신문』 1898년 11월 12일자 논설에서는 "아모쪼록 학문 배우고 법률장정 지키시오. 법률은 저울이오 장정은 자이로세. 저울 없이 경중 알며 자 없이 옷 짓던가. 법 모르고 청송하면 재판이 망판이오 장정 없이 정사하면 공사가 패사되네"라고 경고하고 있다. 기타 『데국신문』 1900년 7월 25일, 1900년 8월 4일, 11월 20일자 논설 참조.

591. 『데국신문』 1898년 11월 24일자 논설.

592. 1898년 11월 4일 밤 수구세력은 독립협회가 왕정을 폐지하고 공화정을 수립한다고 고종을 충동하여 이른바 익명서사건을 일으킨다. 이에 대해서 『데국신문』 1898년 11월 12일자 논설은 "독립협회 회원들이 공화정치 한다 한 말 수 만 명 모인 동포 기가 막혀 울음 우니 법관들도 눈물 낸다"고 표현하고 있다.

고 또한 필연적이었다.

홍범 14조

조선 정부는 밖으로는 구미 열강의 침략 위협과 안으로는 봉건제도의 타파를 요구하는 아래로부터의 개혁에 부응하여 갑오경장을 단행한다. 고종은 1894년 12월 12일(양력 1895년 1월 7일) 종묘에 나아가 개혁정치의 추진을 서약하고 국가의 기본법이라고 할 수 있는 홍범洪範 14조[593]를 반포하였다. 그 내용은 다음과 같다.[594, 595]

1. 淸國에 附依ᄒᆞᄂᆞᆫ 慮念을 割斷ᄒᆞ고 自主獨立ᄒᆞᄂᆞᆫ 基礎를 確建ᄒᆞ미라.
2. 王室典範을 制定ᄒᆞ야써 大位繼承과 밋 宗戚分義를 昭케 ᄒᆞ미라.
3. 大君主가 正殿에 御ᄒᆞ야 事를 視ᄒᆞ미 國政을 親히 各 大臣에게 詢ᄒᆞ야 裁決ᄒᆞ고 后嬪宗戚이 干預 ᄒᆞ믈 容치 아니미라.
4. 王室事務와 國政事務를 須卽分離ᄒᆞ고 셔로 混合아니 ᄒᆞ미라.
5. 議政府와 各 衙門職務權限의 制定을 明行ᄒᆞ미라.

593. 북한에서 발행한『리조실록』391권(고종 15년 · 1991, pp.316~317)의 번역에서는 洪範을 '큰 규범'으로 번역한다. 따라서 '홍범 14조'를 '14개 조목의 큰 규범'(p.315)이란 설명식의 번역을 하고 있어서 고유명사와 보통명사의 구별을 인정하지 않는 결과 커다란 혼동을 일으키고 있다. Isabella Bird Bishop(1897), *Korea and Her Neighbours*(이사벨라 버드 비숍(1994),『한국과 그 이웃 나라들』, 이인화 옮김, 살림, p.292)에서는 '대헌장'으로 옮긴다.

594. 원문은 한문, 국한문, 한글의 세 가지로 되어 있다. 국회도서관(1971),『한말 근대법령자료집』I, pp.133~137 참조.

595. 홍범 14조의 중요성과는 반대로 연구문헌은 빈약하다. 예컨대 강만길(1974) 해설,「고종황제 홍범 14조(宗廟誓告文)와 교육입국 詔書」,『교육논총』(고려대학교 교육대학원) 제1권, pp.113~118; 이용선(1984),「갑오개혁 홍범 14조와 보부상 물매작대기」,『중소기업진흥』제38호, pp.49~54 등.

6. 人民이 稅를 出호믄 다 法令에 定훈 率을 由ᄒᆞ고 名目을 妄加ᄒᆞ야 徵收를 濫行ᄒᆞ미 不可ᄒᆞ미라.

7. 租稅를 課徵홈과 및 經費를 支出호믄 다 度支衙門을 由ᄒᆞ야 管轄ᄒᆞ미라.

8. 王室費用을 率先節減ᄒᆞ야ᄡᅥ 各衙門 及 地方官의 模範을 되게 ᄒᆞ미라.

9. 王室費 及 各官府費用에 一年額算을 豫定ᄒᆞ야 財政基礎를 確立ᄒᆞ미라.

10. 地方官制를 亟히 改定호믈 合ᄒᆞ야ᄡᅥ 地方官吏職權을 限節ᄒᆞ미라.

11. 國中聰俊子弟를 廣ᄒᆞ게 派遣호믈 行ᄒᆞ야ᄡᅥ 外國學術과 技藝를 傳習ᄒᆞ미라.

12. 將官을 教育ᄒᆞ고 兵을 徵ᄒᆞ는 法을 用ᄒᆞ야 軍制基礎를 確定ᄒᆞ미라.

13. 民法과 刑法을 嚴明ᄒᆞ게 制定ᄒᆞ고 可히 監禁과 懲罰을 濫行치 말아ᄡᅥ 人民의 生命 及 財産을 保全ᄒᆞ미라.

14. 人을 用ᄒᆞ미 門地를 拘치 아니ᄒᆞ고 士를 求ᄒᆞ미 野에 遍及ᄒᆞ야ᄡᅥ 人才의 登庸을 廣ᄒᆞ게 ᄒᆞ미라.

이 홍범 14조에 대해서는 "국정의 민주적 개혁을 약속한 것으로서…우리나라 최초의 근대적 성질을 띠운 헌법"[596]이라고 보기도 하며, "일종의 흠정헌법"[597] 또는 "당시 홍범 14조는 헌법과 같

596. 유진오(1949 · 1953), 『신고헌법해의』, 일조각, pp.10~11.
597. Kwon, Young-Sung(1974), *Verfassung und Verfassungswirklichkeit*, Göttinger Diss. S.11. 신우철(2008), 『비교헌법사』, p.63의 주195에서 재인용.

이 생각되고 있었으며…”,[598] “법의 일종의 선행 형태인 대강령 같은 것”[599] 등 헌법이라고 해석하는 사람도 있으나, 국가 통치의 근본 강령을 표현한 것에 불과하다. 따라서 실질적 의미의 헌법의 일부는 될 수 있으나, 바로 근대적 의미의 헌법이라고 단정하기는 어렵다.

당시 독립협회는 김홍륙사건에 관련된 상소문에서 홍범 14조를 다음과 같이 언급하고 있다.

> 폐하께옵셔 상텬호생지덕을 몸 밧으시며 오쥬五洲 평항의 권리를 잡으시와 개국 五百三년 七월 초 九일에 윤시 ᄒᆞ옵신 의안議案과 그해 十二월 十二일에 우흐로 죵묘에 셔고 ᄒᆞ옵시고 텬하에 반포ᄒᆞ옵신 홍범洪範 十四됴ᄂᆞᆫ 이것이 이 즁흥의 관셕화균關石和匀이어늘 이제 이 즁추원 의관신들이 샤연히 상쇼ᄒᆞ와 잔혹ᄒᆞᆫ 녯법을 회복코져 ᄒᆞ와 폐하 증감이 잇슬 ᄌᆞ이니 업대여 원컨ᄃᆡ 폐하께셔 일병 물니치시와 써 죠정 기강을 엄슉히 ᄒᆞ시옵쇼셔.[600]

또한 「일본 개화 긔초」라는 논설 속에서 1868년(메이지 원년)에 일본 천황이 광포한 서문誓文 5조[601]와 그때에 일본 정부의 관원들이 한

598. 신용하(1976), 『독립협회연구』, 일조각, p.396.
599. 신용하(2006), 『신판 독립협회연구』(하), 일조각, p.790.
600. 『독립신문』 1898년 10월 8일자.
601. 서문 5조란 1868년 3월 일본 메이지 천황이 선포한 메이지 신정을 위한 5개조의 기본정책을 말한다. 일찍이 독립신문 1898년 12월 6일자 사설에서도 그 내용을 소개하고 있다. 즉 (1) 널리 회의를 열어 만기를 공론에 결정할 것, (2) 상하 마음을 하나로 하여 성대히 경륜을 행할 것, (3) 문무관이 함께 서민에 이르기까지 그 뜻을 다하여 사람의 마음으로 하여금 게으르지 않게 할 것, (4) 구래의 누습을 타파하고 천지의 공도에 근거할 것, (5) 지식을 세계에 구하여 크게 皇基를 진작할 것이다. 일본에서는 입헌체제의 근저를 이루는 것

말을 소개하면서 홍범 14조와 비교하고 있다.

> 대한 황상 폐하의 홍범과 죠칙과 十一월 二十六일 친림 ᄒᆞ옵신 칙어를 밧ᄌᆞ와 보오면 만민을 ᄉᆞ랑ᄒᆞ옵시ᄂᆞᆫ 셩의가 일본 황뎨의 五됴 셔문과 뜻이 ᄀᆞᆺ흐시것마ᄂᆞᆫ 불행히 졍부에셔 셩지를 봉톄ᄒᆞᄂᆞᆫ 사ᄅᆞᆷ이 업서셔 친림 칙어 나리옵신 후에도 또 백셩을 얼ᄆᆞ큼 쇽이니 통탄 ᄒᆞᆯ 일이로다.[602]

이것은 단순히 일본 천황의 서문 5조와 홍범 14조의 비교에 그치는 것이 아니라 '군신이 상약'하였다는 표현에서 보듯이, 국가의 근본법을 군주와 신하의 '계약'이나 '약속'으로 이해하였다는 점에 그 의의를 발견할 수 있을 것이다.[603]

또한 독립협회의 윤치호 등이 상소한 가운데 홍범을 언급한 것이 발견된다.

> …폐하께셔 독립의 긔쵸를 세우샤 오쥬五洲 평행平行의 권을 잡으시고 홍범洪範으로써 죵샤에 셔고 ᄒᆞ옵시며 률령으로써 신셔의게 반포ᄒᆞ셧스니 법규가 어질고 아롬답지 아니ᄒᆞᆷ이 아니오니 (…) ᄯᅩ 근일에 구

으로서 매우 중요한 의미를 지닌다.

602. 『독립신문』 1898년 12월 6일자.

603. 계약으로서의 헌법은 C. Schmitt(1928), *Verfassungslehre*, SS.61~75; Ernst-Wolfgang Böckenförde(1983), Geschichtliche Entwicklung und Bedeutungswandel der Verfassung, in: ders.(1991), *Staat, Verfassung, Demokratie*, S.29 ff.; 뵈켄회르데(1992), 『헌법 · 국가 · 자유』, 김효전 역, 법문사, pp.48~53 참조. 그러나 고종의 칙어와 메이지 서문 5조는 그 체결방식에서 상당한 차이가 있다고 보는 견해도 있다(김홍우(2007), 『한국정치의 현상학적 이해』, p.725).

라파 각국셔 비록 젼뎨專制 정치라도 샹하 의원을 셜시ᄒᆞ야써 국시國是를 무르며 말길을 넓히 렬엇스니…[604]

이 상소문에 대해서 비지批旨가 내려 조정의 일을 망령되이 의론할 것이 아니라고 한 데 대해서 다시 재소를 올리면서 또다시 홍범을 언급한다. 여기서는 '홍범'을 오늘날의 헌법과 의미로 사용한 것처럼 보인다.

…ᄀᆞᆯᄋᆞ딕 법과 령은 홍범洪範을 다 쥰행ᄒᆞ옵고 돕는 신하는 어진 이를 다시 뽑숩고 리롭고 폐단되는 것은 백셩의 의론을 넓히 개시옵는 것이 오날놀 급히 힘 쓸대 큰 강령과 큰 제목이옵거놀 (…) 원컨대 폐하께셔 확휘 건단ᄒᆞ샤 홍범을 실샹 쥰행ᄒᆞ심과 현량을 다시 뽑으심과 백셩의 의론을 넓히 캐실 세 ᄀᆞ지 일을 특히 윤하ᄒᆞ오셔….[605]

이처럼 홍범의 실질적인 준수와 돕는 신하의 취사선택과 여론의 존중을 강조하고 있다.

또한 『황성신문』은 「개국오백삼년이후정형開國五百三年以後情形」이란 논설 속에서 홍범 14조를 국시로 정한 것으로 아래와 같이 기록하고 있다.

大皇帝陛下께옵셔 洪範 十四條를 將ᄒᆞ샤 祖宗在天之靈에 誓告ᄒᆞ시고 中外大小臣民에게 誕敷ᄒᆞ신 後에 政綱을 釐革ᄒᆞ시고 積弊를 矯

604. 『독립신문』 1898년 7월 5일자.
605. 『독립신문』 1898년 7월 13일자.

正ᄒᆞ실새 內而冗官을 節省ᄒᆞ시며 外而府郡을 劃定ᄒᆞ시니 此 洪範 十四條 勅令 頒布日로부터 實施케 ᄒᆞ시니라.[606]

그 밖에 『황성신문』의 논설에서도 홍범을 인용하여 "홍범에 왈曰 호ᄃᆡ 무편무당無偏無黨이면 왕도王道ㅡ탕탕蕩蕩ᄒᆞ고 무당무편無黨無偏이면 왕도王道ㅡ평평平平이라 ᄒᆞ니"[607]라는 표현이 발견된다.

대한국 국제

고종은 1899년(광무 3년) 6월 조서를 내리고 법규교정소를 신설하였다.[608] 이것은 입법기관으로서의 중추원의 운영을 계속 거부하고 의회설립운동의 시대적 조류를 외면하고 경계한 것이었다.[609] 1899년 8월 17일 법규교정소는 고종에게 상주하였는데, 그 구성원은 총재 윤용선尹容善, 의정관 서정순徐正淳, 이종건李鍾健, 이윤용李允用,

606. 『황성신문』 1899년 5월 25일자.
607. 『황성신문』 1899년 9월 18일자.
608. 대한국 국제에 관한 문헌은 민경식(2007), 「대한국 국제」, 『법학논문집』(중앙대), 제31집 1호, pp. 23~55; 윤대식, 「대한제국 선포와 대한국 국제」, 2007년 12월 14일 한국정치학회 연례학술회의 발표문; 도면회(2004), 「'대한국 국제'와 대한제국의 정치구조」, 『내일을 여는 역사』 제17호, pp.190~203; 조재곤(1999), 「대한제국의 '국제' 및 군사제도」, 『한국사』 42, 국사편찬위원회; 김태웅(1997), 「대한제국기의 법규교정과 국제 제정」, 김용섭교수 정년기념 한국사논총 3 『한국근현대의 민족문제와 신국가건설』, 지식산업사, pp.185~209; 서진교(1996), 「1899년 고종의 '대한국 국제' 반포와 전제황제권의 추구」, 『한국근현대사연구』 제5집, pp.42~67; 전봉덕(1974), 「대한국 국제의 제정과 기본사상」, 『법사학연구』 제1호, pp.5~24; 및 전봉덕(1981), 『한국근대법사상사』, 박영사, pp.99~118에 재수록; 고문숙(1985), 「'대한국 국제'에 대한 연구」, 단국대학교 석사학위논문; 이영로(1985), 「대한국 국제에 관한 연구」, 강원대학교 석사학위논문 등 참조.
일본 문헌은 시노부 준페이(信夫淳平, 1871~1962)의 선행 연구논문, 「韓國國制の發布」, 『地學雜誌』 11~129(1902)와 「大韓國國制の欽定」, 『太陽』 第5卷 第22號(1902)이 있다.
609. 전봉덕(1973), 「한국근대사법제도사」 (3), 『대한변호사협회회보』 제5호, p.51; 전봉덕(1981), 앞의 책, p.102.

권재형權在衡, 박용대朴容大, 르장드르LeGendre 李善得, 브라운J. McLeavy Brown 柏卓安, 성기운成岐運, 김영준金永準, 그레이트하우스Greathouse 具禮, 위원 김익승金益昇, 고희경高羲敬, 현상건玄尙健이다.[610] 총재 윤용선은 "나라를 세운 초기에는 반드시 정치가 어떠하고 군권이 어떠한가 하는 것으로 일정한 제도를 만들어 천하에 소상히 보인 뒤에야 신하와 백성에게 그대로 따르고 어김이 없게 하는 것입니다" 하고, 지금까지 이러한 법을 반포하지 못한 것은 "거기까지 손을 쓸 겨를이 없었기" 때문이며, "선왕조에서 미처 하지 못한 일"을 이제야 하는 것이라고 하였다.

이어서 "법규교정소에서 국제를 잘 상량하여 세워서 보고하여 분부를 받으라고 하였으므로 감히 여러 사람들의 의견을 수집하고 공법을 참조하여 국제 1편을 정함으로써 본 국의 정치는 어떤 정치이고 본 국의 군권은 어떤 군권인가를 밝히려 합니다. 이것은 실로 법규의 대두뇌이며 대관건입니다. 이 제도를 한 번 반포하면 온갖 법규가 쉽게 결정될 것이니 그것을 교정하는 데 무슨 문제가 있겠습니까?" 하고 고종의 재가를 요청하였다.

이에 대해서 고종은 "이 주본에 대해서 여러 사람의 의견이 같으며 외국인의 의견 역시 옳다고 하는가?" 하고 한 번 물은 후 의

610. 1899년 7월 10일에는 실무위원으로 법부 법무국장 신재영(申載永), 중추원의관 김익승(金益昇), 군부대신 관방장 한석창(韓錫昌), 중추원의관 한영복(韓永福)을, 주사로 외부 주사 최문현(崔文鉉), 의정부 주사 김중연(金重演), 궁내부 주사 최홍준(崔泓俊), 농상공부 주사 홍재하(洪在夏), 법부 주사 류원성(柳遠聲)을 각각 임명하였다. 이들은 모두 전통적인 율학을 배운 인사들이며 근대적인 서구의 법학에 대해서는 총재 윤용선이 말하듯이 공법(漢譯 국제법) 책을 접한 정도이다.
또한 법규교정소의 의정관으로 대표적인 수구파인 신기선(申箕善)이 빠진 것은 외국 공사관 측의 교정소에 대한 부정적인 시각을 없애려는 의도로 보는 견해도 있다. 서진교(1996), 『한국근현대사연구』 제5집, p.50 참조.

견이 같다고 대답하니 바로 반시하라고 하였다.[611]

1) 대한국 국제의 반시

그리하여 법규교정소는 절대군주권의 강화를 목적으로 하는 '대한국 국제'를 반시頒示하였다. 그 내용은 다음과 같다.[612]

제1조 大韓國은 世界萬國의 公認되온 바 自主獨立ᄒᆞ온 帝國이니라.

제2조 大韓帝國의 政治는 由前則五百年 傳來ᄒᆞ시고 由後則亘萬世 不變ᄒᆞ하오실 專制政治이니라.

제3조 大韓國 大皇帝게ᄋᆸ셔는 無限ᄒᆞ온 君權을 享有ᄒᆞᄋᆸ시ᄂᆞ니 公法에 謂ᄒᆞᆫ바 自立政體이니라.

제4조 大韓國 臣民이 大皇帝의 享有ᄒᆞᄋᆸ시는 君權을 侵損ᄒᆞ올 行爲가 有ᄒᆞ면 其已行未行을 勿論ᄒᆞ고 臣民의 道理를 失ᄒᆞᆫ 者로 認ᄒᆞᆯ지니라.

제5조 大韓國 大皇帝게ᄋᆸ셔는 國內 陸海軍을 統率ᄒᆞᄋᆸ셔 編制를 定ᄒᆞᄋᆸ시고 戒嚴解嚴을 命ᄒᆞᄋᆸ시나니라.

제6조 大韓國 大皇帝게ᄋᆸ셔는 法律을 制定ᄒᆞᄋᆸ셔 其 頒布와 執行을 命ᄒᆞᄋᆸ시고 萬國의 公共ᄒᆞᆫ 法律을 效倣ᄒᆞ샤 國內法律도 改定ᄒᆞᄋᆸ시고 大赦 特赦 減刑 復權을 命ᄒᆞᄋᆸ시ᄂᆞ니 公法에 謂ᄒᆞᆫ바 自定律例이니라.

제7조 大韓國 大皇帝게ᄋᆸ셔는 行政各府部의 官制와 文武官의 俸

611. 『고종실록』 1899년 8월 17일자.

612. 『관보』 제1346호. 광무 3년(1899) 8월 22일자. 또한 『한말근대법령자료집』 II, pp.541~543에도 수록.

給을 制定 或 改正ᄒᆞ옵시고 行政上 必要ᄒᆞᆫ 各項 勅令을 發ᄒᆞ옵시ᄂᆞ니 公法에 謂ᄒᆞᆫ바 自行治理이니라.

제8조 大韓國 大皇帝게옵셔는 文武官의 黜陟 任免을 行ᄒᆞ옵시고 爵位 勳章 及 其他 榮典을 授與 或 遞奪ᄒᆞ옵시ᄂᆞ니 公法에 謂ᄒᆞᆫ바 自選臣工이니라.

제9조 大韓國 大皇帝게옵셔는 各有約國에 使臣을 派送駐紮케 ᄒᆞ옵시고 宣戰 講和 及 諸般 約條 締結ᄒᆞ옵시ᄂᆞ니 公法에 謂ᄒᆞᆫ바 自遣使臣이니라.

이 국제에 관하여 일찍이 당시의 『독립신문』은 「대한뎨국 정치 군권」이란 제목의 보도에서 다음과 같이 보도하고 있다. 중요한 기사이기 때문에 전문을 게재한다.

법규교뎡쇼 총 신 윤용션 의정관 신 셔졍슌 리지슌 리죵건 신 민병셕 신 리윤용 신 권지형 신 박용대 신 리션득 신 빅탁안 신 셩긔운 신 김영쥰 신 구례 솜가 알외되 나라의 비로쇼 셰울 적에 반다시 몬져 졍ᄉᆞ 다ᄉᆞ리는 것이 엇더ᄒᆞᆫ 것과 님군의 권이 엇더ᄒᆞᆫ 것을 일뎡ᄒᆞᆫ 뎨도로 져유著有ᄒᆞ야 텬하에 쇼시昭示ᄒᆞᆫ 연후에 가히 신민으로 ᄒᆞ여금 식쥰式遵ᄒᆞ야 억임이 업게 ᄒᆞ는 것이라. 녯적에 우리 태죠 대왕ᄭᅴ셔 탄싱ᄒᆞ심이 텬명을 응ᄒᆞ샤 업을 챵건ᄒᆞ시고 졍통을 드리우샤 오히려 이런 뎡ᄒᆞᆫ 뎨도로 반포ᄒᆞ야 보힘이 업슨 쟈는 대개 겨를치 못ᄒᆞ심이 잇슴이라. 우리 폐하ᄭᅴ셔 웃 셩인의 쟈품으로써 가온ᄃᆡ 이러나시는 업을 셰우시고 임의 보위寶位에 나아가셧스며 이어 또 나라 일홈을 곳쳐 명ᄒᆞ셧스니 쥬 나라이 비록 녯 나라이나 그 명이 오즉 새롭다 ᄒᆞ엿스니 万億년 무강의 아름다움이 실노 이에 긔쵸홈인즉 므릇 션왕죠에셔 겨를치 못ᄒᆞ신 일이 다 쟝ᄎᆞ 오날ᄂᆞᆯ을 기다리심이 잇셧기에 이 법규 교뎡쇼의 써 베픈 바이다. 이졔 업ᄃᆡ여 죠칙을 밧드러 신의 쇼所로 브터 국뎨國制 세움을 샹론ᄒᆞ야 알외여 셩디를 무르라 ᄒᆞ셧기에 이에 감히 뭇 의론을 취ᄒᆞ고 공법에 빗쵸여 국뎨 일편을 빅여 뎡ᄒᆞ야써 본국 졍치가 엇던 졍치가 되며 군권이 엇던 군권이 되ᄂᆞᆫ 것을 ᄇᆞᆰ히ᄂᆞᆫ 것은 이 진실노 법규의 큰 두ᄅᆡ頭腦요 큰 관건關鍵이라. 이 뎨도를 ᄒᆞᆫ번 반포ᄒᆞᆫ즉 쳔 가지 규률이 스ᄉᆞ로 가히 칼ᄂᆞᆯ을 ᄆᆞ져 ᄃᆡ가 짝ᄋᆡ질지니 그 교뎡ᄒᆞ기에 무엇이 잇스리요. 이에 임의 신의 쇼 회의를 지나여 ᄉᆞᆷ가 표졔를 잡아 열어 긔록ᄒᆞ야 업듸여 셩지 ᄒᆞ심을 기다리나이다. 광무 三년 八월 十七일 봉 지ᄂᆡ에 일노써 뎨도를 뎡ᄒᆞ야 텬하에 반포ᄒᆞ여 보히라 ᄒᆞᄋᆞᆸ셧ᄂᆞᆫᄃᆡ….[613]

이와 같이 국제는 "법규의 큰 두뇌요 큰 관건이라. 이 제도를 한번 반포한즉 천 가지 규율이 스스로 가히 칼날을 맞아 대가 쪼개질지니…"[614]라고 표현하기도 하였다. 또 『황성신문』은 국제란 말은 직접 사용하지 않았지만 "일신법신기一新法新器를 득제得製한 자者—유有하면 초初에는 본국本國에서만 행行하다가 차차次次 방사자訪事者의 득기得記한 바 되야 사방四方에 전傳하니…." 그러므로 이때를 당하여 이제 "신법을 일변ᄒᆞ야 태서부강의 국局을 능성能成홈이 가호可乎아 고제古制를 순수循守하야 아국我國 빈약貧弱의 환患을 장취長取함이 가호可乎아"[615] 하고 우리 한국인은 함께 생각해 보자고 결론을 내리고 있다.

613. 『독립신문』 1899년 8월 23일자.
614. 『독립신문』 1899년 8월 23일자.
615. 『황성신문』 1899년 8월 23일자.

한편 북한에서는 여기의 '국제'를 '나라의 제도'로 번역하고 있다.[616] 이것은 한자를 글자 그대로 직역한 것으로 헌법의 최고 규범성이나 근본 규범성이라는 의미가 약화되는 단점이 있다. 원문을 대조해야만 비로소 의미를 알 수 있는 번역은 번역이 아니다. 헌법이 중요하지 않고 또한 그 중요성을 인식하지 못하는 공산주의 국가의 법 이해를 단적으로 드러내는 부분의 하나이다.

이 국제는 전술한 블룬칠리의 국제법 책 『공법회통』[617]의 영향을 많이 받은 것으로 평가되고 있다.[618]

오늘날 이 대한국 국제에 대해서는 '대한제국의 헌법',[619] '한국 최초의 성문헌법',[620] '한국 최초의 근대적 헌법',[621] 또는 '고종헌법', '6자헌법'[622]이라고 평가하는 견해 등으로 나뉜다. 이러한 해석의 당부에 관한 문제는 헌법 또는 근대적 의미의 헌법 개념에 대한 정확한 이해에서 출발해야 한다.

먼저 '헌법'을 옐리네크류의 고유한 의미의 헌법으로 이해한다면,[623] '대한국 국제'는 분명히 헌법의 범주에 속한다. 또 '국제'란 표현 자체도 '헌법'과 아무런 차이는 없다. 그러나 제1조의 대한국은 자주독립국, 제2조의 통치의 원리는 전제정치라는 것을 제외하

616. 『리조실록』 394권(고종 18년 · 1991), p.341.
617. 상세한 것은 김효전(2000), 『근대 한국의 국가사상』, p.411 이하 참조.
618. 전봉덕(1981), 앞의 책, pp.110~118 참조.
619. 전봉덕(1974), 「대한국 국제의 제정과 기본사상」, 『법사학연구』 창간호; 전봉덕(1981), 앞의 책, pp.99~118.
620. 김철수(1988), 『한국헌법사』, 대학출판사, p.16.
621. 최종고(1980), 『법사와 법사상』, p.431.
622. '고종헌법' 또는 여섯 가지의 자주(自主, 自立, 自定, 自行, 自選, 自遣)라는 의미에서 '6자헌법'이라고 명명하는 견해는 김홍우(2007), 『한국정치의 현상학적 이해』, 인간사랑, p.744의 주 28 참조.
623. Jellinek(1900 · 3.Aufl. 1914), *aaO.*, S.506; 옐리네크(2005), 앞의 책, p.491.

면 나머지 7개 조문은 모두 대황제의 권한을 열거한 것뿐이다. 따라서 기본권 보장과 권력분립이라는 대전제에서 볼 때에는 근대적 의미의 헌법이라고 보기는 어려우며 미진한 점이 한 둘이 아니다.[624] 요컨대 대한국 국제는 군권의 강화를 위한 고종의 자기고백에 불과한 것이다.

또한 총재 윤용선이 말하듯이 중요한 헌법을 제정할 겨를이 없었다는 것과 불과 두 달 만에 9개조의 조문을 황급히 만든 점, 법규교정소의 구성원 중 외국인을 제외하고는 근대적인 헌법을 알지 못한 점, 외국인은 형식적으로만 참여한 점,[625] 그리고 '헌법'이라는 명칭을 사용하지 아니한 것은 의회의 협찬을 얻어 제정된 일본의 메이지 헌법과는 그 성질이 다른 점[626] 등을 문제점으로 지적할 수 있을 것이다.

여하튼 이 국제는 대한제국의 일종의 기본법이란 것은 사실이지만, 신민의 권리와 의무에 관한 규정은 고사하고 의회에 대한 언급조차 없다. 이러한 점에서도 시대의 흐름에 역행하는 것이었고, 세계의 조류를 따르지 못한 것이었다.[627] 개혁을 지향하는 세력의 주장을 수용하거나 타협하지 못한 채 보수 반동으로 일관한 점에서 대한제국은 스스로의 한계를 드러내었다.

624. 같은 취지. 정종섭(2002), 『한국헌법사문류』, 박영사, pp.17~20. 그러나 김영수(2000), 『한국헌법사』, 학문사, p.200에서는 고유의 의미의 헌법이라고 본다.
진덕규(1983), 「대한제국의 권력구조에 관한 정치사적 인식(I)」, 이화여자대학교 한국문화연구원, 『대한제국연구』 I, p.10.

625. 서진교(1996), 「1899년 '대한국 국제' 반포와 전제 황제권의 추구」, 『한국근현대사연구』 제5집, p.51.

626. 전봉덕(1981), 앞의 책, p.106.

627. 서진교(1996), 앞의 논문, p.67.

2) 외국인 법률고문의 역할

더구나 이 국제의 제정을 전후로 해서는 외국인들도 한국의 법제에 관여하기 시작했다. 예컨대 일본인 법률가로서 호시 도루星亨(1850~1901),[628] 노자와 게이이치野澤鷄一(1852~1932),[629] 우메 겐지로梅謙次郎(1860~1910),[630] 구라토미 유자부로倉富勇三郎(1853~1948),[631] 노자와 다케노스케野澤武之助(1866~1941)[632] 등과 같은 사람들이 고문관 또는 차관이란 명목으로 한국의 통치에 직접 · 간접으로 관여한 바 있으나, 아무도 헌법을 제정하지도, 제정하자고 건의조차 한 일이 없었다.

또 프랑스인 법부 고문 로랭 크레마지L. Crémazy, 金雅始[633]도 『대한

628. 윤소영(2002), 「갑오개혁기 일본인 고문관의 활동: 星亨를 중심으로」, 한국민족운동사학회 편, 『안중근과 한인 민족운동』, 국학자료원, pp.121~161 참조.

629. 김효전(2006), 앞의 책, pp.384~385 참조.

630. 李英美(2005), 『韓國司法制度と梅謙次郎』, 法政大學出版局; 이영미(2007) 편역, 「근대 한국법과 梅謙次郎」, 『동아법학』 제39호, pp.289~380 참조.

631. 문준영(2007), 「통감부재판소설치에 관한 자료: 倉富勇三郎와 梅謙次郎의 의견서」, 『법사학연구』 제36호, pp.331~366; 김효전(2006), 앞의 책, pp.395~399 참조.

632. 노자와(Nozawa Takenosuke)는 일본 도치기(栃木)현 모오카(真岡) 태생으로 어릴 때 이름은 다케마쓰(竹松). 1886년 시나가와 야지로(品川弥次郎, 1843~1900) 독일 공사 수행원의 한 사람으로 독일로 간다. 1888년 노르트라인 베스트팔렌주 뮐하임시 공업학교를 졸업하고, 다음 해 스위스 제네바로 입국한다. 1892년 7월 제네바 대학 법학부를 졸업하고, 1895년에는 「대일본제국헌법론」이란 제목으로 법학박사(Docteur en Droit) 학위를 취득한다. 1897년 메이지법률학교 강사로서 국제사법 강의, 1898년 3월 중의원총선거에 출마하여 당선되지만 곧 해산되어 8월에 다시 출마하여 호시 도루(星亨)에게 패하여 낙선한다. 1904년 러일전쟁에 종군, 1905년 한국 통감부 법무참여관, 1908년 법관양성소 소장, 1911년 법학교 교장, 1940년 8월 1일 고향에서 작고. 저서로 야마구치 고이치(山口弘一)와 공저한 『국제사법』(1900) 등이 있다. 이상은 2001년 10월 14일 히로시마(廣島)대학에서 개최된 일본 법제사학회 제49회 연구대회 보고에서 「明治期—日本人私費留學生がヨーロッパ人に示した大日本帝國憲法論: 野澤武之助(1866~1941)がジュネーブ州立大學法學部に提出した博士號請求論文について」이란 제목으로 발표한 아이치(愛知)대학의 오카와 시로(大川四郎) 교수에 의한 발표문이다. 상세한 것은 김효전(2010), 「野澤武之助와 근대 한국의 법학교육」, 『법사학연구』 제41호, pp.65~105 참조.

633. 상세한 것은 본서 제2장 「크레마지와 기본법」 참조.

형법』을 프랑스어로 번역하여 유럽 학계에 한국의 법제를 소개한 공적은 매우 크지만 헌법에 관해서는 언급한 것이 없다.

이들 외에도 여러 외국인들이 참여하여 만든 법규교정소의 구성원에는 한국인뿐만 아니라 미국인 고문관 르장드르C. W. LeGendre 李善得(1830~1899),[634] 그레이트하우스C. R. Greathouse 具禮(1846~1899)[635] 그리고 브라운McLeavy Brown 柏卓安[636] 같은 외국인도 있었지만, 헌법 제정이나 입헌주의에 관한 건의조차 발견되지 않는다. 아마도 그렇게 할 수 없는 분위기였거나, 아니면 그럴 만한 위인도 못 되었던 것이 아닌가 하는 생각이 든다.

외국인 고문관에 대해서 일찍이 『독립신문』은 고문관 나름이라고 옥석을 구분하려고 하였으며, 크레마지의 고빙을 둘러싸고 『뎨국신문』은 다음과 같이 전하고 있다.

> 지금 법부에서 법률학ᄉᆞ를 매삭 오백원식을 쥬게 ᄒᆞ고 외국인을 청ᄒᆞ여 온다 ᄒᆞ니 청쵹이 긴ᄒᆞᆫ 까ᄃᆞᆰ인지 몰으겟고 그 ᄉᆞᄅᆞᆷ이 오게 드면 학도를 교육ᄒᆞᆯᄂᆞᆫ지 법률긔초 고문관이 될ᄂᆞᆫ지 몰으거니와 학도를 교육ᄒᆞᆫ다 ᄒᆞ여도 젼감이 소연ᄒᆞᆫ즉 쓰지 안ᄂᆞᆫ 학도를 가라쳐 무엇ᄒᆞ며 법률긔초 고문관으로 쓴다 ᄒᆞ여도 이왕 긔초ᄒᆞᆫ 법률도 쓰지 안엇슬뿐더러 여젼히 긔초위원을 월급 쥬어 두엇스니 응당 법률 통달ᄒᆞᆫ ᄉᆞᄅᆞᆷ이 잇슬지라도 엇지 외국인을 고빙ᄒᆞ기까지 닐으럿ᄂᆞᆫ지 아혹이 불무ᄒᆞ

634. 문헌은 김현숙(2008), 『근대 한국의 서양인 고문관들』, 한국연구원; 최종고(1982), 앞의 책, 149~160면; 권석봉, 「李善得의 派日과 淸國介入」, 『백산학보』 제8집 등 참조.

635. 문헌은 최종고(1982), 앞의 책, pp.187~202.

636. 문헌은 우철구(1991), 「한말 재정고문의 역할 1: McLeavy Brown의 역할과 업적」, 『사회과학연구』(영남대) 제11권 제1호, pp.91~107 참조.

거니와 이번에나 실효잇기를 바라노라.[637]

이 논설은 단지 외국인의 고빙 문제 하나만을 다룬 것이 아니라 당시의 혼란한 법제와 법학교육, 그리고 인사행정 전반까지 질타하면서도 새로 올 고문관에 대한 일말의 희망을 저버리지 않고 있다.

다른 한편, 1895년 설립 당시의 법관양성소 교과목에는 만국공법(국제법)이나 헌법, 행정법과 같은 공법 과목은 설치되지 않았으며, 1904년의 교과목 개정에서 처음으로 헌법, 국제법, 행정법의 과목이 추가되었다. 두말할 필요도 없이 공법 과목을 가르치면 자연히 국가사상이나 정치사상을 고취하게 마련이므로 한국인의 우민화정책에 반하기 때문에 소송기술적인 과목만을 교수한 것이다. 이처럼 법관양성소의 교과목은 여러 차례 자주 바뀌어도 헌법은 언제나 누락되었다. 더구나 1908년이란 시점에서도 한국인은 국제공법과 헌법을 배울 필요가 없다는 기사[638]가 공공연하게 나가고 있다.

또한 통감부가 설치된 이후에는 헌법 제정에 관한 논의는 어떠하였는가를 살펴본다. 우선 입법도 통감부에서 법률을 기초하고 내각에서 의결하는 형식을 취하였으나, 사실상 거의 모두가 일본의 지배를 받게 되었다. 정부에서는 법전을 개량한다느니, 일본인 고문 우메 겐지로梅謙次郎가 헌법을 제정한다느니[639] 하는 소문만 무성

637. 『뎨국신문』 1899년 12월 13일자 논설.
638. 『황성신문』 1908년 2월 8일자 「學無必要」.
639. 『황성신문』 1907년 7월 24일자.

하였으며, 실제로 법전의 정비는 착수도 하지 않은 실정이었다.[640]

사실 당시의 상황을 볼 때 조선의 정부 당국자는 무능하고 부패하여 법제를 개량하고 정비할 의욕과 능력도 없었으며, 통감부를 설치한 일본도 청일전쟁과 러일전쟁으로 국력이 피폐하여 조선을 통치할 능력이 없었던 것이다.

대한민국임시헌장

1) 임시정부의 헌법들

대한제국이 일본의 식민지로 전락한 이후 한민족은 국내외에서 독립운동을 위한 투쟁을 전개하고 임시정부를 수립한다.[641] 이 중 상하이의 대한민국임시정부는 1919년 4월 2일 '대한민국임시헌장'을 제정하여 공포하기에 이른다.[642] 이 헌장에서는 이미 국호를 '대한민국'으로 정하고, 정체는 민주공화제, 평등권, 납세와 병역의 의무 기타 구황실의 우대, 국회의 개설 등을 규정하고 있다.

그 후에는 헌법이라는 용어 대신에 '약헌'[643] 또는 '헌장' 등의 용어를 사용하기도 한다.

640. 그리하여 『만세보』 1906년 7월 21일자는 「國文讀者俱樂部」란 칼럼에서 "法典을 改良혼다 ᄒᆞ니 憲法도 施行ᄒᆞ랴는지 全體를 改正ᄒᆞ야 金石의 典章을 成혼다 홈은 何等의 全體인고(法家)"라고 비꼬았다.

641. 임시정부의 헌법에 관하여는 김영수(1980), 『대한민국임시정부헌법론』, 삼영사 참조.

642. 임시헌장은 제1조에서 "대한민국은 민주공화제로 함"이라고 하였으며, 제7조에서는 "대한민국은 *신의 의사에 의하여* 건국한 정신을 세계에 발휘하며…"라는 종교적인 표현을 한 점이 특이하다. 전문은 한국임시정부선전위원회(1976) 편, 『한국 독립운동 문류』, 조일문 역주, 건국대학교출판부, pp.9~10 참조.

643. 예컨대 정상우(2007), 「조선임시약헌(1947. 8. 6)연구」, 2007. 3. 24 법사학회 발표 및 이경주(2001), 「미군정기의 과도입법의원과 조선임시약헌」, 『법사학연구』 제23호 참조.

이와 관련하여 예컨대 '대한민국 건국강령'은 임시정부의 외교부장이었던 조소앙趙素昂(1887~1950)이 작성하여 1934년 임정 국무회의를 통과, 1941년 정식 공포된 것으로 중국 국민당의 건국대강建國大綱을 참조하고 쑨원孫文의 삼민주의三民主義와 5권헌법의 영향을 받고 있다. 조소앙의 삼균주의는三均主義 제헌헌법 제5조의 '균등사회의 실현'에 반영되고 있다.[644] 또한 1944년에 공포된 '대한민국임시헌장'은 그 자구의 배열 등에서 1913년의 중국 헌법(위안스카이袁世凱)의 천단헌법天壇憲法의 영향을 많이 받은 것 같고, 1934년에 수정된 중화민국 헌법 초안을 참고하였을 것으로 생각된다.[645]

일본의 식민지 통치시대에는 당연히 헌법은 있을 수 없는 것이며, 조선총독부는 이른바 제령制令[646]에 의해서 통치하였다. 일본의 메이지 헌법은 당시 조선에도 적용되는가 하는 문제를 둘러싸고 일본 학자들 사이에서도 논쟁이 많았으나, 우리 조선인의 입장에서는 아무런 의미 없는 공허한 말장난에 불과한 것으로 생각될 뿐이다.[647]

644. 홍선희(1982), 『조소앙의 삼균주의 연구』, 한길사, p.32; 권영건(1986), 「조소앙의 삼균주의론」, 한양대학교 정치학 박사학위논문 참조.

645. 상세한 것은 신우철(2008), 『비교헌법사: 대한민국 입헌주의의 연원』, 법문사, pp.334~336 참조.

646. 김창록(2002), 「제령에 관한 연구」, 『법사학연구』 제26호, pp.109~171 및 청리최종고 교수환갑기념회(2007) 편, 『한국 근현대의 법사와 법사상』, pp.133~193에 재수록.

647. 관련 문헌은 스즈키 게이후(양만식 역)(2007), 「조선식민지통치법의 성격」, 『법학논총』(단국대) 제31권 제1호, pp.19~35; 권용우(2007), 「법을 통한 일본의 한국식민지배」, 『법학논총』(단국대) 제31권 제1호, pp.91~120; 鈴木敬夫(1989), 「법을 통한 조선식민지지배에 관한 연구」, 고려대학교 민족문화연구소.
일본문헌은 江橋崇(1985), 「植民地における憲法の適用: 明治立憲體制の一側面」, 『法學志林』(法政大) 제82권 제3호 · 제4호 합병호, pp.3~36; 平野武(1972), 「日本統治下の朝鮮の法的地位」, 『阪大法學』 제83호, pp.3~82 등.

2) 경성제대의 법학 교수진

또한 이 시대의 특기할 사항의 하나로서 일제는 1920년 서울에 경성제국대학을 설립하여 근대적인 대학이 한반도 최초로 문을 연 것이다.[648] 이 대학 법문학부의 법학과 교수진은 모두 일본인이 차지하였으며, 이들로부터 법학을 배운 한국인들은 후일 대한민국 헌법의 기초에서부터 법제와 법학의 기초를 건설하는 데에 커다란 역할을 담당하게 된다.

헌법과 관련한 공법 분야에서는 기요미야 시로淸宮四郎(1898~ 1989), 우카이 노부시게鵜飼信成(1906~1987) 그리고 마쓰오카 슈타로松岡修太郎(1896~?), 법철학은 오다카 도모오尾高朝雄(1899~1956) 등이 학부의 구성원으로 근무하고 있었다. 이들로부터 헌법을 배운 한국인 유진오俞鎭午(1906~1987), 문홍주文鴻柱(1918~2008), 그리고 박일경朴一慶(1920~1994)은 대표적인 헌법학자이다.[649] 이들 중 유진오는 "나는 한 번도 헌법학자가 되리라 생각한 일이 없었다. 천황은 사람이 아니라 신이라는 '학설'이 활개를 치는 일본 헌법에 흥미도 없었거니와 그것을 전공해 학자가 된댔자 어디서 나를 써줄 까닭도 없기 때문이었다"[650]라고 술회하고 있다. 이것은 '헌법'에 대한 한 식민지

648. 문헌은『서울대학교 50년사』; 김용덕(2007),「경성제국대학의 교육과 조선인학생」, 김용덕 · 미야자와 히로시 공편,『근대교류사와 상호인식』, 아연출판사, pp.129~148; 정선이(2002),『경성제국대학 연구』, 문음사; 신용하(2001),「경성제국대학과 조선 민립대학 설립의 유산」,『한국 근대의 민족운동과 사회운동』, 문지사; 박병호(1996),「한국법학교육의 기원: 법관양성소와 경성제대」, 동인,『근세의 법과 법사상』, 진원, pp.172~187; 이충우(1980),『경성제국대학』, 다락원; 김효전(1986),「외국법의 계수와 한국의 법률문화」,『동아법학』 제3호, pp.404~406; 김효전,「경성제대의 법학교수진」(근간); 일본 문헌은 通堂あゆみ(2008),「京城帝國大學法文學部の再檢討」,『史雜』 제117권 제2호 참조.

649. 상세한 것은 이영록(2007),『유진오의 헌법사상』, 학술정보; 김효전(2003) 편,『한국의 공법학자들: 생애와 사상』, 한국공법학회 참조.

650. 유진오(1980),『헌법기초회고록』, p.5.

법학도의 좌절과 무관심뿐만 아니라 일제치하 한국인의 공통된 법의식 또는 법감정이라고 볼 수 있다. 또한 헌법과는 거리가 먼 은행원과 군수로서 근무하던 문홍주와 박일경은 일제로부터 광복된 이후에 비로소 헌법을 학문으로서 연구하게 되며, 새로 제정된 대한민국헌법에 관한 체계적인 교과서의 집필과 일반 국민의 헌법에 대한 계몽에 이르기까지 결정적인 역할을 담당하게 된다.

3) 사회주의 헌법의 기초

계급 타협의 산물로서의 헌법은 제1차 세계대전 이후의 독일 바이마르 헌법과 1920년의 오스트리아 헌법, 그리고 동구권의 신생 국가들의 헌법에서 그 예를 볼 수 있다. 러시아 혁명에서 성공을 본 공산주의혁명은 아시아에까지 영향을 미치고 그 불길은 식민지 치하의 조선에도 서서히 불붙기 시작하는 것이다. 한반도 북쪽에서의 헌법 제정에 관한 문제는 또 다른 하나의 커다란 연구과제가 될 것이므로 여기서는 생략한다.[651]

4) 미군정시대

(1) 헌법 제정을 위한 기초

1945년 8월 해방에서부터 1948년 대한민국 정부가 수립하기까지 3년간의 미군정시대는 한국의 입헌정치를 위한 준비기간이라고도 할 수 있다. 당시 미군정청 정치교육과에서 1946년에 발간한

651. 역대 북한 헌법의 조문은 정종섭(2002), 『한국헌법사문류』, pp.538~627 참조.

『입헌정치개요』라는 소책자에서는 헌법과 민주주의에 관하여 다음과 같이 설명하고 있다.

> 민주주의 헌법의 기초를 세우는 데 네 가지 중요한 조건이 있으니 곧 (1) 백성의 주권, (2) 백성의 대표정부, (3) 사법행정, (4) 백성의 권리확보 등이다. 이것이 없고는 민주주의가 없고 이것을 보장하는 기본 법률이 없이는 입헌정부가 있을 수 없다.[652] …민주주의에 대한 고전적 언사는 린콘이 설명한 '인민의 정부, 인민으로 된 정부, 인민을 위한 정부'다. 그러면 국민 전부가 직접으로 행정하는 정부의 실례는 사상(史上)에 드물다. …이러한 사정에 비추어…고로 민주주의는 대의의 정치다.[653]

미군정에서는 한국의 헌법 제정을 위해서 직접 노력하지는 않았지만 영장제도를 비롯하여 간접적으로 영미법의 새로운 면모를 보여 주는 계기가 되었다.

(2) 영미법과의 만남

법제 면에서 볼 때 미군정의 한국 통치는 종래의 일본을 통한 대륙법의 전통 위에 새로이 영미법을 접목하는 하나의 전기가 되고 있다. 우선 이념적으로는 미국 헌법의 배후에 있는 정치사상, 즉 독립선언, 버지니아 권리장전, 연방헌법의 전문, 그리고 링컨의 연설에 나타난 정치사상이 헌법 초안 가운데 뚜렷이 내포되어

652. 『입헌정치개요』, 서론, p.4.
653. 『입헌정치개요』, p.38.

있다.[654] 또한 '법의 지배Rule of Law'의 원리, 국회주권을 비롯하여 영장제도, 구속적부심제도, 피의자의 변호인의뢰권, 신속한 공개 재판을 받을 권리, 조세법률주의, 대통령제, 법원의 위헌법률심사제에 이르기까지 이후의 대한민국 헌법의 기본권 보장과 권력구조의 원리 전반에 미치고 있다. 그러나 헌법 초안 기초자의 대부분이 일제시대에 교육을 받은 사람들이기 때문에 자연히 헌법 전체의 구성이나 편별, 용어 등 형식면에서 전통적인 대륙법, 즉 독일법의 절대적인 지배 아래 있던 일본법의 영향을 무시할 수는 없을 것이다.[655]

5) 대한민국 헌법

가장 체계적이고 근대적인 의미의 헌법은 1948년에 제정된 대한민국 헌법에서 비롯한다.[656] 물론 3년간의 미군정시대에 이미 영장제도를 비롯하여 서구의 입헌정치에 대해서 법적으로나 실제생활 면에서 경험을 하였지만, 자주적인 독립국가로서의 헌법체제는 제헌헌법이 최초이다.

654. Lawrence W. Beer(1979) (ed.), *Constitutionalism in Asia: Asian Views of the American Influence*, Berkeley, p.1 ff.

655. 상세한 것은 김효전(2010), 「한국에서의 외국 헌법이론의 연구동향 1995~2010」,『한국의 학술 · 법학』, 대한민국학술원; 김효전(2003), 「한국에서의 독일 공법이론의 영향」, 『한독법학』 제14호, pp.331~379; 김효전(1999), 「독일 헌법에 관한 문헌목록」, 『헌법학연구』 제5집 제1호, pp.420~467; 김효전(1998), 「한국헌법학 50년과 외국학설」, 1998년 5월 23일 한국법학교수회에서의 발표문, 김효전(2001), 『헌법논집 III』, 세종출판사, pp.629~645에 수록.

656. 김효전(1995), 「한국헌법학 50년의 성과와 21세기적 과제」, 『법학』(서울대) 제36권 제2호, pp.51~80; 김효전(2003), 「헌법학 30년의 연구자들: 1940~70년대의 학설을 중심으로」, 대한민국학술원, 『한국의 학술연구 법학』(인문 · 사회과학편 제4집), pp.49~80 참조. 영문 헌법과 독문 번역은 Hyo-Jeon Kim(2008), *The Constitutions of the Republic of Korea, Koreanische Verfassungen*, Korean Constitutional Law Association 참조.

여기서는 헌법이라는 제목과 함께 '국헌'이라는 용어도 사용되었다. 즉, 제54조의 "나는 국헌을 준수하고…"라고 하여 대통령의 헌법준수의무를 규정한 것이 그것이다. '국헌'이란 표현은 이미 유길준의 『서유견문』에서도 발견되며,[657] 이처럼 실정 헌법에서도 그대로 사용하고 있다. 그 밖에 형법에서도 '국헌'을 문란케 하는 범죄(제87조, 제88조, 제91조 등)를 규정하고 있다. 여기의 '국헌'이란 독일어의 'Staatsverfassung'을 글자 그대로 직역한 것으로 생각된다. 이 표현은 1980년 헌법부터 "나는 헌법을 준수하고"로 바뀌었다.

657. 유길준(1971), 앞의 책 I, 『서유견문』, p.89.

결론

이 책은 헌법 규범을 법전화하는 역사만을 다룬 것은 아니다. 입헌 사상의 소개와 보급으로부터 현실정치의 발전과 헌법의 개념 형성의 연관성을 인식하고 분석하는 데에도 함께 초점을 맞추고 있다. 요컨대 근대 한국에서의 헌법 개념의 발전사는 다음 몇 가지로 요약할 수 있을 것이다.

1. 헌법 개념의 수용 경로는 중국, 미국의 선교사, 그리고 일본을 통해서 전파되었다. 학술용어와 개념은 국법, 국제, 헌법, 헌장, 약헌으로부터 헌정의 실제에서는 홍범, 국제, 약헌, 헌법으로 정착하기에 이르며, 이들 개념은 상호 교류나 영향을 미쳐 온 것을 실증적으로 자료에 입각하여 추적하고 검토해 보았다. 한국에서 도

입하거나 섭취한 서구의 사상이나 제도는 당연한 것이지만, 우선 국제법, 주권(국권)의 원리, 헌법, 정치제도로서의 입헌군주제, 권력 분립, 의원설치와 대표의 이념, 지방자치 등의 원리였으나, 국권이 기울어질수록 '자주독립' 한 마디로 표어화되었다. 그 밖에도 마틴의 한역 국제법 책이 한국과 일본 등 동아시아에 던진 충격과 그 파장은 이론과 실제 모두에서 엄청난 것이었으며, 청일전쟁과 러일전쟁에서의 일본의 승리는 이후 일본식 학술 개념의 우세화 경향을 보여 주고 있다.

2. 헌법 개념은 국가의식이나 국가사상과 밀접한 관련을 가진다. 외세의 침략으로부터 국가를 수호하려는 사상이나 결의는 확고하였으며, 당시의 지식인들은 국내에서는 공정한 법률과 장정의 실시로써, 국외에 대해서는 국제법과 외교로 국권을 수호할 수 있다고 믿었다. 그러나 현재의 권력을 제한하는 국가의 최고 법규범의 필요성이나 법전화를 위한 노력은 비교적 저조했으며, 권력을 장악하고 있는 수구세력이나 기득권층의 저항 역시 강하였다. 따라서 언론에서도 공정한 법률의 제정과 집행이라는 공허하고 추상적인 주장만을 반복할 뿐 현실정치의 개혁과는 거리가 멀었다. 서구의 헌법 또는 입헌주의, 입헌정치(당시에는 입헌군주제와 동일어)의 개념은 조선의 정치현실에서 정착하지 못하고 수구 반동이나 전제군주권의 강화로 좌절되었으나, 권리사상이나 민권의식의 보급이라는 시대의 도도한 흐름은 누구도 막을 수 없었다.

3. 천부불가양의 기본적 인권이라는 관념보다는 자유, 민권, 권리, 인권 등의 용어가 먼저 도입되었으며, 자유의 이념보다는 민권

이라는 표현이 더 유행어가 되었다. 서구 열강의 세력이 한반도에 그 침략의 마수를 뻗을수록 국권회복운동은 민권의 신장과 함께 주장되었다. 이 점은 국내의 민주정치 없이 국제평화는 불가능하다든가, 오늘날 국민의 인권보장만이 국내외의 정치적 · 경제적인 난국과 위기를 극복할 수 있다는 논리와 일맥상통하는 것이다.

한일합방으로 입헌주의의 문제는 형식상 소멸된 것처럼 보였으나, 소유권 개념의 발전이라든가 시민적 권리사상이나 관념의 저변 확대로 이어진다. 지배자와 피지배자의 관계는 투쟁과 타협, 분리와 융화, 갈등과 통합의 양상을 나타내면서도 외국법(일본법)과 한국법, 공법과 사법과 같은 관념을 통하여 국가와 시민사회의 근본적인 대립을 드러내고 한국인의 의식 속에 현재화하게 된다.

4. 헌법 규범의 법전화 과정은 홍범 14조를 비롯하여 대한국 국제의 제정, 대한민국임시정부의 헌법 제정으로 나타났다. 청일전쟁과 러일전쟁에서 승리한 일본의 원동력은 입헌주의였기 때문에 우리도 하루빨리 입헌주의를 실시하여 국권을 회복하고 자주독립을 이루어야 한다는 주장은 이른바 을사보호조약으로 실현이 어렵게 되고, 대한민국임시정부 헌법에서 그 대강을 마련하게 된다. 이제 아무도 입헌군주제를 주장하는 사람은 없었으며, 시대의 대세는 공화제로 급변하게 되었다. 국내에서는 경성제국대학을 중심으로 신식 학문으로서의 법학을 공부한 사람과 외국에서 수학한 인사들이 다음 세대의 입헌 준비를 위한 인적 인프라를 구축하게 된다. 여하튼 국가의 최고법으로서의 헌법의 존재와 필요성, 그리고 그 내포로서 국민의 권리보호와 권력 억제의 관념은 대한민국 헌법의 제정에서 자연스럽게 개화하는 것이다.

5. 해방 이후 대한민국은 비로소 근대적 의미의 체계적인 민정헌법民定憲法을 제정하고, 그 자유로운 발전이 전개되기 시작하였다. 그것은 종래의 입헌군주제의 부정이며, 현대의 파시즘이나 공산주의도 배격하는 자유민주주의 헌법 개념으로 결단을 내린 것이다. 그럼으로써 한국인의 규범생활에 새로운 지평을 열고, 세계사의 진운에 함께 참여하는 계기가 된 것이다.

서구의 헌법 개념은 쉽게 도입되었으나, 조국의 분단과 시련 속에서 그 현실적인 정착에는 반세기 이상이 소요되었다. 한국의 다양한 헌정 경험은 헌법과 헌법 개념연구의 보고가 되고 있으며, 다른 한편 제3세계의 헌법 발전을 위한 모델케이스가 되고 있다. 이제 한국인은 헌법 정치의 세계적인 보급과 그 실현을 위한 책임과 사명을 자각해야 할 것이다.

| 문헌목록 |

■ 자료

1. 한국어

국사편찬위원회(1972), 『대한제국관원 이력서』(한국사료총서 제17), 탐구당.

김효전(2009) 편, 근대한국법제사자료집, 『서울지방변호사회100년사, 부록 · 자료집』, pp.191~449.

대한민국 국회도서관(1970~1972), 『한말근대법령자료집 I~X』, 1970~1972.

______(1972), 『통감부법령자료집 상중하』, 1972.

박희관(1911) 편, 『조선현행법규대전』, 수문서관(1997년 한국법제연구원 영인 발간).

서울대학교 도서관(1991), 『의안 · 칙령(상)』(규장각자료총서 금호시리즈 근대법령편)

______(1991), 『칙령(하)』(규장각자료총서 금호시리즈 근대법령편)

______(1991), 『조칙 · 법률』(규장각자료총서 금호시리즈 근대법령편)

안용식(2001) 편, 『일제지방관록』, 연세대학교 사회과학연구소.

______(1992) 편, 『한말지방관록』, 연세대학교 지역사회개발연구소.

이화여자대학교 한국여성연구소(1986), 『한국여성관계자료집 근대편』, 이화여자대학교출판부.

임성모(2007), 『조선과 만주 총목차 · 인명색인』, 어문학사.

한국정부 재정고문부(1907) 편찬, 『현행대한법규유찬』.

한림과학원(2010) 편, 『동아시아 개념연구 기초문헌해제』, 선인.

한림과학원(2010) 편, 『한국근대 신어사전』, 선인.

홍순옥(1968), 「대한민국 임시정부와 헌정」, 『정경연구』 제47호, 12월호, pp.180~192.

『대한매일신보』
『뎨국신문』
『독립신문』
『만세보』
『한성순보』
『황성신문』 등 신문
『대한자강회월보』 등 잡지 총서, 아세아문화사 영인본
『헌법』 등 교과서 총서, 관악사 영인본
『현민 유진오 제헌헌법 관계 자료집』(2009), 고려대학교 출판부.
『국민수지 · 헌법요의 외』(2010), 관악사 영인본(국민자유진보론 · 민족경쟁론 · 제국주의론 · 세계삼괴물 · 진명휘론 등 수록).
『지방행정론 · 지방자치제론 외』(2010), 관악사 영인본(민권자치제 · Das Koreanische Berggesetz 수록).

2. 외국어

朝鮮總督府中樞院(1938), 『朝鮮人名辭書 上 · 下』(1986년 민족문화에서 영인본)
『朝鮮人名資料事典』(2002), 第1卷, 日本圖書センター(1911년 발간된 『朝鮮紳士名鑑』의 영인본)
櫻井義之(1979), 『朝鮮研究文獻誌 —明治 · 大正編』, 龍溪書舍.

Kerner, Robert J. (1939), *Northeastern Asia. A Selected Bibliography.* Contributions to the Bibliography of the Relations of China, Russia, and Japan, with Special Reference to Korea, Manchria, Mongolia, and Eastern Siberia, in Oriental and European Languages, Vol. II. Berkeley: University of California Press, pp.230~270.

Domschke, R. Andreas/Rudolf Goosmann(1982), *Korea-Bibliographie* I, München · Köln · London: Weltforum Verlag.

■ 연구문헌

1. 한국어

1) 단행본

고려대학교(1986), 『근대 서구 학문의 수용과 보전』, 고려대학교출판부.

권태억(2003) 외, 『한국 근대사회와 문화 I: 19세기 말에서 20세기 초를 중심으로』, 서울대학교출판부.

김병화(1979), 『한국사법사 (근세편)』, 일조각.

김세민(2002), 『한국 근대사와 만국공법』, 경인문화사.

김숙자(1998), 『대한제국기의 구국민권의식』, 국학자료원.

김용구(2008), 『만국공법』(한국개념사총서 1), 도서출판 소화.

______(1997), 『세계관 충돌의 국제정치학: 동양 禮와 서양 公法』, 나남출판.

김진학 · 한철영(1954), 『제헌국회사』, 신조출판사.

김철수(2009), 『기본권의 체계』, 관악문화사.

______(2008), 『학설판례 헌법학(상)』 제헌60주년기념 전면개정신판, 박영사.

______(1988), 『한국헌법사』, 대학출판사.

김학준(2000), 『한말의 서양정치학 수용 연구: 유길준 · 안국선 · 이승만을 중심으로』, 서울대학교출판부.

김현숙(2008), 『근대 한국의 서양인 고문관들』, 한국연구원.

김홍우(2007), 『한국정치의 현상학적 이해』, 인간사랑.

김효전(2006), 『근대 한국의 법제와 법학』, 세종출판사.

______(2000), 『근대 한국의 국가사상』, 철학과현실사.

______(1996), 『서양 헌법이론의 초기수용』, 철학과현실사.

단국대학교 동양학연구소(2004), 『개화기 한국과 세계의 상호 교류』, 국학자료원.

문준영(2010), 『법원과 검찰의 탄생—사법의 역사로 읽는 대한민국』, 역사비평사.

문중섭(1998), 『한말의 서양정치사상수용』, 경성대학교출판부.

민두기(1985), 『중국근대개혁운동의 연구: 康有爲 중심의 1898년 개혁운동의 기본방향』, 일조각.

박근갑(2009), 『개념사의 지평과 전망』, 도서출판 소화.

박노자(2005), 『우승열패의 신화』, 한겨레신문사.

박명규(2009), 『국민 · 인민 · 시민: 개념사로 본 한국의 정치주체』(한국개념사총서 4) , 도서출판 소화.

박병호(1996), 『근세의 법과 법사상』, 진원.

______(1974), 『한국의 법』, 세종대왕기념사업회.

박상섭(2008), 『국가 · 주권』(한국개념사총서 2), 도서출판 소화.

______(2002), 『국가와 폭력: 마키아벨리의 정치사상연구』, 서울대학교출판부.

박성진(2003), 『사회진화론과 식민지 사회사상』, 선인.

박은경(1999), 『일제하 조선인 관료 연구』, 학민사.

박찬승(2010), 『민족 · 민족주의』(한국개념사총서 5), 도서출판 소화.

______(1992), 『한국 근대 정치사상사 연구: 민족주의 우파의 실력양성운동론』, 역사비평사.

성낙인(1995), 『프랑스 헌법학』, 법문사.

신우철(2008), 『비교헌법사: 대한민국 입헌주의의 연원』, 법문사.

양일모(2008), 『옌푸(嚴復): 중국의 근대성과 서양사상』, 태학사.

연세대학교 국학연구원(2004) 편, 『서구문화의 수용과 근대 개혁』, 태학사.

왕현종(2003), 『한국 근대 국가의 형성과 갑오개혁』, 역사비평사.

우림걸(2002), 『한국 개화기문학과 양계초』, 박이정.

유영렬(1997), 『대한제국기의 민족운동』, 일조각.
유진오(1980), 『헌법기초회고록』, 일조각.
윤효정(1995), 『한말비사』(원제: 최근 60년의 비록), 교문사, 영인본.
이광린(1969 · 1985), 『한국개화사연구』, 일조각, 개정판.
이방원(2010), 『한말 정치변동과 중추원』, 혜안.
이혜경(2002), 『천하관과 근대화론: 양계초를 중심으로』, 문학과지성사.
이화여자대학교 한국문화연구원(2004), 『근대 계몽기 지식개념의 수용과 그 변용』, 소명출판.
전복희(1996), 『사회진화론과 국가사상: 구한말을 중심으로』, 한울아카데미.
전봉덕(1981), 『한국근대법사상사』, 박영사.
정 교(2004), 『대한계년사』 전10권, 조광 편, 변주승 역주, 소명출판.
정긍식(2002), 『한국근대법사고』, 박영사.
정종섭(2008), 『헌법학원론』(제3판), 박영사.
정용화(2004), 『문명의 정치사상: 유길준과 근대 한국』, 문학과지성사.
천관우(1986), 『한국근대사 산책』, 정음문화사.
최기영(2003), 『한국 근대 계몽사상연구』, 일조각.
______(1997), 『한국 근대 계몽운동연구』, 일조각.
최종고(2007), 『한국의 법학자』, 서울대학교출판부.
______(1982), 『한국의 서양법수용사』, 박영사.
______(1980), 『법사와 법사상』, 박영사.
최 현(2008), 『인권』(개념사 01), 책세상 .
하영선(2009) 외 9인 공저, 『근대 한국의 사회과학 개념 형성사』, 창작과 비평.
한대원(2002) 외 14인 공저, 『현대중국법개론』, 박영사.
한국임시정부선전위원회(1976) 편, 『한국독립운동문류』, 조일문 역주, 건국대학교출판부.
한태연 · 갈봉근 · 김효전 · 김범주 · 문광삼(1988), 『한국헌법사』(상), 한국정신문화연구원,

허도학(2000), 『중국 근대화 기수: 양계초』, 임방서원.

황　현(1994), 『매천야록』, 김　준 역, 교문사.

2) 논문

고쿠분 노리코(國分典子)(2000), 「한국에서의 서양법수용과 유길준」, 『한일관계사연구』 제13집, pp.126~132.

권용기(1999), 「『독립신문』에 나타난 '동포'의 검토」, 『한국사상사학』 제12집.

권보드래(2004), 「'동포(同胞)'의 역사적 경험과 정치성」, 이화여자대학교 한국문화연구원, 『근대 계몽기 지식개념의 수용과 그 변용』, 소명출판, pp.97~125.

김도형(2007), 「가토 히로유키 사회진화론의 수용과 번역양성에 관한 일 고찰—『인권신설』과 『강자의 권리경쟁론』을 중심으로」, 『대동문화연구』(성균관대) 제57집, pp.171~201.

김동택(2004), 「'국민수지(國民須知)'를 통해 본 근대 '국민'」, 이화여자대학교 한국문화연구원, 『근대 계몽기 지식개념의 수용과 그 변용』, 소명출판, pp.193~221.

______(2002), 「근대 국민과 국가개념의 수용에 관한 연구」, 『대동문화연구』(성균관대) 제41호.

김석근 · 조진만(2001), 「19세기 말 조선의 'franchise'(참정권) 개념에 대한 인식과 수용」, 『한국정치학회보』 제35집 제2호.

김용구(2002), 「국제법의 조선 전래에 관한 몇 가지 문제들」, 柳原正治, 『開港期韓國における不平等條約の實態と朝鮮 · 大韓帝國の對應』, pp.24~34.

______(1999), 「조선에 있어서 만국공법의 수용과 적용」, 『논문집』(서울대학교 국제문제연구소) 제21호, pp.1~25.

김철수(1985), 「미국 헌법이 한국 헌법에 미친 영향 서설」, 『법학』(서울대) 제26권 제4호 및 한국공법학회(1987) 편, 『한국에서의 미국 헌법의 영향과 교훈』, 대학출판사, pp.9~79에 재수록.

김형남(2007), 「조선왕조 경국대전의 헌법적 의미」, 『법학논총』(단국대) 제31권 제2호, pp.139~161.

김효전(2009), 「근대 한국의 자유민권 관념—당시의 신문 잡지의 논설분석을 중심으로」, 『공법연구』 제37집 제4호, pp.167~192.

______(2009), 「자유 · 평등 · 박애와 근대 한국」, 『헌법학연구』 제15권 제2호, pp.229~262.

______(2008), 「권리관념의 발전과 실제」, 『헌법학연구』 제14권 제4호, pp.107~133.

______(2008), 「헌법개념사의 경계 넘기」, 『공법연구』 제36집 제3호, pp.1~57.

______(2008), 「헌법개념의 역사적 전개」(1)(2), 『헌법학연구』 제14권 제1호 및 제2호, pp.1~35 및 pp.99~125.

______(2008), 「번역과 근대한국: 법학과 국가학문헌을 중심으로」, 『개념과 소통』(한림대학교 한림과학원), 2008년 여름 창간호, pp.25~78.

______(2000), 「근대 한국에서의 권리사상의 발전」, 『공법연구』 제28집 제3호, 한국공법학회, pp.83~110.

문준영(2008), 「이토 히로부미의 한국사법정책과 그 귀결—영사재판권 폐지 문제와의 관계를 중심으로—」, 『법학연구』(부산대) 제49권 1호, pp.331~368.

민경식(2007), 「대한국 국제」, 『법학논문집』(중앙대) 제31집 1호, pp.23~55.

박명규(2001), 「한말 '사회' 개념의 수용과 그 의미체계」, 『사회와 역사』 제59집, pp.51~82.

박배근(2005), 「한국병합 관련 '조약' 유무효론의 의의와 한계」, 한일관계사연구논집 편찬위원회 편, 『일본의 한국침략과 주권 침탈』, 경인문화사, pp.129~162.

______(2003), 「대한민국 임시정부의 국제법적 지위와 대한민국의 국가적 동일성(상)(하)」, 『법학연구』(연세대) 제13권 4호 및 제14권 1호.

서진교(1998), 「대한제국기 고종의 황제권 강화책과 경위원」, 『한국근현대사연구』 제9집.
______(1996), 「1899년 고종의 '대한국 국제' 반포와 전제황제권의 추구」, 『한국근현대사연구』 제5집, pp.42~67.
신우철(2008), 「근대 사법제도성립사 비교연구—한국에 있어서 '사법독립' 원리의 태동 · 수용과 전개」, 법학(서울대) 제49권 2호.
______(2008), 『비교헌법사: 대한민국 입헌주의의 연원』, 법문사, p.33 이하.
______(2007), 「근대 입헌주의 성립사 연구: 청말 입헌운동을 중심으로」, 『법사학연구』 제35호, pp.269~294.
______(2006), 「근대 사법제도성립사 비교연구: 중국에 있어서 '법원조직' 법제의 초기형성」, 『법사학연구』 제34호.
왕현종(2003), 「대한제국기 입헌논의와 근대국가론: 황제권과 권력구조의 변화를 중심으로」, 권태억 외, 『한국 근대사회와 문화 I』, 서울대학교출판부, pp.305~349.
우남숙(2000), 「한국 근대국가론의 이론적 원형에 관한 연구—블룬칠리(J. K. Bluntschli)와 양계초의 유기체 국가론을 중심으로」, 『한국정치외교사논총』 제22집 제1호, pp.113~145.
윤대식(2007), 「대한제국 선포와 대한국 국제」, 2007년 12월 14일 한국정치학회 발표문.
은승표(2007), 「유럽 '연방'에서 헌법의 의미, (I): 역사적 헌법들의 유형화; (II): 기본입장 비판; (III): 헌법개념의 구분화; (IV): 헌법화과정론과 결론」, 『유럽헌법연구』창간호, pp.217~257; pp.259~280; pp.281~309; pp.311~351.
은정태(2009), 「개념의 충돌인가, 해석의 문제인가?—영사재판의 '청심(廳審)' 조항을 중심으로—」, 『개념과 소통』 제4호, pp.5-34.
이영록(2001), 「실천적 역사주의자의 천부인권설 수용—『서유견문』에 나타난 유길준 법사상의 통합적 이해를 위하여—」, 『법철학연구』제4권 2호, pp.81~106.

이장희(2009), 「안중근 재판에 대한 국제법적 평가」, 『외법논집』 제33권 2호, pp.299~324.

장영수(2010), 「임시정부헌법의 역사적 의미와 대한민국 헌법의 제정」, 『고려법학』 제57호, pp.211~243.

장형원(1995), 「19세기 조선의 주권 개념 수용과 형성」, 서울대학교 외교학과 논문집 『19세기 조선의 근대 국제정치개념 도입사』.

전광석(2005), 「제헌의회의 헌법구상」, 『법학연구』(연세대) 제15권 4호.

전봉덕(1974), 「대한국 국제의 제정과 기본사상」, 『법사학연구』 제1호, pp.5~24 및 전봉덕(1981), 『한국근대법사상사』, 박영사, pp.99~118에 수록.

전종익(2007), 「공평과 평등의 개념—헌법 제11조 제1항의 역사적 해석을 위한 시론」, 2007년 12월 15일 한국법사학회 발표문.

______(2006), 「근대 주권 개념의 수용과 전개」, 서울대학교 법학박사 학위논문.

______(2006), 「근대 주권 개념의 수용과 전개—1876년부터 1900년까지 개화지식인의 개혁론을 중심으로—」, 서울대학교 법학박사 학위논문.

정종섭(2003), 「'헌법'이라는 용어의 연원」, 『헌법연구』 4, 박영사, pp.17~61(정종섭, 2002, 「'헌법'이라는 용어에 대한 연혁적 연구」, 청담최송화교수화갑기념논문집 『현대공법학의 과제』, 박영사, pp.193~217의 보완).

정하중(2002), 「독일 공법에 있어서 권리의 개념」, 『행정법연구』 제6호, pp.15~48.

최봉철(2003), 「권리의 개념에 관한 연구—의사설과 이익설의 비교—」,『법철학연구』 제6권 1호, pp.51~78.

함재학(2004), 「경국대전이 조선의 헌법인가」, 『법철학연구』 제7권 2호, pp.263~288.

히라이시 나오아키(2007), 「한국 보호국론의 제양상(諸樣相)에 대하여—독립과 병합 사이 주요 학자의 논의를 중심으로」, 김용덕 · 미야지마 히로시 공편, 『근대 교류사와 상호인식』, 아연출판사, pp.313~348.

3) 번역서

다이시, A. V.(1993), 『헌법학입문』, 안경환 · 김종철 공역, 경세원.

드 배리, 시어도어(1998), 『중국의 자유 전통』, 표정훈 옮김, 이산.

뢰벤슈타인, K.(1973), 『현대헌법론』, 김기범 역, 교문사.

______(1991), 『비교헌법론』, 김효전 역, 교육과학사.

르낭, 에르네스트(2002), 『민족이란 무엇인가』, 신행선 옮김, 책세상.

리쩌허우(李澤厚)(2005), 『중국근대사상사론』, 임춘성 옮김, 한길사.

______(2005), 『중국현대사상사론』, 김형종 옮김, 한길사.

릭터, 멜빈(2010),『정치 · 사회적 개념의 역사—비판적 소개』, 송승철 · 김용수 옮김, 도서출판 소화.

마루야마 마사오 · 가토 슈이치(2000), 『번역과 일본의 근대』, 임성모 옮김, 이산.

마시니, 페데리코(2005), 『근대 중국의 언어와 역사: 중국어 어휘의 형성과 국가어의 발전: 1840~1898』, 이정재 옮김, 소명출판.

마키아벨리, 니콜로(2003), 『로마사 논고』, 강정인 · 안선재 옮김, 한길사.

만세보 연재(2003), 『국가학』, 김효전 역주, 관악사.

머킬웨인, C. H.(1961), 『헌법과 정치—입헌이론의 사적 전개』, 김준환 역, 법문사.

미야다 미쓰오(1992), 『현대일본의 민주주의』, 김효전 옮김, 교육과학사.

베일린, 버나드(1999), 『미국 혁명의 이데올로기적 기원』, 배영수 옮김, 새물결.

보댕, 장(2005), 『국가론』, 임승휘 옮김, 책세상.

뵈켄회르데, E.-W.(2003), 『헌법과 민주주의—헌법이론과 헌법에 관한 연구』, 김효전 · 정태호 옮김, 법문사.

______(1992), 『헌법 · 국가 · 자유—헌법이론과 국가이론에 관한 연구』, 김효전 역, 법문사.

______(1989), 『국가와 사회의 헌법이론적 구별』, 김효전 역, 법문사.
샌즈, 윌리엄 프랭클린(1986), 『조선의 마지막 날』, 김훈 옮김, 도서출판 미완.
소공권(1998), 『중국정치사상』, 최명 · 손문호 역, 서울대학교출판부.
슈미트, 칼(1976), 『헌법이론』, 김기범 역, 교문사.
______(1992 · 증보판 1995), 『정치적인 것의 개념—서문과 세 개의 계론을 수록한 1932년판』, 김효전 역, 법문사.
______(2001), 『입장과 개념들—바이마르-제네바-베르사유와의 투쟁에 있어서 1923~1939』, 김효전 · 박배근 옮김, 세종출판사.
스기하라 야스오(1996), 『헌법의 역사』, 이경주 옮김, 이론과실천.
______(1996), 『인권의 역사』, 석인선 옮김, 한울아카데미.
스멘트, 루돌프(1994), 『국가와 헌법』, 김승조 옮김, 교육과학사.
스펜스, 조너선(2009), 『근대 중국의 서양인 고문들』, 김우영 옮김, 이산.
스피노자, 베네딕트 드(2008), 『정치론』, 김호경 옮김 · 해설, 갈무리.
아리스토텔레스(1975), 『정치학』, 이병길 · 최옥수 공역, 박영문고.
야나부 아키라(2003), 『번역어 성립사정』, 서혜영 옮김, 일빛.
옐리네크, 게오르그(2005), 『일반 국가학』, 김효전 옮김, 법문사.
이노우에 가쿠고로(2008), 『조선조 망국전 이야기』, 신영길 역, 지선당.
이슨제, 요셉(2001), 『국가와 헌법』, 이승우 역, 세창출판사.
이영미 편역(2007), 「근대 한국법과 梅謙次郎」, 『동아법학』 제39호, pp.289~380.
코젤렉, 라인하르트(1998), 『지나간 미래』, 한철 옮김, 문학동네.
크릴레, 마르틴(1983), 『민주적 헌정국가의 역사적 전개』, 국순옥 옮김, 종로서적.
키케로, 마르쿠스 툴리우스(2007), 『국가론』, 김창성 옮김, 한길사.
포르렌더, 한스(2009), 『헌법사. 헌법의 이념과 역사』, 김성준 옮김, 투멘.
피쉬, 외르크(2010), 『코젤렉의 개념사 사전 1—문명과 문화』, 안삼환 옮김, 푸른역사.
헬러, 헤르만(2004), 『주권론—국법이론과 국제법이론을 위한 하나의 기여』, 김효전 옮김, 관악사.

후루카와 아키라(古川昭, 2006), 『구한말 근대학교의 형성』, 이성옥역, 경인문화사.

후루타 히로키요(古田裕清, 2010), 「번역어로서의 일본의 법률용어(법과 권리/계약/사람)」, 한웅길 옮김, 『동아법학』 제48호, pp. 1001~1036.

2. 일본어

1) 단행본

安西敏三(1995), 「福澤諭吉と西歐思想—自然法・功利主義・進化論」, 名古屋大學出版會.

石塚正英・柴田隆行(2003) 감수, 『哲學・飜譯語事典』, 論創社.

石田雄(1990), 『日本近代思想史における法と政治』, 岩波書店.

李英美(2005), 『韓國司法制度と梅謙次郎』, 法政大學出版局.

『英和對譯袖珍辭書』, 1862.

『西洋思想大事典』 第4卷(1990), 平凡社, pp.515~521.

金鳳珍(2004), 『東アジア'開明'知識人の思惟空間—鄭觀應・福澤諭吉・兪吉濬』, 九州大學出版會.

佐藤愼一(1996), 『近代中國の知識人と文明』, 東京大學出版會.

秦郁彦(1981), 『戰前期日本官僚制の制度・組織・人事』, 東京大學出版會.

野田良之・碧海純一(1979) 편집, 『近代日本法思想史』, 有斐閣.

R. H. マイニア(1971), 『西洋法思想の繼受—穗積八束の思想史的考察』, 佐藤幸治・長尾龍一・田中成明 역, 東京大學出版會.

丸山眞男・加藤周一(1998), 『飜譯と日本の近代』, 岩波書店.

蠟山政道(1968), 『日本における近代政治學の發達』, 新泉社.

鈴木安藏(1975), 『日本憲法學史』, 勁草書房.

松隈清(1992), 『國際法史の群像』, 酒井書店.

柳父章(1982), 『飜譯語成立事情』, 岩波新書.

李曉東(2005), 『近代中國の立憲構想—嚴復・楊度・梁啓超と明治啓蒙思想』, 法政大學出版局.
樋口陽一(1996), 『一語の辞典 人權』, 三省堂.
古田裕清(2004), 『飜譯語としての日本の法律用語』, 中央大學出版部.
衫本つとむ(1981) 편, 「江戸時代 飜譯日本語辭典」, 早稲田大學出版部.
杉原泰雄(1978), 『人民主權の史的展開』, 岩波書店.
宮田光雄(1969), 『現代日本の民主主義』, 岩波新書.
島田正郎(1980), 『清末における近代的法典の編纂』, 創文社.

2) 논문

金孝全(2007) 강연, 「近代における韓國憲法學の潮流: 早稲田大學との關わりを通じて」, 金亮完 역, 『比較法學』(早稲田大學) 第41巻 第1號, pp.157~167.
熊谷關作(1989),「權利の語の定着時に脫落した二つの概念」, 『法と民主主義の現代的課題』, 有斐閣, pp.478~497.
小川原宏幸(2000), 「日本の韓國保護政策と韓國におけるイギリスの領事裁判權 — ベッセル裁判を事例として」, 『駿台史學』(明治大) 第110號.
國分典子(2008), 「韓國初期憲法教科書にみる近代國家觀—金祥演と趙聲九」, 鈴木敬夫先生古稀記念 『北東アジアにおける法治の現狀と課題』, 成文堂, pp.3~21.
______(1999), 「俞致衡と穗積八束—朝鮮開化期における憲法の教科書」, 『法學研究』(慶應大) 第72巻 第7號, pp.23~55.
佐佐充昭(2002), 「韓末における「强權」的社會進化論の展開—梁啓超と朝鮮愛國啓蒙運動」, 『朝鮮史研究會論文集』 No.40, pp.183~213.
佐佐木揚(2003), 「清末の '憲法'—日清戰爭前後」, 『東洋史論集』(九州大學) 31, pp.137~180.
都冕會(2004), 「自主的近代と植民地的近代」, 宮嶋博史・李成市・尹海東・林志弦 편, 『植民地近代の視座 朝鮮と日本』, 岩波書店, pp.3~25.

朴己煥(1997),「舊韓末と併合初期における韓國人の日本留學」, 慶應義塾 福澤研究センター,『近代日本研究』第14卷, pp.194~254.

長谷川史明(2006),「中世立憲思想—西洋立憲主義の思想史的基層」,『憲法論叢』第13號, pp.133~151.

古廐忠夫(2000),「二〇世紀中國における人民・國民・公民」, 西村成雄 편,『現代中國の構造變動 3—ナショナリズム—歷史からの接近』, 東京大學出版會, pp.233~235.

前田英昭(2006),「國會論」,『駒澤法學』第5卷 第4號.

松田惠美子(1995),「中國の近代的憲法典の編纂に關する一考察」, 京都大學 日本法史研究會 편,『法と國制の史的考察』, 信山社, pp.319~320.

山田央子(1991),「ブルンチュリと近代日本政治思想(上)(下): 國民の觀念の成立とその受容」,『法學會雜誌』(東京都立大學) 第32卷 第2號, pp.125~174 및 第33卷 第1號, pp.221~293.

宮澤俊義(1967),「津田眞道の『泰西國法論』」,『憲法の思想』, 岩波書店.

許介鱗(1970),「日本と中國における初期立憲思想の比較研究—特に加藤弘之と康有爲の政治思想の比較を中心にして」,『國家學會雜誌』, 第83卷 第7・8號.

黃源盛・松田惠美子(1995) 역,「晩淸の法制近代化の原因及びその展開」, 京都大學日本法史研究會 편,『法と國制の史的考察』, 信山社, pp. 294~297.

堀内健志(2008),「'憲法'概念と憲法學(2)—ドイツ憲法(學)史を背景とする'日本憲法學'」,『人文社會論叢』(弘前大學) 第20號.

3. 중국어

金觀濤・劉靑峰(2008),『觀念史研究: 中國現代重要政治術語的形成』, 香港: 中文大學出版社.

王德志(2005),『憲法概念在中國的起源』, 濟南: 山東人民出版社.

謝瑞智(1991),『憲法大辭典』, 臺北: 地球出版社.

董方奎(1991),『梁啓超與立憲政治』, 華中師範大學出版.

胡春惠(1985) 편,『民國憲政運動』, 臺北: 正中書局, 中國現代史史料選.

4. 구미어

Ambrosini, Giangiulio(1975), *Costituzione Italiana*, Torino: Einaudi.

Baker, Elizabeth(1937), *Henry Wheaton 1785~1848*, Philadelphia: Univ. of Pennsylvania Press.

Bastid, Paul(1985), *L'idée de Constitution*, Paris: Economica.

Böckenförde, Ernst-Wolfgang(1983), "Geschichtliche Entwicklung und Bedeutungswandel der Verfassung," in: Arno Buschmann (Hrsg.), *Festschrift für Rudolf Gmür zum 70. Geburtstag*, Bielefeld, SS.7~19. jetzt in: ders.(1991), *Staat, Verfassung, Demokratie. Studien zur Verfassungstheorie und Verfassungsrecht*, Frankfurt a. M.: Suhrkamp, SS.29~52.

Boldt, Hans(1990), Staat und Souveränität, in: O. Brunner, W. Conze, und R. Koselleck (Hrsg.), *Geschichtliche Grundbegriffe: Historisches Lexikon zur politisch-sozialen Sprache in Deutschland*, Stuttgart: Klett-Cotta, Bd.6, SS.1~154.

Brunner, Otto(1956), Moderner Verfassungsbegriff und mittelalterliche Verfassungsgeschichte, in: Hellmut Kämpf (Hrsg.), *Herrschaft und Staat im Mittelalter*, Darmstadt.

Burdeau, George(1956), Une survivance: La notion de Constitution, in: *L'évolution du droit public*, Paris: Sirey.

Casper, Gerhard(2000), Constitutionalism, in: Levy, L. W. and K. L. Karst (eds.), *Encyclopedia of the American Constitution*, Vol.2, 2nd ed. New York: Macmillan, pp.633~640.

Covell, Ralph R.(1978), *W. A. P. Martin. Pioneer of Progress in China*, Washington, D. C.

Dilcher, Gerhard(1979), Zum Verhältnis von Verfassung und

Verfassungstheorie im frühen Konstitutionalismus, in: Gerd Kleinheyer/Paul Mikat (Hrsg.), *Beiträge zur Rechtsgeschichte, Gedächtnisschrift Hermann Conrad*, Paderborn.

Dippel, Horst(1991), Die Anfange des Konstitutionalismus in Deutschland, Frankfurt a. M.

Duclos, Pierre(1932), *La notion de constitution dans l'oeuvre de l' Assemblée constituante de 1789*, Paris.

Favoreu, Louis(1990), Le droit constitutionnel, droit de la Constitution et constitution du droit, in: *RFDG*, n°. 1.

Fellman, D.(1973), Constitutionalism, in: Philip P. Wiener (ed.), *Dictionary of the History of Ideas: Studies of Selected Pivotal Ideas*, Vol. I. New York, pp.485~492.

Friedrich, Carl Joachim(1950), *Constitutional Government and Democracy, Theory and Practice in Europe and America*, New York.

______(1953), *Der Verfassungsstaat der Neuzeit*, Berlin u.a.: Springer.

Gough, John Wiedhofft(1961), *Fundamental Law in English Constitutional History*, Oxford.

Grimm, Dieter(2002), *Verfassung*, Berlin: Duncker & Humblot.

______(1990), Verfassung(II): Konstitution, Grundgesetze, in: *Geschichtliche Grundbegriffe*, Bd.6, SS.863~899.

Häberle, Peter(1978) (Hrsg.), *Verfassung*, Darmstadt: Wissenschaftliche Buchgesellschaft.

Hawgood, John A.(1939), *Modern Constitutions since 1787*, New York.

Hebeisen, Michael W.(1995), *Souveränität in Frage gestellt. Die Souveränitätslehre von Hans Kelsen, Carl Schmitt und Hermann Heller im Vergleich*, Baden-Baden: Nomos.

Heinig, P.-J.(1997), Verfassung, in: *Lexikon des Mittelalters*. Norbert Angermann (Hrsg.), München: LexMA Verlag, Bd. VIII, SS.1513~1514.

Heller, Hermann(1927), *Die Souveränität. Ein Beitrag zur Theorie des*

Staats-und Völkerrechts. Berlin und Leipzig: Walter de Gruyter.

Hofmann, Hasso(1986), Zur Idee des Staatsgrundgesetzes, in: ders., *Politik-Recht-Verfassung. Studien zur Geschichte der politischen Philosophie*, Frankfurt a. M.

Isensee, Josef(1987 · 3.Aufl. 2003), Staat und Verfassung, in: Isensee/ Kirchhof (Hrsg.), *Handbuch des Staatsrechts der Bundesrepublik Deutschland*, Bd. I. SS.591~661.

Jellinek, Georg(1900 · 3.Aufl. 1914), *Allgemeine Staatslehre.* Neudruck: Kronberg/Ts. Athenäum 1976.

Kelsen, Hans(1920 · 2.Aufl. 1928), *Das Problem der Souveränität und die Theorie des Völkerrechts. Beitrag zu einer reinen Rechtslehre.* Tübingen, Mohr. Neudruck: Aalen, Scientia 1981.

Kelsen, Hans(1922 · 2.Aufl. 1928), *Der soziologische und der juristische Staatsbegriff: Kritische Untersuchung des Verhältnisses zwischen Staat und Recht*, Tübingen: Mohr. Neudruck der 2. Auflage von 1928, Aalen, Scientia 1962.

Kleinheyer, Gerd(1992), Grundrechte, Menschen-und Bürgerrechte, Volksrechte, in: *Geschichtliche Grundbegriffe*, Bd.2. 1975, 3.Aufl., SS.1047~1082.

Kriele, Martin(1975 · 3.Aufl. 1988), *Einführung in die Staatslehre. Die geschichtlichen Legitimitätsgrundlagen des demokratischen Verfassungsstaates*, Reinbeck bei Hamburg: Rowohlt Taschenbuch Verlag.

Loewenstein, Karl(1957 · 1965), *Political Power and the Governmental Process*, Chicago: University of Chicago Press.

______(1959), *Verfassungslehre*, Übersetzt von Rüdiger Boerner, 1959, 4. Aufl., 2000, Tübingen: Mohr.

Lutz, Donald S.(1988), *The Origins of American Constitutionalism*, Baton Rouge.

Maddox, Graham(1989), Constitution, in: Terence Ball et. al. (ed.),

Political Innovation and Conceptual Change, Cambridge, p.50 ff.

MacIlwain, Charles Howard(1940 · 3rd ed. 1966), *Constitutionalism: Ancient and Modern*, Ithaca, N.Y.

Masini, Federico(1993), *The Formation of Modern Chinese Lexicon and Its Evolution Toward a National Language: The Period from 1840 to 1898*, Journal of Chinese Linguistics Monograph Series Number 6, Berkeley.

Merriam, C. L.(1900), *History of the Theory of Sovereignty since Rousseau*, New York.

Minear, R. H.(1970), *Japanese Tradition and Western Law: Emperor, State and Law in the Thought of Hozumi Yatsuka*, Harvard Univ. Press.

Mohnhaupt, Heinz(1990), Verfassung(I). Konstitution, Status, Lex fundamentalis, in: Otto Brunner, Werner Conze und Reinhart Koselleck (Hrsg.), *Geschichtliche Grundbegriffe. Historisches Lexikon zur politisch-sozialen Sprache in Deutschland*, Stuttgart: Klett-Cotta, Bd.6, SS.831~862.

Mohnhaupt, Heinz und Dieter Grimm(1995 · 2.Aufl. 2002), *Verfassung. Zur Geschichte des Begriffs von der Antike bis zur Gegenwart: Zwei Studien*, Berlin: Duncker & Humblot.

Möllers, Christoph(2009), *Das Grundgesetz. Geschichte und Inhalt*, München: C. H. Beck.

Mortati, Costantino & Nicola Giudiceandrea(1962), Costituzione, in: *Enciclopedia del Diritto*, XI(Cosa-Delib), Roma: Giuffrè Editore, pp.132~242.

Preuss, Ulrich K.(1994) (Hrsg.), *Zum Begriff der Verfassung*, Frankfurt a. M.

Renner, Felix(1968), *Der Verfassungsbegriff im staatrechtlichen Denken der Schweiz*, jur. Diss. Zürich.

Révison, Dustur(1992), Constitution, dans: *Dictionnaire constitutionnel.* Publié sous la direction de Olivier Duhamel et Yves Mény, Presses Universitaires de France, pp.208~212.

Roggentin, Mathias(1978), *Über den Begriff der Verfassung in Deutschland im 18. und 19. Jahrhundert*, jur. Diss. Hamburg.

Romano, Santi(1947), *Princìpi di diritto costituzionale generale*, Milano.

Rothschild, Walter(1903), *Der Gedanke der geschriebenen Verfassung in der englischen Revolution*, Tübingen und Leipzig.

Ruffia, Paolo Biscaretti di(1962), Costituzionalismo, in: *Enciclopedia del Diritto*, XI(Cosa-Delib), Roma: Giuffrè Editore.

Schambeck, Herbert(1971), Der Verfassungsbegriff und seine Entwicklung, in: Adolf J. Merkl u.a. (Hrsg.), *Festschrift für Hans Kelsen*, Wien, SS.211~241.

Schmidt, Richard(1916), Die Vorgeschichte der geschriebenen Verfassungen, in: R. Schmidt und E. Jacobi (Hrsg.), *Zwei öffentlich-rechtliche Abhandlungen als Festgabe für Otto Mayer*, Leipzig, SS.81~191.

Schmale, Wolfgang(1990), Constitution, constitutionnel, in: Rolf Reichardt (Hrsg.), *Handbuch politisch-sozialer Grundbegriffe in Frankreich 1680~1820*, München.

Schmidt-Aßmann, Eberhard(1967), Der *Verfassungsbegriff in der deutschen Staatslehre der Aufklärung und des Historismus*, Berlin.

Schmitt, Carl(1928 · 9.Aufl. 2004), *Verfassungslehre*, Berlin: Duncker & Humblot.

______(1934 · 4.Aufl. 1985), *Politische Theologie*, Berlin: Duncker & Humblot.

______(1941), "Staat als ein konkreter, an eine geschichtliche Epoche gebundener Begriff," in: ders. (1958 · 3.Aufl. 1985), *Verfassungsrechtliche Aufsätze aus den Jahren 1924~1954*, Berlin: Duncker & Humblot, SS.375~385.

Smend, Rudolf(1928), *Verfassung und Verfassungsrecht*, München und Leipzig: Duncker & Humblot.

Stolleis, Michael(1988~1999), *Geschichte des öffentlichen Rechts in Deutschland*, 3 Bde., München: C. H. Beck.

Stourzh(1984), *Fundamental Laws and Individual Rights in the 18th*

Century Constitution.

Stourzh, Gerald(1989), *Wege zur Grundrechtsdemokratie. Studien zur Begriffs-und Institutionengeschichte des liberalen Verfassungsstaat,* Wien.

Svarverud, Rune(2001), The Notion of 'Power' and 'Rights' in Chinese Political Discourse, in: M. Lackner, I. Amelung and J. Kurtz, *New Terms for New Ideas. Western Knowledge and Lexical Change in Late Imperial China*, Leiden: Brill, pp.125~143.

Tierney, Brian(1982), *Religion, Law, and the Growth of Constitutional Thought 1150~1650*, Cambridge Univ. Press.

Unruh, Peter(2002), *Der Verfassungsbegriff des Grundgesetzes. Eine verfassungstheoretische Rekonstruktion*, Tübingen: Mohr Siebeck.

Vorländer, Hans(3.Aufl. 2009), *Die Verfassung. Idee und Geschichte*, München: Beck.

Wahl, Rainer(2003), *Verfassungsstaat, Europäisierung, Internationalisierung,* Frankfurt a. M.: Suhrkamp

______(2002), Konstitutionalisierung, in: *Festschrift für W. Brohm*, S.191 ff.

Wormuth, Francis D.(1949), *The Origins of Modern Constitutionalism*, New York.

Yuezhi, Xiong(2001), 'Liberty,' 'Democracy' 'President': The Translation and Usage of Some Political Terms in Late Qing China, in: Michael Lackner, Iwo Amelung and Joachim Kurtz (eds.), *New Terms for New Ideas. Western Knowledge and Lexical Change in Late Imperial China*, Leiden: Brill, pp.69~93.

Zweig, Egon(1909), *Die Lehre vom ≪pouvoir constituant≫*, Tübingen.

| 주 |

① 나진 · 김상연 역술(1906), 『국가학』, p.61.

② H. Heller(1925), "Sozialismus und Nation," in: Gesammelte Schriften, Bd. 1, S. 456; 헤르만 헬러(2010), 「사회주의와 국민」, 김효전 옮김, 『동아법학』 제46~47호 참조.

③ 유치형(1908),『헌법』, p.8. 새 영인본과 관련 자료는 2010년 관악사에서 발행하였다.

④ 『진명휘론』, p. 68.

⑤ 이 책은 2010년 관악사에서 『국민수지』 등과 함께 영인본이 발간되었다.

⑥ 유창희(1896), 「국민의 의무」, 『친목회회보』제3호, p.27.

⑦ 나진 · 김상연(1906) 역술, 『국가학』, p.61.

⑧ 뿐만 아니라 법관양성소를 법학교로 개칭하고 이 학교를 탐방하는 기사 중에 조선인은 "유래由來 의론을 좋아하는 국민으로서 법률은 그들의 가장 흡적恰適한 학문이며 성적도 대체로 양호하며 이제 岩間 군이 우리들에게 보여 준 논문을 보면 오히려 멋진 일인데, 이것이 여보(ヨボ) 학생(조선인)이 쓴 것인지를 의심케 할 정도. 아울러 누군가 무암無暗에 권리 의무를 진작하는 경박한 재자才子를 내지 않도록 우리들은 특히 당사자에게 희망하여 둔다"(『朝鮮』 제29호, 1910년 7월호, p.78-79)고 하며, 또한 법학교의 교수인 加古貞太郎은 "ヨボ(조선인) 상대로 권리 의무의 강의를 반복해도 재미 없다"(『朝鮮及滿洲』제89호 1914, p.72~73)고 하였다. 상세한 것은 김효전(2010), 「野澤武之助와 근대 한국의 법학교육」, 『법사학연구』 제41호 참조.

⑨ 중추원에 관하여는 이방원(2010), 『한말 정치변동과 중추원』, 혜안 참조.

| 찾아보기 |

인명(人名)

ㄱ

가와카미 하지메河上肇 166
가토 히로유키加藤弘之 30, 33, 83, 85, 172~173, 181
게르버C. F. v. Gerber 107, 171
고토 쇼지로後藤象二郎 181
고희경高羲敬 210
곽한탁郭漢倬 128~130
구라토미 유자부로倉富勇三郞 216
권재형權在衡 210
권현섭權賢燮 165
귀차르디니Francesco Guicciardini 27
그레이트하우스C. R. Greathouse 具禮 119, 210, 217
그로티우스Hugo Grotius 76
기요미야 시로淸宮四郎 221
김광제金光濟 143
김병만金秉萬 173
김상연金祥演 31, 53, 59, 106, 115~116, 131, 145, 171, 190
김상천金相天 32
김성희金成喜 126
김영준金永準 210, 212
김용제金鎔濟 121~125
김익승金益昇 210
김진성金振聲 139

ㄴ

나진羅瑨 31, 115~116
나카무라 게이우中村敬宇 30
나카무라 마사나오中村正直 37
나카에 조민中江兆民 74, 154, 156, 181~182
남정훈南廷薰 146
노병익盧秉翼 167
노자와 게이이치野澤鷄一 216
노자와 다케시노스케野澤武之助 216
니시 아마네西周 46, 76, 154
니시무라 시게키西村茂樹 154

ㄷ

다와라 마고이치俵孫一 49
다이W. M. Dye 119
다이시A. V. Dicey 121~124
다카다 사나에高田早苗 31, 53, 107, 116, 124~125

ㄹ

라반트Paul Laband 59, 107
라살레F. Lassalle 38
라트겐Karl Rathgen 145
량치차오梁啓超 33, 76, 83~84, 116~117, 126, 138~139, 156, 166, 173, 194

로드베르투스J. K. Rodbertus 38
로야마 마사미치蠟山政道 112
로크John Locke 192
루소Jean Jacque Rousseau 62, 74, 154~156
르낭E. Renan 64
르장드르C. W. LeGendre 119, 186, 210, 217
리버Francis Lieber 113, 122~123
린쩌쉬林則徐 141, 180

ㅁ
마르크스K. Marx 38, 61
마쓰오카 슈타로松岡修太郎 221
마키아벨리N. Machiavelli 27
마틴W. A. P. Martin 55, 57, 60, 70, 76, 85, 140~141, 144, 153~155, 157~158, 179~181
몰Robert von Mohl 106
몽테스키외C. Montesquieu 孟的斯鳩 191~198
문홍주文鴻柱 221~222
미노베 다쓰키치美濃部達吉 145
미쓰쿠리 린쇼箕作麟祥 86, 141, 155
민영환閔泳煥 184~185
밀J. S. Mill 155

ㅂ
박승희朴承鑣 38
박영효朴泳孝 68, 160
박용대朴容大 210, 212
박일경朴一慶 221~222
박정동朴晶東 100
박해원朴海遠 35
배젓Walter Bagehot 122
베델Ernest Thomas Bethell 裵說 167
보댕J. Bodin 28, 54
브라운McLeavy Brown 柏卓安 210, 217
브릿지먼Elijah Coleman Bridgman 84
브아소나드G. E. Boissonade 76~77, 86, 119
블랑Jean-Joseph Louis Blanc 弗郎 193
블룬칠리J. C. Bluntschli 伯倫知理 32~33, 62, 85, 108, 116~117, 143, 157~158, 193, 214
비더만F. K. Biedermann 181

ㅅ
샌즈W. F. Sands 119
서정순徐正淳 209
석진형石鎭衡 60
설태희薛泰熙 134~136, 166
성기운成岐運 210
소에지마 기이치副島義一 31, 59
소에지마 다네오미副島種臣 179, 181, 198
쇼토쿠 태자聖德太子 26, 85
슈미트C. Schmitt 17, 27, 29, 35, 45, 55, 65, 82, 147
슈타인Lorenz von Stein 樹太仁 190~191
슈탈F. J. Stahl 171
슈펭글러O. Spengler 6
슝위에즈熊月之 71
스마일스S. Smiles 30
스에오카 세이이치末岡精一 145
스즈키 야스조鈴木安藏 112

스피노자B. Spinoza 28
쓰다 마미치津田眞道 56, 76, 85, 145
시나가와 야지로 品川彌次郎 216
신해영申海永 38
쑨원孫文 220

ㅇ

아리스토텔레스Aristoteles 15, 37, 45
아이카와 마사미치合川正道 112
안국선安國善 30, 34, 38, 52~53, 79, 111~113, 123, 126~127
안명선安明善 126~127
안종화安鍾和 32~33
알렌Young J. Allen 林樂知 73, 84, 90, 143
야마다 이치로山田一郎 112
에이모스S. Amos 113
예링Rudolf von Jhering 155, 167
옌푸嚴復 44, 125, 157
옐리네크G. Jellinek 10, 19, 27, 29, 55, 59~60, 103, 118, 136, 149, 151, 214
오가키 다케오大垣丈夫 48
오노 아즈사小野梓 133
오다카 도모오尾高朝雄 221
오상규吳相奎 135
오스틴John Austin 58
오자키 유키오尾崎行雄 154
오정선吳政善 195
왕인王仁 26
우메 겐지로梅謙次郎 216, 218
우카이 노부시게鵜飼信成 221
우키타 가즈타미浮田和民 42, 115
울지Th. D. Woolsey 141
원응상元應常 38
윌슨W. Wilson 75
유길준 7, 57~58, 62, 73, 78, 97~98, 100, 133, 145, 160~161, 166, 183, 192, 196, 225
유문상劉文相 173
유성준俞星濬 100, 103, 169~170
유옥겸俞鈺兼 105, 170
유진오俞鎭午 35, 61, 205, 221
유진호俞鎭浩 135
유치형俞致衡 31, 38, 59, 100, 105, 170, 193
유호식劉鎬植 173
육정수陸定洙 173
윤용선尹容善 209~210, 215
윤치영尹致暎 61
이경직李庚稙 142, 157
이기李沂 138, 148
이기찬李基燦 130~131
이득계李得季 44
이면우李冕宇 130~131
이상직李相稷 165~166
이선득李善得 210, 217
이승만李承晩 98~99, 121, 133, 172
이윤용李允用 209
이인식李寅植 30, 53, 111
이인직李人稙 42, 115
이종건李鍾健 209
이종태李鍾泰 32
이준李儁 53, 100, 110, 135
이치지마 겐키치市島謙吉 53, 112~113
이치키 기토쿠로一木喜德郎 145
이타가키 다이스케板垣退助 42, 181

이토 히로부미伊藤博文 86

ㅈ

장덕이張德彛 71
전봉준全琫準 176
전영작全永爵 194, 196
전항기全恒基 173
정관잉鄭觀應 157, 181
정인소鄭寅韶 30, 53, 111
정인호鄭寅琥 33, 107~108, 116~117, 171, 194, 197
조성구趙聲九 31, 34, 60, 101, 106~107, 130~131, 170, 192~193
조소앙趙素昂 220
주백훈周伯勛 133
주정균朱定均 38, 103~105, 170

ㅊ

채수현蔡洙玹 146
최석하崔錫夏 127
최영식崔寧植 53

ㅋ

캉유웨이康有爲 83, 176
콩스탕B. Constant 康士湯竟 193
크레마지L. Crémazy 金雅始 68, 77, 118~119, 216~217
클레이Henry Clay 122

ㅌ

태호복희太昊伏羲 68

ㅍ

피세링Simon Vissering 56, 76, 85, 145

ㅎ

허루장何如璋 180, 198
현상건玄尙健 210
현채玄采 102, 172
호시 도루星亨 42, 216
호즈미 야쓰카穗積八束 59, 62, 105
홀W. E. Hall 140
홉스Th. Hobbes 28, 54
홍석현洪奭鉉 52
홍재기洪在箕 100~101
황경징黃慶澄 180, 198
황쭌센黃遵憲 180, 198
후쿠오카 다카치카福岡孝弟 179, 198
후쿠자와 유키치福澤諭吉 30, 46, 62, 98, 154, 160, 181
후쿠치 겐이치로福地源一郎 37
휘튼Henry Wheaton 55, 57, 76, 85, 140, 153, 180
히틀러Hitler 65

서명(書名)

ㄱ

「각국율례各國律例」 141
「각국헌법략各國憲法略」 108~109, 117, 171, 193~194, 197
「강자强者의 권리경쟁론權利競爭論」 173
「공법편람公法便覽」 141, 158
「공법회통公法會通」 142~143, 154, 157~158, 214
「관자管子」 83
「국가사상학國家思想學」 32, 108, 116~117, 171, 194, 197
「국가학國家學」 31~33, 43, 114~116, 189, 191, 199
「국가학강령國家學綱領」 32~33
「국민수지國民須知」 63~64, 100~102, 164, 172
「국민자유진보론國民自由進步論」 173
「국법범론國法汎論」 33, 85
「국헌범론國憲汎論」 133
「국회론國會論」 181~182
「군주론君主論」 27
「권리를 위한 투쟁」 155, 167
「권리제강權利提綱」 154
「근대 한국의 국가사상」 35, 52
「금수회의록禽獸會議錄」 50

ㄴ

「남녀평권론男女平權論」 173
「노동야학독본勞動夜學讀本」 160

ㄷ

「당서唐書」 83
「대한학회월보大韓學會月報」 128~129, 137, 148, 195
「독립정신獨立精神」 99, 172
「동유일기東遊日記」 180, 198

ㄹ

「로마사 논고」 27
「리조실록李朝實錄」 141, 147, 204, 214

ㅁ

「만국공법萬國公法」 55~57, 60, 70~71, 76, 85, 140~141, 143, 153~155, 179~181, 198
「만국공법요략萬國公法要略」 143
「민권자치제民權自治制」 173
「민약역해民約譯解」 155~156
「민약통의民約通義」 156

ㅂ

「법의 정신」 195, 198
「법학통론法學通論」 102~105, 169~170

ㅅ

「사동술략병잡영使東述略並雜詠」 180, 198
「사주지四洲志」 180
「사회계약론社會契約論」 74, 155~156

「상서尙書」 82, 146
「서국입지편西國立志編」 30
「서북학회월보西北學會月報」 26, 49, 136~137
「서양사정西洋事情」 30, 62, 98, 160, 179, 198
「서유견문西遊見聞」 57, 73, 78~79, 97~98, 160, 183, 192, 196, 225
「성세위언盛世危言」 181
「소년한반도少年韓半島」 42
「송뇌금松籟琴」 173
「신영한사전A New English-Korean Dictionary」 121
「17조 헌법十七條憲法」 26, 85

ㅇ

「연방지략聯邦志略」 179~180, 198
「영화대역수진사서英和對譯袖珍辭書」 29, 46, 62, 71
「영환지략瀛環志略」 83
「유년필독幼年必讀」 50, 102, 172
「유년필독석의幼年必讀釋義」 102
「음빙실문집飮氷室文集」 194
「음빙실자유서飮氷室自由書」 173
「음빙실합집 · 문집飮氷室合集 · 文集 I」 76
「이언易言」 142, 157
「인권신설人權新說」 172
「일본국지日本國志」 180, 198
「일본서기日本書紀」 26
「일본제국헌법론日本帝國憲法論」 59, 216
「입헌정체략立憲政體略」 85
「입헌정치개요立憲政治槪要」 75, 223

ㅈ

「자유론自由論」 155
「자조론自助論」 30
「정선법학통론精選法學通論」 105, 170
「정체서政體書」 179, 198
「정치원론政治原論」 38, 52, 111~113, 123, 127, 197
「조양보朝陽報」 166
「중용中庸」 83
「진명휘론進明彙論」 32
「진서晉書」 83

ㅊ

「친목회회보親睦會會報」 31, 38, 121, 124~125

ㅌ

「태서국법론泰西國法論」 56, 85, 145

ㅍ

「평시국제공법平時國際公法」 60

ㅎ

「한불자전韓佛字典」 74, 120
「한비자韓非子」 82
「한영자전韓英字典」 74, 120
「항해술기航海述奇」 71
「해국도지海國圖志」 83
「헌법憲法」 31, 59~60, 79, 105~107, 169~171, 192~193
「헌법요의憲法要義」 107~108, 171
「헌정요의憲政要義」 58, 98, 110
「형법석의刑法釋義」 34

사항

ㄱ

가동헌법可動憲法 137

갈채Akklamation 65

개가법改嫁法 175

개념법학概念法學 17

건국대강建國大綱 220

경국대전經國大典 19, 201~203

경국안민經國安民 124

경성헌법硬性憲法 123

경세제민經世濟民 53~54

경제학經濟學 53

계몽잡지啓蒙雜誌 33, 60, 102, 121, 139, 144, 173, 201

고정헌법固定憲法 129, 137

고종헌법高宗憲法 214

공민公民 61, 65~66, 152

공법公法 5, 7, 17, 40, 51, 56~58, 98, 140~143, 158, 181, 210, 218, 221, 228

공의당公議堂 72, 181~183

관노官奴 174

관인구락부官人俱樂部 130

국가國歌 15~16, 26~36

국가헌법國家憲法 18

국기國旗 26, 66~70

국민교육회國民敎育會 100~101

국법실증주의國法實證主義 107

국병國柄 85

국약헌법國約憲法 123

국어國語 66, 68, 83

국제공법國際公法 142, 146, 218

국제國制 63, 85~86, 140, 147~148, 208~216, 226

국제법國際法 55, 60, 76, 85, 115, 140~143, 153~154, 157~158, 179, 210, 218, 227

국헌國憲 85, 98, 134, 225

국화國花 66~69

권리權利 19, 26, 28, 41, 47~50, 55~56, 58, 63~64, 75, 77, 92, 94, 98, 101, 106, 116, 134, 136~139, 153~177, 189~191, 227

권리선언權利宣言 16, 151~152

권리장전權利章典 16, 109, 151~152, 223

기본권基本權 66, 88, 109, 152~153, 159, 161, 177, 215, 224

기본법 19, 118, 140, 143, 146~147, 201, 204, 215

기생妓生 174

김홍륙사건金鴻陸事件 206

ㄴ

난학蘭學 145

남조선과도약헌안南朝鮮過渡約憲案 149

내공법內公法 56

내외법內外法 176

내용주권內用主權 58, 98

노모이νόμοι 15

ㄷ

다이쇼大正 71
대명률大明律 202
대전회통大典會通 202
대한국 국제 63, 86, 147, 209~219, 228
도쿄전문학교東京專門學校 30, 52, 107, 111, 124~125
도쿄정치학교東京政治學校 42
독립협회獨立協會 69, 146, 163, 184~185, 203, 206~207
동이東夷 68

ㅁ

마그나 카르타 16, 109
만국공법萬國公法 20, 140~143, 203
메이지 헌법明治憲法 65, 85~86, 108, 110, 152, 215, 220
문명부강文明富强 139
민권民權 50, 79, 126, 143, 155~156, 162~163, 168, 177, 227~228
민선의원民選議員 126, 181
민주정치民主政治 93, 228
민주주의民主主義 65, 70~76, 79, 89~90, 223, 229

ㅂ

법관양성소法官養成所 54, 102, 130, 142, 159, 198, 216~218, 221
법부인권法賦人權 166
법의 지배Rule of Law 224
법치국法治國 33~34, 137~138
변법파變法派 84
부정헌법不定憲法 129
비자婢子 173

ㅅ

사법司法 40, 75, 88, 113, 180, 190~200, 228
사법지권司法之權 180, 198
삼대강三大綱 192, 196
삼민주의三民主義 220
상방上房 180
상원上院 95, 180, 182, 196
샤르뜨 149
서문 5조誓文 五條 206~207
서세동진西勢東進 17, 21
서자신문西字新聞 73
성문헌법成文憲法 16, 26, 104~106, 113, 123, 129, 214
순전율純全律 78
신민臣民 62~65, 122, 148, 170~171, 215
심판총권審判總權 180, 198

ㅇ

약헌約憲 140, 149, 219, 226
양절체제兩截體制 7
어기御旗 68
연성헌법軟性憲法 123
연좌제連坐制 176
오경박사吳經博士 26
외공법外公法 56
외용주권外用主權 58
원기元氣 138
육전六典 202

율령제律令制 65
율례律例 85
의금사議禁司 199
의사원議事院 183
인권人權 147, 152~153, 170, 177, 227~228
인신매매人身賣買 174~175
일부다처제一夫多妻制 176
입법권병立法權柄 180, 198
입법立法 88, 109, 179~187, 190, 198, 218
입헌국立憲國 128~129, 138
입헌민주주의立憲民主主義 88
입헌정치立憲政治 47, 93~94, 97, 101, 110, 120~121, 128~139, 188, 227
입헌주의立憲主義 16, 22, 88, 95, 116, 121, 130~131, 201, 203, 217, 227~228

ㅈ

자동작권自動作權 171
자연법自然法 17, 26, 55, 76~80
자유권自由權 47, 165, 170~171
장정章程 19, 39, 72, 84, 90~93, 140~144, 164~165, 182~184, 188, 203, 227
적성헌법積成憲法 113, 123,
전제국專制國 34, 128~130, 134, 137
전제정치專制政治 92~93, 132, 195, 214
전헌典憲 138
정교금령政敎禁令 5
정약통상訂約通商 157
정치경제政治經濟 53
제법지권制法之權 180, 198
제정헌법制定憲法 113, 123
조혼早婚 174~176
주권主權 54~60, 68, 72, 75~76, 98, 101, 107~109, 121~122, 128~129, 143, 223
주례周禮 202
중추원中樞院 53, 125~126, 128, 131, 185~186, 210
집행執行 197, 227

ㅊ

참정권參政權 109, 126 134, 170~171
천단헌법天壇憲法 220
천부인권天賦人權 161~163, 165~166, 170~173
천부인권설天賦人權說 172~173
청일전쟁淸日戰爭 92, 142, 219, 227
총장정總章程 91~92, 203

ㅋ

코이노니아κοινωνία 37

ㅌ

태극팔괘도太極八卦圖 68
통감부統監府 48~50, 86, 159, 168~169, 172, 200, 216, 218~219
통치統治 16, 18, 34, 71, 82, 91, 138, 151, 153, 170, 192, 201, 206, 216, 219, 220, 223

ㅍ

파리외방전교회外邦傳敎會 120

폴리테이아 *πολιτεία* 15

ㅎ

하방下房 180
하원下院 180, 182, 196
한성의숙漢城義塾 53, 142
행법行法 92. 180, 189~190, 198
행법권병行法權柄 180, 198
행법지권行法之權 180, 198
행위청구권行爲請求權 170~171
헌법憲法 15~19, 21~23, 25, 81, 84, 86~126, 140, 201, 214, 219~225
헌법이론憲法理論 19, 123, 195
헌법재판소 20~21, 67, 202
헌법정치憲法政治 91, 93~94, 99
헌장憲章 134, 137, 148~149, 152, 226
헌정연구회憲政研究會 110, 135
형법대전刑法大典 168, 176
홍범洪範 146~147, 207~209, 226
흠정헌법欽定憲法 111, 123, 137, 148, 205